AF508891

L'ART MODERNE

EN ALLEMAGNE.

I.

V. 1769
H. g. c.

IMPRIMÉ CHEZ PAUL RENOUARD,

RUE GARANCIÈRE, 5.

HISTOIRE

DE

L'ART MODERNE

EN ALLEMAGNE

PAR

LE COMTE ATHANASE RACZYNSKI.

TOME PREMIER.

DUSSELDORF ET LES PAYS DU RHIN. — EXCURSION A PARIS.

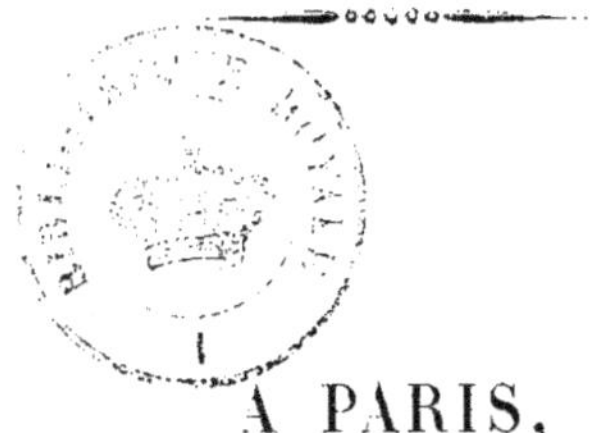

A PARIS,

CHEZ JULES RENOUARD, LIBRAIRE.

1836.

DÉDIÉ

A GUILLAUME SCHADOW.

FONDATEUR DE L'ÉCOLE DE PEINTURE DE DUSSELDORF,

PAR

A. RACZYNSKI.

GRAVURES DU PREMIER VOLUME.

* Les sujets qui ne portent aucune mention particulière sont gravés sur bois et intercalés dans le texte même

LISTE SPÉCIALE DES ONZE GRAVURES SUR CUIVRE DE L'ATLAS, ET RENVOI AUX PAGES OÙ CES GRAVURES SONT INDIQUÉES.

INTRODUCTION.

I.

OBSERVATIONS PRÉLIMINAIRES.

ES arts, et les élémens dont ils se composent, ont été à différentes époques de ma vie l'objet de mes travaux et de mes recherches les plus assidues ; j'ai souvent tâché de me rendre raison de mes impressions et de classer mes idées sur ce sujet : cet ouvrage est le fruit de ces études et l'expression de mes sentimens les plus intimes.

Je voudrais écrire pour notre époque autant que pour celles qui viendront après nous ; car je ne puis me décider à considérer les arts comme une affaire de mode. Je crois au beau positif ; je crois aux vérités éternelles. Il y a quelque chose de mieux que la mode et que les doctrines : ce sont les règles immuables et les phénomènes de la nature qui nous initient aux intentions du créateur. Ces impérissables merveilles se répètent sans cesse, nous charment toujours, élèvent notre âme vers l'infini, font naître l'amour de Dieu, manifestent le beau et y rendent l'âme sensible. Le sublime, dans les arts, lui-même, n'a jamais surpassé la nature et la vérité; car au-delà il n'y a qu'exagération et caricature. Il est plus facile, en s'élevant, de dépasser les limites du vrai, que d'y atteindre et de s'y maintenir.

A côté des vigoureuses attaques que les littérateurs français livrent aux artistes, ou se livrent entre eux, mes faibles et timides essais dictés par l'amour des arts et de nos artistes, paraîtront peut-être bien fades. Que sont mes doutes et mes ménagemens auprès des assertions hardies, des tournures d'idée inattendues, du langage plein de feu et d'originalité qui caractérisent les productions modernes!... Ce livre a été péniblement rédigé; on ne s'en apercevra que trop.

Dans cette introduction, qui est en quelque sorte le prélude de l'ouvrage, je voudrais donner au public la mesure de mon intelligence; je desire que l'on voie quelle confiance on peut accorder à mes opinions , afin que si l'on trouve mon intelligence en défaut, on se défie de mes jugemens, que les artistes dont je parle n'aient pas à en souffrir, que l'on juge, et que l'on rectifie mes idées ; que si , au contraire, on les trouvait justes, je voudrais que les artistes et le public prissent confiance en moi et retirassent quelque fruit de mon travail.

En effet, pour savoir ce que vaut un jugement sur un individu ou sur une chose que l'on ne connaît pas, il est bon de savoir ce que vaut le juge; c'est à cette épreuve que j'ai voulu me soumettre dans l'intérèt de la vérité; parler de la peinture ancienne et des principes généraux de l'art, ce sera, je le crois, donner ma mesure.

II.

LE PROGRÈS DANS LES ARTS.

Il me semble qu'on ne s'entend pas sur les conditions, ni sur la nature du progrès en général, et notamment du progrès dans les arts. Examinons cette importante question. Tous les amis du progrès trouveront dans cet examen un sujet de réflexion. Il ne faut pas confondre le mouvement et le progrès. La course d'un artiste a beau être rapide et hardie, si elle l'écarte de la vérité et de la nature, elle n'est pas un progrès; dans ce cas, c'est au contraire le mouvement rétrograde qui devrait être considéré comme un progrès.

C'est du point de départ que dépend en grande partie le succès d'un artiste. Raphaël a été essentiellement progressif; mais son point de départ a été conforme aux lois éternelles de la nature; il est parti de l'enfance, pure, naïve, studieuse, pleine de charmes; mais quel progrès attendre de l'exagération, de l'audace, de la présomption, de la débauche d'esprit?... Celui qui, de prime abord, se jette dans les écarts, peut-il faire des progrès s'il ne s'arrête et n'abandonne cette route? La révolte contre la vérité ne donne pas une utile indépendance; elle n'est qu'un désordre et ne peut conduire qu'à l'erreur.

Les points les plus élevés que l'art ait atteints ne portent pas, à mon sens, les traces d'une grande hardiesse; ce sont, pour la sculpture, l'Apollon du Belvédère, la Vénus de Médicis et tant d'autres ouvrages classiques de l'antiquité, et, pour la peinture, les Œuvres de Raphaël, de Michel-Ange et de quelques-uns de leurs contemporains; ces ouvrages classiques n'excluent pas le mérite fort différent des Paul Véronèse, des Rembrandt, des Rubens, des Lawrence; mais ils sont, pour la peinture historique et pour la sculpture, des indications dont les artistes modernes ne peuvent s'écarter sans danger. Le sublime dans les arts appartient jusqu'ici exclusivement à ces deux directions; l'une, plus particulièrement appropriée à la sculpture, est le reflet de l'épopée des anciens; elle retrace des formes et des expressions en harmonie avec l'esprit du paganisme; l'autre, moins empreinte de vigueur, mais également majestueuse, porte le cachet de la religion chrétienne dont elle est émanée : elle exprime des sentimens purs, tendres, naïfs. Ni l'une ni l'autre ne s'écarte de la vérité; elles se sont rapprochées au plus près de ce que la nature offre de plus sublime : la première a retracé la beauté des formes unie à la force primitive, la seconde la foi et l'amour. Dans ces deux époques et dans ces deux directions normales, lors même que la pensée de l'artiste se montre hardie, l'exécution n'est jamais entachée de négligence et de présomption. A une époque comme la nòtre, où l'orgueil, l'impatience, le manque de persévérance et de suite, la rapide fluctuation des idées, l'horreur de toute gêne et de tout frein sont si grands, ces exemples ne sauraient être assez recommandés aux artistes et aux critiques. Sous le rapport du coloris, les peintres modernes ne sauraient non plus se mettre assez en garde contre l'impulsion que l'esprit de notre époque pourrait leur donner; il ne faudrait pas que l'on pût dire d'un peintre : « il abuse d'une « couleur de convention qui prête à ses ouvrages un charme éblouissant pour « le public; il produit une magie de lumière et d'effet qui ferait presque oublier « la fausseté du ton; il se joue avec les secrets de la palette. » Ces observations, où les éloges se trouvent mêlés à la critique, n'expriment à mon sens que le blâme, en tant qu'elles s'appliquent à un objet d'art qui voudrait être classique. Si elles tombaient sur un objet de mode, il n'y aurait pas d'inconvénient; il est bien permis d'aimer le *rococo*, et le vieux Sèvres, et le *baroque*, et les vases de la Chine; on a pu aimer les paniers et les mouches; pourquoi n'aimerait-on pas un coloris faux? Mais il faut bien se dire que le coloris faux, quelque brillant qu'il soit, n'est pas plus du ressort de la peinture historique qu'un magot de la Chine, et que ce n'est pas en s'écartant de la nature et en dédaignant les modèles classiques, que l'on peut faire des progrès.

A côté de ces considérations viennent se ranger naturellement les notions sur le beau, sur l'idéal, sur le sublime.

III.

LE BEAU, L'IDÉAL, LE SUBLIME.

Il existe des beautés pour chacun de nos sens, ainsi que pour notre intelligence; mais ici je ne parlerai que de celles dont la vue seule est juge et que seule elle peut nous faire apprécier. D'ailleurs, je suis persuadé que les mêmes règles s'appliquent à tous les genres de beautés.

La faculté de connaître et d'apprécier le beau est une preuve de son existence, comme nos efforts pour découvrir la vérité, prouvent qu'elle existe; car
il ne peut avoir été dans l'intention du créateur d'imprimer en notre âme la foi
à l'existence d'un but et de nous inspirer le vif desir d'y atteindre, si l'objet de
notre croyance et le terme de nos efforts n'étaient que de pures illusions.

Mais, s'il est difficile de trouver le vrai, il ne l'est pas moins de déterminer
les conditions et les limites du beau.

Comment se peut-il que tout dans la création ne soit pas beau, qu'il puisse
y avoir des objets qui ne répondent pas aux intentions du créateur? Peut-il donc
échouer, peut-il se méprendre? Ce problème ne peut être résolu, il reste insoluble comme celui du mal. On rencontre partout le mal et le bien à côté l'un
de l'autre; la vie est un combat, une lutte continuelle. Dans la nature on ne
voit qu'action et réaction hostile. C'est la guerre de tous contre tous. S'il en
était autrement, la libre volonté, le libre arbitre de l'homme seraient enchaînés,
et son intelligence serait condamnée au repos.

Le beau que l'organe de la vue nous transmet (et je n'entends parler ici que
de celui-là), est dans les formes et la couleur, le mouvement ou le repos des
formes, la variété ou l'uniformité des couleurs. Il n'est positif qu'autant qu'il
remplit les intentions du créateur, qu'il est conforme au but, qu'il s'accorde
avec nos émotions les plus intimes,

> Hoc generatim pulchrum est, quod tum naturæ suæ, tum nostræ convenit.

La symétrie, les proportions, la grâce, les ornemens et l'éclat des couleurs
sont des attributs du beau. La symétrie suppose une égale répartition de forces;
elle suppose l'accord, la balance. Les proportions supposent ce terme moyen,
qui est loin de l'exagération : c'est l'harmonie avec les besoins de l'individu et
avec les rapports qui le lient aux autres créatures de même nature ou de nature différente, mais destinées à vivre en contact entre elles. La grâce, c'est
l'aisance, la souplesse, la facilité des mouvemens, l'absence de la gène. Les ornemens sont des preuves de développement et de richesse. Dans notre besoin

d'admirer, voici la part de la joie, de cette émotion, qui est le desir et le pressentiment du bonheur.

La tristesse nous fait rechercher les émotions pénibles mais fortes, des émotions capables de nous donner une secousse, de rétablir l'élasticité de nos fibres, de nous faire sortir de l'état d'ennui ou de malaise. C'est le principe du mal qui exerce son influence sur nous : c'est de sa part un acte de présence. L'homme pressent le mal et le danger, il est curieux de le connaître; il veut le regarder et même l'affronter; car l'incertitude est le pire des maux. De là, l'admiration des effets terribles de la nature, de la lutte des élémens, et des objets d'art qui retracent des sujets pareils. Tout ce qui répond le mieux à cette tendance de notre organisation, est beau dans ce sens.

La grandeur, le calme, l'accord des formes, tout ce qui caractérise la force, voilà la part de cette admiration qui a sa source dans le besoin du repos. Cependant c'est la joie qui a de beaucoup la part la plus grande dans notre faculté de connaitre le beau et de l'admirer.

Le beau positif n'est que dans la nature ou dans l'imitation de la nature, notamment pour la peinture et pour la sculpture. Le sublime du beau se rencontre dans les œuvres dans lesquelles l'artiste paraît avoir le mieux compris les intentions du créateur; c'est là l'idéal de la beauté. Celui dont les œuvres réfléchissent ce qu'il y a de plus noble dans l'âme de l'homme, est seul grand dans les arts, et les beautés de ses ouvrages sont des beautés positives et en même temps sublimes.

Il n'est pas donné à tous les hommes, lors même que leur organisation est parfaite, d'apprécier le beau positif; il faut, pour cela, que l'homme ait ce degré de culture qui éveille la contemplation; il faut qu'il ait fait connaissance avec ses propres facultés, qu'il ait appris à les exercer, qu'il ait permis au goût de se développer. D'un autre côté, l'éducation, les nuances de notre organisation morale, les besoins, les impressions les plus constantes, et la mode, la plus grande aberration de notre esprit, exercent sur notre goût une influence fort grande. Le domaine des beautés relatives est vaste; mais il n'exclut pas l'existence du beau positif. Les unes sont la part des nuances de l'organisation et du développement; l'autre est la part de l'homme moral, de l'homme créé à l'imitation de Dieu, de l'homme sur lequel la pensée et le sentiment ont exercé une influence déterminée par l'intention du créateur.

En architecture, le beau est plus souvent relatif que positif. Il a pour règle la solidité et la commodité; il est dépendant des mœurs, du climat, des localités et de la destination de l'œuvre. Cependant, il se rattache au beau positif par la symétrie et les proportions; il peut parler à la joie par ses ornemens, à la tristesse par ses ombres, au besoin du repos par sa grandeur et son caractère de solidité. Elle s'appuie sur les lois immuables de la nature, par l'emploi des lignes, par l'application des principes géométriques.

Nous avons vu que le beau s'adresse toujours à nos émotions et à nos sentimens; ainsi, là où l'esprit crée aux dépens du sentiment, il y a fausse tendance; là où l'esprit juge aux dépens du sentiment, il y a faux jugement.

Le sublime et l'idéal dans les arts ne sont tels, que lorsqu'ils sont une émanation et un reflet de l'âme.

On aurait peine à comprendre comment l'œil peut si vite apprécier et nous transmettre la perfection des proportions et de la symétrie; comment à la première vue, nous jugeons que ce que nous apercevons dans un objet, convient également à sa nature et à la nôtre; comment nous en éprouvons tant de joie, si on ne voyait sans cesse avec quelle promptitude l'œil juge les distances, avec quelle infaillibilité notre cœur devine les émotions qu'il fait naître. Voyez l'effet d'un sourire, c'est l'expression du bien-être et de la joie de l'âme, d'une joie paisible et douce; c'est aussi l'expression de la bienveillance; c'est ce qui convient le plus *naturæ suæ et nostræ*, aussi rien n'embellit comme le sourire, quand il est vrai. Le rire n'exerce pas sur nous une influence aussi bienfaisante, car il est privé de ses plus beaux ornemens, de la bienveillance et de la douceur. Le rire forcé nous contrarie. Le rire convulsif fait mal à voir.

Pourquoi l'enfance est-elle si aimable et si intéressante? c'est qu'elle est l'image de l'espérance; et cependant, voyez comme les traits d'un enfant qui pleure vous paraissent laids. Ce n'est pas cependant que ces traits le soient devenus en eux-mêmes, c'est l'expression de la souffrance et de la douleur, qui fait mal à la vue, parce qu'elle fait mal à notre âme. Les mêmes couleurs peuvent nous paraître belles ou blesser nos regards, selon ce qu'elles expriment : ainsi le vermillon dans les yeux déplaît ; on y admire l'azur. Pour les lèvres c'est tout-à-fait le contraire.

Pourquoi les plus beaux traits nous laissent-ils froids, s'ils ne sont animés par l'expression ? C'est que la symétrie et les proportions, en nous annonçant le bien-être physique et la perfection idéale de l'objet qui attire nos regards, ne produisent qu'une joie passagère, si notre égoïsme ne peut y découvrir rien qui nous promette le bonheur, si nous n'y découvrons la bienveillance, ou la sensibilité, ou la grandeur d'âme, ou l'expression de quelque autre qualité par laquelle la nature d'autrui peut contribuer au bien-être de la nôtre.

A la vue de la beauté, l'admiration et la joie sont exaltées, et irrésistibles comme l'amour ; ces impressions sont inhérentes à notre organisation morale, comme l'espoir d'une vie future ; mais elles ne sont pas exemptes d'égoïsme. C'est notre instinct qui a jugé avec la promptitude de l'éclair qu'il y a espoir de bonheur. C'est dans l'instinct qui pressent le bien-être, qu'il faut chercher cette faculté d'admirer qui procure la joie ou qui en émane.

Les types de la création sont gravés en nous. Les formes juvéniles charment notre vue ; tout ce qui respire en est réjoui ; c'est la vie dans tout son développement, éloignée de la décadence et de la faiblesse ; c'est un état que l'espoir embellit ; il laisse entrevoir un long avenir et un accroissement de vigueur, en même temps qu'il se montre fort pour satisfaire au présent.

L'admiration, quand elle s'unit à la joie, fait respirer plus vite et plus librement ; elle nous donne le bonheur en nous le faisant pressentir. Les arts sont nés de l'admiration, et il n'y a qu'une organisation grossière ou vicieuse qui puisse y rester insensible ; il n'y a que la méchanceté qui puisse vouloir s'y soustraire ; car l'amour des arts, l'amour du beau est un sentiment généreux, c'est une justice rendue, c'est la reconnaissance, c'est un souvenir des bienfaits de la création, c'est l'attente mêlée d'espoir.

Je ne prétends pas avoir découvert tous les secrets de la nature par rapport
au beau, et tous ceux de notre organisation par rapport à la faculté de le connaître et d'en éprouver du bonheur. Cette excursion dans l'empire des mystères
de la création et de la nature de l'homme moral, ces recherches, sont bien loin
de me satisfaire, mais je crois au moins qu'il est hors de doute que le beau positif, l'idéal, le sublime dans les arts ne peuvent jamais s'écarter du vrai et que
le vrai seul domine la mode. Gœthe a dit : « *Das Schöne ist eine Manifestation*
« *geheimer Natur-Gesetze.* » Le beau est une manifestation des lois secrètes de
la nature.

S'élever au sublime du sentiment, connaître la perfection et la symétrie des
formes, comprendre les effets de la lumière et savoir reproduire la nature, sans
jamais outrer ni l'expression, ni la forme, ni la couleur, voilà, je crois, le but le
plus élevé auquel l'art, dans son acception la plus noble, la plus grave et la
plus vraie, puisse atteindre.

Pour la peinture historique, je ne crois pas que l'on veuille établir des règles
contraires. Quant aux ouvrages qui naissent du caprice et qui sont destinés à
ne satisfaire que lui et à ne pas avoir une plus longue durée, ceux-là ne suivent
aucune règle et n'en ont nul besoin.

Chez les Allemands la renaissance des arts s'annonce d'une manière tout-à-
fait conforme aux principes que je viens d'énoncer. J'y découvre les symptômes
d'une gloire bien grande.

IV.

LA PEINTURE DES GRECS ET CELLE D'ITALIE.

La marche des idées paraît avoir son cours réglé, et l'on serait tenté de
croire que sous ce rapport il existe des règles immuables auxquelles notre organisation morale est soumise; cependant, s'il est vrai que les institutions peuvent
influer sur la durée et le bonheur des états, que l'éducation corrige ou modifie

les défauts naturels des hommes, il est permis aussi de croire qu'une direction salutaire, donnée à l'étude des arts, peut en favoriser le progrès ou en retarder la décadence. Il suffit souvent de signaler un danger pour en détourner les effets.

Examinons, sous ce rapport, la peinture des Grecs et celle d'Italie.

Polygnote, de l'île de Thasos, créa la peinture historique, en Grèce, environ cinq cents ans avant notre ère. Il peignait à l'encaustique, et il a su donner tant de solidité à ses ouvrages, qu'on a vu à Athènes sa bataille de Marathon, quoique exposée à l'influence de l'air, se conserver parfaitement pendant l'espace de neuf cents ans. Ce tableau finit par tenter la cupidité d'un proconsul romain qui l'enleva. Polygnote avait répété plusieurs fois son tableau de la prise de Troie, entre autres à Athènes et à Delphes. Parmi les figures de cette grande composition, l'on voyait Cassandre, fille de Priam, au moment où sa pudeur venait de succomber sous le plus cruel outrage. A travers le voile qui couvrait sa figure, l'on distinguait l'expression de la honte et la rougeur de son front. Polygnote plaça aussi dans ce même tableau le portrait d'Elpinice, fille de Miltiade et sœur de Cimon, qui l'avait amenée à Athènes. Il peignit l'enfer à Delphes. De toutes les compositions attribuées à ce maître, c'était une des plus riches; elle contenait quatre-vingts figures. Cet artiste excellait dans ce que les Grecs appelaient l'ethographie, ou l'art de peindre les mœurs, les passions et les caractères.

Apelle naquit dans l'île de Cos, il appartenait à l'école de Sicyone, rivale de celle d'Athènes. Il avait répandu de la grâce sur la peinture. Sa Diane, environnée de nymphes sur le penchant du mont Taygète, a été admirée comme une composition heureuse et pleine de charme. Il n'est pas moins célèbre par sa Vénus de Cos, pour laquelle la courtisane Phryné avait servi de modèle.

Aëtion s'était fait également un nom dans le genre gracieux. Son tableau le plus connu fut les noces d'Alexandre et de Roxane. On voyait dans ce tableau une multitude d'amours, qui jouaient avec les armes et la cuirasse d'Alexandre, d'autres qui soulevaient le voile de Roxane et découvraient une partie de ses charmes.

Zeuxis, l'auteur d'une Hélène estimée des artistes contemporains, vivait soixante ans après Polygnote. Il lui était supérieur pour le faire et le coloris, mais il ne fut jamais son égal sous le rapport de l'expression.

Parrhasius, contemporain de Socrate, enrichit le temple de Minerve de son Prométhée. Au dire de Sénèque, ce peintre avait fait mettre un esclave à la torture pour servir de modèle à cette figure. Ce peintre était obscène et exagéré.

Protogène se fit connaître par son Jalyse; Pausias par sa Glycère; Zeuxis de Sicile eut aussi de la célébrité. On cite encore Pauson et Denis. On reproche au premier de n'avoir pas su donner à ses figures une véritable dignité, mais plutôt l'air d'acteurs en scène. Il s'est complu aussi dans les charges et les caricatures.

Les Rhyparographes peignaient les intérieurs de cuisines, de boutiques et autres sujets semblables; d'autres se consacrèrent à un genre que les Grecs appelaient des songes. On a vu quelques essais de ce genre dans le Lycée d'Athènes.

La perspective aérienne et linéaire était inconnue des anciens. Herculanum nous montre que les Romains ne firent guère plus de progrès dans cette partie si importante de l'art de la peinture.

L'esprit humain tourne donc toujours dans le même cercle. Ne croit-on pas reconnaître Michel-Ange dans Polygnote? Entre Apelle et Raphaël le rapport serait peut-être parfait, si l'un n'avait été inspiré par le paganisme et l'autre par la religion chrétienne. Aëtion est notre Albane.

Zeuxis fut à Polygnote ce que les Carrache sont aux chefs des écoles d'Italie de la meilleure époque. Parrhasius fut le Rubens de son temps. On peut aussi lui comparer tous ces peintres d'Italie qui exploitèrent le martyrologe, ainsi que ces artistes modernes qui ont le tort de se complaire dans les sujets atroces. Enfin, les Ostade, les Breughel et les Rega ne se doutaient peut-être pas qu'ils étaient des Rhyparographes.

Le portrait d'Elpinice, dans la prise de Troie, ne fait-il pas penser aux anachronismes modernes, à ces *donatrici* des tableaux d'Italie, ou bien à ces portraits de papes, de souverains et autres protecteurs des arts que les peintres mêlaient aux apôtres dans les cènes, les transfigurations et en général dans les sujets de l'Évangile? En Grèce, comme plus tard en Italie, à mesure que les artistes parvenaient à la facilité de l'exécution, qu'ils faisaient des progrès dans la partie mécanique de la peinture et dans les théories, le génie s'obscurcissait et avec lui on voyait disparaître le sentiment et l'expression.

Polygnote agrandissait ses sujets. Denis les rendait avec vérité. Pauson les ravalait.

Nous allons passer à la peinture d'Italie et nous en examinerons la renaissance, les progrès et la décadence.

Voulant rechercher les premiers symptômes de la renaissance des arts, il faut remonter à l'an 1200. Athènes avait autrefois déjà fertilisé le sol de l'Italie; c'est encore de ces régions, c'est de Byzance que lui sont venus les premiers exemples d'une régénération si riche en glorieux résultats. L'église de Saint-Paul à Rome, celle de Saint-Marc à Venise, celle de Monreale près de Palerme et beaucoup d'autres ont été ornées de mosaïques attribuées à des artistes ou plutôt à des ouvriers grecs de cette époque. Ces ouvrages sont informes et grossiers; mais ce sont les premières pierres d'une solide fondation et d'un magnifique monument.

On peut dire, avec quelque apparence de raison, que les Grecs ont donné le réveil aux arts en Italie; mais l'on serait peut-être plus fondé à croire que, sans eux, la peinture se serait relevée de ses ruines; car chez toutes les nations il y eut une époque pour la poésie et les arts, il y en eut une pour le fanatisme, une autre pour les connaissances positives, et enfin pour le sophisme, le froid scepticisme et la licence. Cette dernière époque est le tombeau du noble, du beau et du généreux, car c'est le triomphe de la vanité sur le sentiment.

Cimabue a vécu dans le xiiie siècle, au temps de saint Louis et de Dante. Andrea Taffi, Giunta Pisano et Guido di Siena, appartiennent à la même époque.

Dans le xive siècle la peinture commençait à être étudiée dans quelques-unes de ses parties, mais elle n'avait pas cessé d'être défectueuse. Elle était sèche et inanimée. Les draperies étaient raides, anguleuses et accumulées sans plan et sans réserve. Les extrémités étaient mal dessinées et souvent trop grandes, les membres secs, sans être musculeux, les groupes alignés; mais dans les têtes on découvre déjà de la vérité, souvent de la correction, quelquefois même de l'expression. Dans ce siècle la peinture fit peu de progrès, cependant Giotto di Bondone, l'élève de Cimabue, le contemporain de Pétrarque, a franchi lui seul des difficultés qui restèrent insurmontables pour ses contemporains. Ceux qui, au xive siècle, le suivirent dans la carrière des arts, profitèrent mal de son exemple; aussi pourrait-on dire que Giotto, tel que l'étoile du matin, annonça l'approche de la lumière du jour, mais ne la donna pas.

Le xve siècle, celui de Laurent de Médicis le Grand, le Magnifique, le Père du peuple, eut la gloire de voir naître les plus grands génies de la peinture, tous ceux qui dans le siècle suivant devinrent les fondateurs des différentes écoles d'Italie. Dire que, dès le commencement de ce siècle, les Médicis furent puissans et grands, c'est assez fixer l'époque de la renaissance des arts. Dans ce siècle, la peinture ne s'affranchit pas encore entièrement des défauts des siècles précédens, mais elle était inspirée par un sentiment pur; elle était précise et naïve. Le repos, le calme et le recueillement règnent généralement dans les productions de ce temps. Elles manquent presque toujours de mouvement (je mets en doute que ce soit un défaut en peinture). On peut leur reprocher le manque de perspective aérienne; j'ai aussi aperçu, dans beaucoup d'ouvrages de ce siècle, des fautes grossières de dessin, par exemple des têtes trop petites par rapport à la longueur des corps, et les traits de la figure trop menus; malgré cela cette époque est la plus intéressante de toutes. Le sentiment qui animait les peintres de ce temps était celui d'un cœur neuf, timide, naïf, exalté pour le beau, mais d'une exaltation douce, qui, quand elle s'écartait de la vérité, le faisait d'une manière gracieuse. C'étaient les aimables erreurs de la jeunesse, toutes au profit de la sensibilité. Tels étaient Beato Angelico da Fiesole, Masaccio, Giovanni Bellino, maître du Titien, le Perugin, et, par-dessus tous les autres, Raphaël dans son adolescence et l'aimable Francesco Francia. Jamais aucun des ouvrages les plus accomplis de Raphaël ne m'a ému aussi profondé-

ment que ses *sposalizie.* J'éprouvais, devant ce tableau, une joie, un atten-
drissement, un trouble inexprimables.

Ghiberti, dans ses portes de bronze, nous a laissé un monument durable
de son beau génie. Giotto mériterait mieux, par ses ouvrages, de trouver sa
place ici que parmi ses contemporains. Cima da Conegliano, Ghirlandajo, maître
de Michel-Ange, le Verocchio, maître de Léonard de Vinci, et Mantegna, dont
l'exemple anima le pinceau du Corrège, vécurent vers l'an 1500.

Le siècle le plus glorieux de la peinture fut celui de Léon X de Médicis, de
François Ier, de Charles-Quint, de Côme de Médicis, premier grand-duc de
Toscane, et du Tasse.

A cette époque la peinture arriva à son plus haut degré de perfection. Les
plus grands et les plus heureux efforts dans la peinture furent l'œuvre de ce
siècle; le style dans toute sa beauté et dans toute sa pureté, la correction et la
perfection dans toutes les parties de l'art appartiennent exclusivement à cette
époque. Il faut qu'il y ait eu alors je ne sais quoi dans l'atmosphère ou bien
dans les mœurs, dans les institutions et dans l'esprit du siècle, qui favorisât les
arts; car le monde, tout-à-coup peuplé de grands artistes, s'est enrichi de productions immortelles. C'est à Raphaël, l'auteur de la Transfiguration et de la
Perle, le plus grand et le plus célèbre de tous les artistes; c'est à Michel-Ange,
dont le génie plein de vie et de force conçut le Jugement dernier, que cette
époque doit son plus bel éclat. L'un apprit au monde à connaître la beauté
idéale, l'autre l'épopée de la peinture. Léonard de Vinci (le Penseur) fut parmi
ses rivaux le plus laborieux et le plus profond de tous; sa Cène, l'ouvrage le
plus étudié et le plus accompli qu'il y ait peut-être, le place à côté de Raphaël
et de Michel-Ange. Il eut aussi le mérite d'avoir été le créateur et le maître
d'un genre, propre à l'école Lombarde et qu'aucune autre n'a égalé, soit pour
le fini et le soin de l'exécution, soit pour le charme de l'expression. Fra Bartolomeo di S. Marco ne fut inférieur à aucun de ces grands artistes. On peut reprocher à Léonard de Vinci un travail pénible, à Michel-Ange de l'exagération :
Fra Bartolomeo, une fois parvenu au plus haut degré de son talent, n'eut aucun

de ces défauts. Il a moins de grâce et de charme que Raphaël, mais sous bien des rapports il est son égal; il y a même dans son style, je ne sais quoi de grandiose qu'on ne trouve pas à ce degré dans celui de Raphaël. André del Sarto fut le plus *transparent* des coloristes, et son mérite lui valut un nom presque égal à celui du Frate. Titien est le fondateur de l'école vénitienne et on lui doit le tableau le plus éclatant de couleur et de lumière, son Assomption de la Vierge.

Mais le plus gracieux de tous les peintres, ce fut Bernardino Luino. Sa Sainte Famille, de la galerie Ambroisienne, a un charme que je ne crois pas avoir jamais été égalé. On décerne la palme du clair-obscur au Corrége; ses têtes ont une grâce toute particulière: cependant, je ne crois pas lui faire tort en plaçant son nom après ceux que je viens de citer. Son lot sera toujours assez beau. On convient généralement qu'il est dessinateur incorrect; je ne crains pas d'ajouter qu'il est maniéré, et que son style, en général dépourvu de grandiose, tombe souvent dans la mignardise. Cependant, dans bien des ouvrages et surtout, au dire de beaucoup de connaisseurs, dans ceux qui se trouvent à Parme, il a été sublime.

Pour la naïveté et la vérité de l'expression, personne n'a surpassé Holbein et Albert Dürer : le premier, dans son Bourgmestre de Bâle, sut donner à ses têtes un charme que Francesco Francia n'eût pas surpassé, et la naïveté de ses figures est incomparable. Albert Dürer, dans ses Apôtres Pierre et Paul, dans son portrait de Holzshur et dans son propre portrait surtout, atteignit la perfection des plus grands maîtres d'Italie. On ne saurait, en parlant de cette époque, passer sous silence Daniel de Volterra, l'auteur de la Descente de croix; Sébastien del Piombo qui, sans avoir le génie et la hardiesse de Michel-Ange, participe de la grandeur de son style; Christofano Allori et Sodoma, qui furent les plus dignes élèves de l'école du Frate; Giorgione, dont la réputation s'est mieux conservée que les ouvrages; Palma Vecchio, le plus aimable des peintres vénitiens; enfin, Garofalo, Jules Romain et Bronsino. Les ouvrages en relief de Benvenuto Cellini sont également du xvie siècle.

Le xviie siècle est celui du faire large et facile. C'est celui des Carrache. Leurs

contours ne sont point précis, et l'on pourrait dire que ce serait le moyen d'é-
viter le sec et le dur, si l'on ne voyait que, ni Raphaël, ni le Frate, ni aucun des
grands maîtres du siècle précédent ne sont tombés dans ce défaut, quoique souvent leurs contours fussent gravés dans la planche et que toujours ils fussent
parfaitement marqués. Chez les Carrache l'expression des figures était étudiée,
mais non point inspirée; ils étaient esclaves d'un système; c'étaient les doctri-
naires de l'art. La peinture de ce siècle était à celle du siècle précédent, comme
le langage des conciles est à celui de l'Évangile. Annibal, dans son plafond du
palais Farnèse, est pourtant bien grand. En général, on ne saurait contester aux
Carrache un mérite supérieur; mais on n'en a pas moins le droit de leur reprocher d'avoir tracé à l'art de la peinture une route nouvelle et fausse. De cette
école sont sortis des peintres célèbres en grand nombre. Le Guide, avec ses trois
manières, dont la dernière valait moins que les autres, a trouvé cette pernicieuse facilité que ces maîtres affectaient. Si le Guide n'avait jamais fait que son
Aurore, son mérite ne connaîtrait point de détracteur. Le Guerchin, élève du
Guide, a marché sur les traces de son maître. Carlo Dolce pourrait être surnommé Charles-le-Doucereux. L'Albane est le Gessner de la peinture, le mono-
poleur des petits amours, des guirlandes et des verts bocages. Le Dominiquin
est sorti également de cette école, et en lui le système n'a pas étouffé le sentiment. Son faire est celui des Carrache; mais son sentiment est pur et céleste
comme celui de Raphaël; il fut pleinement en possession de charmer et d'é-
mouvoir.

Nous arrivons enfin à la décadence de l'art. La naïveté et la précision en furent bannies; la peinture prit une marche audacieuse. Elle nous apparaît dé-
réglée et sans frein. Elle sait encore inspirer la surprise ou l'horreur; mais elle
n'excite plus à la contemplation, à la rêverie et au recueillement. C'est cette
route défectueuse qu'ont parcourue, sans peut-être jamais avoir réfléchi et sans
avoir éprouvé un seul sentiment profond, Luca Giordano, qui ne connut point
de règle; Pierre de Cortone, qui eût été grand, si les dimensions en peintures
constituaient la grandeur du mérite; Gerard delle Notte, illustre par ses char-

bons et ses chandelles; le noir Caravage et Rubens, dont l'incorrection et le mauvais goût ne sont pas rachetés, selon moi, par ce que l'on appelle son génie, et par son incontestable facilité. Un coloris brillant ne constitue pas toujours un beau coloris. Rubens méprisait les difficultés de l'art beaucoup plus qu'il ne savait les vaincre; cependant, dans l'immense nombre de ses ouvrages, il y en a beaucoup qui font comprendre que l'opinion générale lui ait accordé une place si élevée parmi les artistes de tous les pays et de toutes les époques. Dans les portraits, lui et surtout son élève Van Dyk se firent un nom aussi grand que mérité. Le Baroche, si faux de couleur *, Carlo Maratti et Sassoferrato se trouvent placés sur les derniers degrés de la décadence de l'art. En vain on chercherait en eux la force, la grandeur et la noblesse. La pudeur est représentée par la minauderie, la sensibilité par la fadeur, la douleur par des grimaces et la grâce par l'afféterie.

L'espace de temps qui nous sépare de ces peintres a été rempli par les Cignani, Batoni, Angelica Kaufmann, Mengs, que je place ici pour remplir cent ans d'intervalle et pour fermer la liste des noms.

La sévérité de mes jugemens pourra produire bien des indignations. Qu'il me soit permis de les calmer par quelques légers lénitifs : Tous ceux qui se firent un nom dans la peinture, furent doués de quelque sorte de talent. Les Madones de Sassoferrato ne sont point dépourvues d'un certain genre d'agrément; le Caravage, dans ses Joueurs et dans plusieurs autres ouvrages, est digne d'admiration; Rubens, dans sa Descente de croix, est bien grand; tous les autres firent beaucoup de bons tableaux; mais la route qu'ils suivirent ne fut pas la bonne; et comme le mérite est relatif, je ne puis m'empêcher, en comparant les époques et les hommes, de trouver dans cette comparaison la critique du XVIIe et du XVIIIe siècle. Il y a une chose qui nous frappe plus particulièrement dans ce parallèle. Au temps de Raphaël, les artistes, modestes au milieu de

---

* Il aurait fallu placer le Baroche avant le Guide, car il a vécu long-temps avant lui; mais il est à mon avis si maniéré, que je ne puis me décider à le ranger ailleurs qu'avec les peintres qui me plaisent le moins.

leurs succès et de leurs immenses progrès, semblaient chercher au fond de leur propre cœur, dans la contemplation de la nature et dans l'étude de l'antique, les moyens de s'élever encore; les Luca Giordano et les autres *macchianti* au contraire, partis d'une méthode ou d'un système, étonnés d'eux-mêmes et subjugués par leur amour-propre, se montrent stationnaires au milieu de leur pernicieuse activité et de leur facilité.

V.

DU COLORIS.

J'ai dit que, sous le rapport du coloris, les peintres ne sauraient assez se mettre en garde contre l'esprit de notre époque. Le danger que je signale, je l'aperçois beaucoup plus dans les influences venant du dehors que dans les dispositions que montrent nos écoles de peinture; cependant il serait bon, je le crois, que sous ce rapport nous pussions tomber d'accord sur quelques principes fondamentaux; souvent la mode nous a envahis; il peut être utile de lui opposer des digues.

La palette de tel peintre *a de grands secrets*; un autre *réussit comme par hasard, sans conviction, sans peine;* celui-ci a une *touche hardie, pittoresque;* l'autre *tape et heurte.* Tous ces éloges me semblent déplacés dans une académie de peinture. Nous avons déjà vu, à une autre époque, des idées analogues entraîner la peinture vénitienne à une rapide décadence. Examinons sous ce rapport cette école tant vantée.

Il y a plus d'éclat que de véritable grandeur dans cette époque et dans cette école, et la puissance créatrice, qui chez les artistes de Venise se montre si active et si fertile, paraît, à peu d'exceptions près, être due bien plus à une grande habitude de manier le pinceau, qu'à une influence morale et aux émotions de l'âme. On n'y reconnaît pas assez souvent la sensibilité et le bon goût. On y cherche en vain les symptômes de la contemplation et de la rêverie.

On y voudrait découvrir plus de traces du tact et des sentimens nobles et délicats.

Dans l'école de Venise, on remarque un passage rapide du faire sec et du contour précis, à la plus grande hardiesse et aux plus éclatans contrastes de couleur et de lumière, que la peinture ait atteints dans aucun pays. Je n'ai pas une idée bien distincte sur ce que l'on appelle le coloris vénitien; car je vois que, sous ce rapport, les plus grands maîtres ont de fortes dissemblances entre eux.

Titien se distingue par une teinte harmonieuse, chaude et dorée. Dans les chairs les formes se dessinent et se détachent admirablement, quoique les ombres soient souvent faiblement indiquées. La lumière ne frappe pas seulement les objets d'un côté, mais on pourrait dire qu'elle les entoure et les couvre de ses rayons brillans, arrivant à-la-fois de tous les côtés. Chez Titien, la dégradation de la lumière est rarement rapide, et même dans les ouvrages de sa vieillesse, où la chaleur lui échappait, où sa teinte était devenue sale et peu transparente, il a toujours conservé une certaine harmonie de ton et une certaine magie de couleur. On ne comprend pas sa palette; le mélange de ses couleurs est resté une énigme. Aucun des tableaux de Titien ne donne une plus juste idée de l'éclat de son coloris, que l'Assomption de la Vierge. Ses Deux Femmes auprès d'un puits, de la galerie Borghèse, ont moins d'éclat, mais peut-être plus de magie encore, et ses Vénus montrent le mieux les effets d'une teinte générale, claire et lumineuse. Beaucoup d'élèves et d'imitateurs de Titien ont cherché à atteindre la beauté de son coloris, et ce sont Bonifazio Veneziano, Palma Vecchio et Paris Bordone, qui sous ce rapport se sont le plus approchés de lui. Giorgione et Schiavone ne le cèdent guère à Titien sous le rapport de la chaleur du coloris, et la teinte générale de leurs tableaux montre une grande analogie avec celle qui distingue ce grand coloriste.

Le coloris de toute la famille da Ponte, et surtout de Leandre Bassano, présente un tout autre caractère; il est plus brillant qu'harmonieux. Les plus fortes ombres se trouvent à côté des plus grands clairs; mais le noir prédomine. Il y a là éclat, richesse et contraste. On dirait qu'il a peint à la lumière des torches par une nuit obscure. Il est avare de clairs; mais il les orne du plus pur azur, de pourpre et du blanc le plus éclatant; on dirait même que l'or et l'argent se mêlent à ses couleurs.

Paul Véronèse se distingue par une couleur suave et en même temps scintillante. A travers la couleur on croit voir un tain d'argent. Le souvenir de ses tableaux me les représente jouant des métaux et des pierres précieuses d'une teinte pâle, qu'on aurait parsemés de roses. Ses ouvrages offrent de grandes surfaces claires. Il est varié de couleur; ses ombres ne sont pas fortes, et ne présentent pas de grands contrastes de clair-obscur. Aucun de ses tableaux ne caractérise mieux son genre de coloris, que son Enlèvement d'Europe; cependant il a eu plusieurs époques, et, à la fin de ses jours, il est moins clair de ton et donne davantage dans la couleur grise ou cuivrée, tout en conservant une teinte faiblement argentée.

La couleur du Tintoret est en général sale, noire et monotone; cependant, quelques-uns de ses tableaux de moindre dimension, participent de la chaleur du Titien; d'autres ont quelque rapport avec Paul Véronèse. Parmi ses nombreuses et immenses peintures, ce sont surtout celles qui se trouvent à la confrérie de Saint-Roch qui le caractérisent le mieux.

Pordenone n'a ni l'éclat ni la chaleur de Titien, mais sa couleur est vraie et variée. Il a plus de rapport avec les Florentins de son époque, qu'il n'en a avec les Vénitiens. Au reste, je ne connais de lui que deux tableaux authentiques, celui de l'Académie de Venise et celui de l'Église des Anges à Murano; mais ces deux ouvrages diffèrent tellement entre eux, qu'il m'a été impossible de me faire une idée de son coloris.

Beccaruzzi, Pomponio Amalteo et les plus anciens des Brusasorci et des Farinati de Vérone, ont également ce même genre de coloris, qui rappelle un peu Florence à l'époque de Pontormo et de Vasari.

Nous voyons donc les effets les plus disparates dans le coloris des Vénitiens; cependant on découvre chez presque tous, licence, abus et effets brillans, mais faux. Tantôt il semblerait que les métaux scintillent à travers la couleur; tantôt l'on croit voir la lumière dorée d'un soleil brûlant, ou bien l'éclat de la lune plus pâle, mais argentée, ou l'effet des torches allumées par une nuit sombre. On voit partout que cette école vise au prestige. Le coloris des Vénitiens ment, abuse et fascine les yeux. Celui qui est propre au Tintoret est le seul qui soit exempt d'éclat, et celui de Pordenone, tel que j'ai eu l'occasion de le connaître, n'a aucun rapport avec les autres Vénitiens.

Cependant le Tintoret lui-même se montre souvent, sous le rapport du coloris, l'imitateur de Titien.

L'école de Venise, arrivée à son apogée, a dû se distinguer par une couleur éclatante, mais fausse; car tels étaient le caractère et l'âme de son gouvernement pendant des siècles, et les gouvernemens qui se soutiennent prouvent qu'ils sont en harmonie avec le génie de la nation, les besoins et les conditions de son existence. Comme son gouvernement, cette école était audacieuse et abusait de sa force. On comprend que les peintures aient manqué souvent de contour précis, de correction de dessin; mais de brillans éclats de lumière devaient sortir du mélange de hardiesse, de richesse, de présomption, d'esprit aventureux dont cette république illustre a fourni tant d'exemples. Cette école abonde en peintures de portraits; car l'orgueil voulait passer à la postérité. Vous ne voyez plus de toute part que *quadri consunti,* illustration *consunta,* décadence, solitude, décombres, au milieu des grandeurs, de l'encombrement et de la magnificence. Les arts, comme la littérature, sont l'expression de la société.

Titien a rendu un bien mauvais service à l'école vénitienne, si c'est à lui qu'on doit attribuer la hardiesse, la facilité, le manque de contour précis, la dégradation trop rapide de lumière, le contraste souvent peu naturel des couleurs les plus éclatantes, le manque de correction dans le dessin, la présomption et la négligence qui ont envahi cette école en sa présence et pour ainsi dire sous ses auspices. Quelques-uns de ses défauts se trouvent dans ses ouvrages et il les a prêchés d'exemple; d'autres ont été une suite inévitable des principes qu'il avait adoptés et de la route qu'il a indiquée à ses élèves et à ses contemporains.

Titien a su réunir le plus grand éclat de couleur à la plus parfaite harmonie. Ses compositions sont plutôt graves que spirituelles, et quoiqu'il ait fini par dédaigner de consulter la nature, que sa touche soit devenue négligente, qu'il ait été entraîné à ne suivre d'autre guide que son génie et sa verve, il s'est pourtant soutenu presque toujours à une très grande hauteur sous le rapport du style, lors même que sous le rapport de l'exécution, il lui est arrivé de déchoir de sa grandeur.

L'Assomption de la Vierge, qui se trouve à l'académie de Venise, est un des plus beaux ouvrages que l'art de la peinture ait enfantés. Il n'existe aucun tableau, qui, à la première vue, produise un effet plus grand et plus magique. Ce tableau rappelle dans son ensemble la Transfiguration de Raphaël. Il y a entre ces deux tableaux de la conformité sous le rapport du style et de l'ordonnance. Cependant, l'on ne peut pas admettre que Titien ait été inspiré par la Transfiguration; car la date de l'Assomption est de 1516 et par conséquent un peu antérieure. Toute la partie supérieure de cette composition est sublime; les anges dans leurs poses et leurs mouvemens sont gracieux comme les amours de la Galathée; sous le rapport de l'éclat du coloris, ce tableau est au-dessus de toute comparaison; mais les figures du bas manquent de noblesse et sont dans leurs proportions, ce que les Italiens appellent *tozze*. On rencontre le même défaut dans plusieurs autres ouvrages de ce maître.

Néanmoins, ce n'est pas ici que j'ai voulu examiner Titien et son école, sous ce rapport, mais bien sous celui de la touche et du coloris, et j'ai voulu prouver par cet examen que la hardiesse dans la peinture est voisine de la présomption, que la facilité touche à la négligence et que le charme et l'éclat du coloris ne doivent jamais cesser d'être soumis à la vérité et à la nature.

Si on me demande quels sont les modèles que je proposerais aux peintres de notre époque, je dirais : « tous ceux qui ont cherché à être vrais, lors même « qu'ils ont été moins brillans et qu'ils ont moins de charme que les Vénitiens ». Dans le coloris du Corrège, par exemple, il y a éclat sans qu'il y ait prestige; aussi, sous ce rapport, cet exemple ne me paraît pas offrir de danger. La palette d'André del Sarto a déjà des secrets, et son *sfumato* a une teinte rosée dont le charme me séduit, mais ne me persuade pas. Fra Bartolomeo n'a trahi nulle prétention sous ce rapport. Parmi les Vénitiens de l'époque du Titien, c'est Sébastien del Piombo que je trouve le plus exempt de négligence, de prétention et de manière.

Le Dominiquin et l'Albane, qui appartiennent à une époque postérieure, me paraissent, sous le même rapport, à l'abri de tout reproche. Raphaël dans sa dernière manière, le Fattore, Cristofano Allori, les Ferrarais Garofalo et Mazzolino ont de l'éclat et de la vigueur, sans jouer avec la palette. Lawrence, Greuze, Baroccio, Rubens, sont au contraire ceux chez qui, à mon sens, le danger que j'ai voulu signaler est le plus sensible.

Il y a un autre défaut, qui n'excite pas ma répugnance à un moindre degré : c'est celui que l'on aperçoit chez beaucoup de peintres antérieurs à Raphaël et chez beaucoup de Lombards. Ces peintres abusaient des *velature*, des glacis, et c'était surtout pour modeler les formes dans les ombres qu'ils employaient cette méthode. Beaucoup de nos peintres modernes ont eu ce même défaut; mais il me semble qu'on a assez généralement abandonné cette direction, et je vois la plupart des artistes allemands peindre maintenant dans la pâte et ne se plaire que dans les tons francs et vrais.

Nos peintres cherchent le succès dans les émotions intimes, dans les grandes pensées, dans l'imitation de la nature et dans l'exécution soignée. Ils sont généralement plus consciencieux que hardis. L'expression y gagne; je ne sais si le coloris y perd : je ne le crois pas.

VI.

SUR LES COLLECTIONS ET LES CONNAISSEURS.

Je n'ai plus que quelques observations à adresser à nos amateurs de tableaux, archéologues, connaisseurs, faiseurs de collections, de cours et de recherches savantes, auteurs de biographies, de feuilletons et d'ouvrages périodiques.

En matière d'art, quand l'esprit se dégage de l'influence du cœur, et quand l'orgueil a triomphé du sentiment, il y a fausse direction, il y a faux jugement. Le goût, le tact et les émotions ne s'apprennent pas. Sitôt que l'étude des arts devient une affaire d'amour-propre, elle ne profite ni aux arts, ni aux amateurs.

Le type du beau est gravé en nous; aussi, pour peu qu'un homme heureusement né s'abandonne à lui-même, qu'il contemple, qu'il permette à ses émotions de se développer et de s'épurer, sans qu'il en laisse interrompre le cours progressif par des influences étrangères et surtout par celles de la mode et des fausses doctrines, sa sensibilité ne manquera pas de devenir exquise, sans cesser jamais d'être vraie et en harmonie avec les lois de la nature.

La plupart des hommes qui ont reçu une certaine éducation et quelque culture sont sensibles aux beautés dans les arts, et sont en état et en droit de les juger. Ce sont eux qui forment le public éclairé. Ils jugeront d'autant mieux, qu'ils s'abandonneront à leurs émotions les plus intimes, qu'ils parviendront à se dégager de leur amour-propre, à s'ignorer et à s'oublier eux-mêmes. Qui s'admire comme juge, se trouve sous l'influence d'une préoccupation malheureuse. On n'éprouve pas toujours des émotions et une conviction devant un objet d'art; alors on ne doit pas porter de jugement, et, si l'on se rappelle une phrase, fût-elle la mieux sonnante, ce n'est pas le cas de l'adopter : le mensonge n'embellit pas le plagiat. *L'effort et le mensonge contrarient toujours nos sentimens intimes; souvent même ils le font à notre insu; mais ils ne sont jamais plus perfides que lorsqu'ils feignent l'admiration.* Le sentiment et le goût, abandonnés à leur développement naturel, exercés, épurés, dégagés d'entraves, sont les juges les plus éclairés et les plus équitables en fait d'arts. Ceux dont l'esprit est disposé à creuser une idée; ceux dont la mémoire embarrasse l'action de l'âme, les pédans, les hommes à système, sont de mauvais juges : l'orgueil est le plus mauvais de tous. *Il y a deux lumières pour l'homme : l'une, qui éclaire l'esprit, qui est sujette à la discussion, au doute, et qui souvent ne conduit qu'à l'erreur et à l'égoïsme; l'autre, qui éclaire le cœur et qui ne trompe jamais : pour nous autres, misérables mortels, la vérité n'est que conviction. Dieu seul possède la vérité comme vérité ; nous ne la possédons que comme foi.* Cette admirable pensée de Lamartine est applicable aux arts : la beauté est dans les arts ce que la vérité est en religion et en morale ; ou plutôt ce sont deux vérités identiques.

Je vois beaucoup d'hommes qui s'enfoncent dans des recherches sur les noms et sur les dates ; ces hommes, tant qu'ils sont de bonne foi ou qu'ils ne s'abusent pas eux-mêmes, rendent d'utiles services à l'histoire ; mais ce genre de recherche peut facilement dessécher et glacer le cœur ; il peut aussi donner cet orgueil doctoral qui si souvent dégénère en monomanie et peut devenir si fatigant pour les autres.

J'en vois qui, pour avoir acquis des connaissances vastes et positives dans ce genre, se croient en droit d'imposer aux autres leurs opinions, des opinions qui quelquefois n'en sont pas, donnent des noms aux tableaux sans que le plus souvent ils soient persuadés de ce qu'ils disent ; hasardent des jugemens, et font des phrases qui évidemment sont calculées pour l'effet, et n'ont d'autre but que d'étonner l'auditoire.

Je vois des connaisseurs qui ont beaucoup d'esprit ou d'imagination ; j'en vois qui ont beaucoup de mémoire, d'autres encore qui parlent avec facilité et qui paraissent profonds à force d'être inintelligibles : l'esprit, la mémoire et les abstractions n'empêchent pas toujours d'être connaisseur ; mais il n'y a que l'âme qui soit juge des productions de l'art.

On aime ou on n'aime pas une œuvre d'art à la première vue ; en un clin-d'œil elle a été jugée pour jamais. La raison, la réflexion, l'esprit ne peuvent rien contre les impressions de l'âme. C'est le propre des êtres chez qui l'instinct est instantané : c'est le propre de *la raison innée, de la raison non raisonnée, de la raison telle que Dieu l'a faite,* et non égarée, obscurcie par l'influence des subtilités de l'esprit et de l'orgueil ; *les impressions nous frappent comme l'éclair sans que l'œil ait la peine de les chercher. — L'inspiration dans tous les arts comme sur un champ de bataille, est cet instinct, cette raison devinée. Le génie est aussi instinct et non logique et labeur. Plus on réfléchit, plus on re-connait que l'homme ne possède rien de grand et de beau qui lui appartienne,* *mais que tout ce qu'il y a de souverainement beau vient immédiatement de la nature et de Dieu.* *

Il est permis de croire que si l'instinct fait naître les idées, les idées à leur tour éclairent l'instinct; mais je pense plutôt que la raison ne peut que servir de truchement aux impressions; elle est forte si elle les comprend bien. L'instinct s'alimente bien moins de la raison que de lui-même : le goût, qui est un instinct, s'exerce surtout par sa propre action, devient fort, devient exquis, comme les organes, ou comme l'agilité et la force.

Il est assez difficile de dire ce qui constitue un connaisseur. Parmi ceux qui ont la prétention de l'être, je n'en vois que peu qui le soient en effet. Un goût exercé, un sentiment intime, l'indépendance d'opinion, l'amour de la chose et non de la critique, le don de s'émouvoir à l'abri de l'influence de l'amour-propre : voilà, je crois, ce qui constitue un connaisseur en fait d'art; ceux en qui l'orgueil doctoral a étouffé le sentiment, ont cessé d'être connaisseurs le jour où ce changement s'est opéré en eux.

Beaucoup de peintres prétendent qu'il faut être artiste pour être en état de porter un jugement approfondi sur les objets d'art, et, si un amateur a le malheur de ne pas rencontrer leur manière de voir, ils disent obligeamment : « On « conçoit que la chose vous fasse cet effet; mais *nous autres* nous pénétrons « plus avant dans les sujets. » C'est, en vérité, décourageant pour ceux qui ne font pas de tableaux, bons ou mauvais; cependant, quand je considère combien l'esprit de parti exerce d'influence parmi les artistes, quand je vois des écoles entières condamner en masse celles qui leur sont opposées de principes; lorsqu'on a vu et qu'on voit encore de jeunes artistes former des associations pour attaquer et accuser d'ignorance et d'incapacité les chefs d'académies; les professeurs en guerre entre eux; les élèves s'apitoyer sur leurs maîtres; je ne conçois pas à quel signe on peut reconnaître l'infaillibilité d'un artiste, et je serais tenté de conseiller aux amateurs de n'adopter l'avis des gens du métier qu'en tant qu'ils se trouvent d'accord avec le leur.

* Lamartine.

S'il était vrai qu'il fallùt être artiste pour être juge, ce serait les artistes qu'il faudrait plaindre, car il n'y aurait pas de public qui fùt à même d'apprécier les objets d'art et qui les achetât; il n'y aurait de bons juges que les bons artistes : cela ne ferait pas un public nombreux et surtout pas un public d'accord.

On doit reconnaître qu'il y a des qualités attachées à la condition d'artiste, à leurs études et à leurs travaux, qui les rendent plus particulièrement aptes à connaître le mérite d'un ouvrage; mais il existe aussi pour eux des obstacles que les amateurs ne connaissent pas. J'ai cru m'apercevoir qu'en principe général, les artistes vantent le plus volontiers ce qui s'approche de leur direction d'idées, et même des imperfections de leurs ouvrages et des défauts qu'on leur reproche et qu'ils voudraient défendre; je dirai plus : les artistes se laissent entraîner dans leurs jugemens tout comme ceux qui ne le sont pas; parmi eux, l'opinion publique se forme et se corrompt tout comme dans les salons, à la bourse, dans un parterre ou sur la place publique.

L'opinion est une avalanche : quand elle a pris un grand accroissement, elle entraîne tout. Il m'est arrivé souvent de voir qu'un même ouvrage a eu un succès général dans une ville et a été jugé moins favorablement dans une autre : entre Berlin, Munich et Dusseldorf, cette divergence d'opinion n'est pas rare : le tableau des Grecs par Petzel m'en a fourni l'exemple; pour ce tableau je me range volontiers du côté des admirateurs. Je ne puis envisager les opinions dominantes comme infaillibles. C'est l'opinion publique qui a fait le veau d'or, et depuis lors, combien de fois ne s'est-elle pas encore trompée !

De même que les comédiens ne sont pas seuls juges du jeu des acteurs, de même que les poésies ont pour juge un public qui n'est pas toujours versificateur, et que pour juger un livre il n'est pas nécessaire de savoir faire des livres; de même, pour avoir le droit de juger les tableaux, il suffit de tenir de la nature le don d'aimer les arts et un goût qui se soit exercé à l'abri des influences dangereuses et contraires.

Quant à la connaissance des anciens tableaux, l'art de distinguer les écoles, les époques et les auteurs, de voir si un tableau est original ou si ce n'est qu'une copie, de découvrir les retouches, de savoir le prix des choses, cela est tout-à-fait indépendant du talent d'artiste dont un prince peut être doué; c'est une étude particulière, qui ne peut se passer de tact et de goût et qui exige une grande expérience, beaucoup de recherches, de la mémoire, des connaissances vastes et positives; ce n'est que la réunion de beaucoup de qualités acquises et innées qui peut donner ce genre de connaissance.

Je vois aussi des amateurs qui, aussitôt qu'ils commencent à acheter de vieux tableaux, s'imaginent devenir infaillibles. Il y en a parmi eux de qui on pourrait dire positivement que c'est tel jour, à telle heure, qu'ils ont été faits connaisseurs par arrêt du brocanteur et du laquais de place. Qu'il leur a été doux de s'entendre dire : *per bacco! ella è un uom' che la intende!...* Ils se sentent animés d'une ardeur inconnue. Ils partent, s'élancent sur la *piazza Navone* ou telle autre place publique, dans les boutiques de vieux habits, dans les galetas, et alors se succèdent ces heureux hasards qui font découvrir, sous la plus indigne restauration, sous des couches épaisses de crasse et de vernis, des Corrége et des Raphaël.

Quand vous voyez en Italie un homme courir ainsi de place en place, à qui la sueur découle du front, qui a l'air effaré, harassé de fatigue, laissez passer; c'est une galerie qui se forme : elle contiendra toutes les écoles avec leurs chefs en tête.

Je crois, ainsi que je l'ai déjà dit, que le sentiment du beau est en nous; mais la connaissance des tableaux et des peintres anciens est bien difficile à acquérir.

Pour se persuader de la difficulté de cette étude, il suffit d'ouvrir le dictionnaire qui se trouve à la suite de l'ouvrage de Lanzi, ou Fussli, ou Bartsch. Vous verrez combien est petit le nombre des peintres dont le public amateur se répète les noms, en comparaison de ceux dont les noms sont condamnés à l'oubli, quoique consignés dans les archives de l'art et dignes de l'être. Mais cette difficulté n'est pas la seule. La plupart des grands maîtres ont eu plusieurs manières; souvent les uns voulaient imiter les autres; ils cherchaient à saisir le style et le coloris de leurs rivaux, ou ils leur empruntaient leurs sujets favoris.

On a vu le Tintoret imiter Paul Véronèse, comme dans les deux tableaux qui sont de chaque côté du maître-autel de la Madonna del Orto. Paul Véronèse fut aussi imité par son fils Carletto et par Zelotti; par ce dernier, dans ses fresques. Bonifazio et Palma ont souvent ressemblé à Titien, et Schiavone à Bonifazio. Beaucoup de peintres ont voulu s'élever jusqu'à Giorgione, et Schiavone est un de ceux qui l'a fait avec le plus de succès, comme dans sa mort d'Abel de la galerie Pitti. Padouanino copiait Titien avec un grand succès. Carlino Cagliari porte dans beaucoup d'ouvrages l'empreinte des exemples et des préceptes de Léandre Bassano, comme dans un des tableaux du palais ducal. Dans les fresques de la chapelle Dei Eremitani, à Padoue, le travail de Mantegna présente la plus grande analogie avec celui de ses élèves. C'est une confusion dans laquelle il n'est pas facile de se retrouver.

Un autre écueil, qu'on rencontre encore bien souvent, ce sont les restaurations qui, quelque bonnes qu'elles soient, ne manquent jamais de porter atteinte au cachet de l'originalité.

Je vois toujours les connaisseurs tourner dans un fort petit cercle de noms connus, et, plutôt que de reconnaître l'insuffisance de leurs études et de leurs efforts, accorder ou refuser avec emphase des noms à des tableaux, sans avoir le sentiment intime des jugemens qu'ils portent.

L'étude ne peut remplacer le tact dans la connaissance des tableaux; mais il faut aussi, pour déchiffrer les traces souvent fort cachées du génie, des prédilections et du faire des différens maîtres, que le tact soit soutenu et dirigé par beaucoup de connaissances, d'études et de recherches, et il n'y a que cette réunion de qualités acquises et innées, qui admette un certain développement dans l'art de reconnaître les maîtres par leurs ouvrages. Les physionomies me semblent toujours indiquer le mieux les auteurs. C'est un des indices qui m'ont toujours paru le plus sûrs.

La mauvaise foi et la présomption ne manquent pas non plus d'exercer leur pernicieuse influence et d'ajouter à cette confusion d'idées, qui en elle-même est déjà très difficile à éviter dans cette étude.

On ne saurait trop regretter que la plupart de ceux qui restaurent les tableaux anciens, les nettoient avec si peu de soin et de précaution, qu'ils enlèvent les couleurs en voulant enlever les anciens vernis, les anciennes restaurations et la crasse qui s'est introduite dans les pores de la couleur. Il en existe cependant de tellement endommagés, que toute précaution devient insuffisante. Dans les galeries et chez les brocanteurs, vous rencontrez souvent d'anciens tableaux où il n'y a de conservé que le contour. Ce sont de véritables miniatures sur des contours anciens. Le cachet de l'originalité se perd entièrement par cette manière pointée ou par ces *velature* qui recouvrent la couleur ancienne. Les têtes n'ont plus ni style ni expression, et, presque toujours, il n'y a que les draperies qui paraissent encore appartenir au peintre dont le tableau porte le nom.

Il est facile de reconnaître certains maîtres, qui ont toujours répété les mêmes physionomies, les mêmes poses et le même genre de compositions : un Mazzolino, un Catena, un Vateau, un Roticelli, un Civetta, maîtres qui n'ont pas eu d'imitateurs et qui ont été peu copiés.

Il existe aussi des tableaux dans lesquels on reconnaît au premier coup-d'œil le cachet du génie, les prédilections, le coloris et le faire de ceux qui les ont créés, tableaux *qui sentent la palette*, tableaux où l'on retrouve toujours d'une manière irrécusable l'expression des figures, les traits, les proportions qui caractérisent le genre de ces maîtres. Sur ceux-là, jamais une personne qui se sera occupée de peinture, ou qui en aura fait son étude, ne pourra se méprendre. Mais il y a d'autres tableaux où le peintre a cherché de nouvelles inspirations, où il était préoccupé du desir de mieux faire, de rivaliser avec quelque autre peintre, de prouver qu'il savait traiter d'autres sujets que ceux qui lui étaient propres, de complaire à la fantaisie et au caprice des hommes et des modes, où, en un mot, il a cessé d'être lui-même; ceux-là s'écartent souvent tellement du genre qui est propre au peintre, qu'à moins de documens irrécusables, il devient impossible de reconnaître le faire et le génie de l'auteur.

Les tableaux des élèves, copiés souvent dans l'atelier du maître, quelquefois retouchés par lui ou faits à l'imitation de ses ouvrages, trompent aussi l'œil le plus exercé quand ils sont faits par des artistes que la nature a doués d'un véritable talent.

Ceux qui font métier de baptiser les peintures ne souffrent pas qu'on témoigne des doutes sur l'infaillibilité de leurs décrets. Pour peu qu'un tableau ait quelque ressemblance avec ceux d'un maître célèbre, aussitôt ils n'hésitent pas à le lui attribuer, et ils ne manquent pas de dire : « si ce n'est point d'un tel, de qui voulez-vous que ce soit? » Mais il en est des tableaux comme d'une écriture inconnue; on peut être sûr qu'elle n'est pas d'un tel, sans pouvoir désigner pour cela la personne qui l'a tracée.

On voit des tableaux du premier ordre qu'on sait, grâce à des documens irrécusables, avoir été composés par tel ou tel artiste, et sur lesquels on ne se permet pas de fausses suppositions, uniquement à cause des preuves existantes; mais si ces documens manquaient, on voudrait absolument les faire entrer dans la catégorie de dénominations banales. Tels sont par exemple le petit nombre des ouvrages de Cavazzolo, Fiumicelli, Fagolino, Carotto, Pomponio Amalteo [*], Framarco *pensa ben* et Solario. Le petit nombre de leurs tableaux qui se sont conservés jusqu'à nos jours, leur assure un rang très élevé parmi leurs plus illustres contemporains; mais combien n'a-t-il pas existé de peintres dont les noms sont restés ensevelis dans l'oubli, ou dont les différens genres n'ont pas été bien connus? S'il est difficile d'être connaisseur en tableaux, il est peut-être tout aussi difficile que ceux qui le sont en acquièrent et en conservent la réputation.

Le sort des connaisseurs de tableaux est bien malheureux. Aussitôt qu'il s'élève une réputation de ce genre, l'on voit un essaim de rivaux s'acharner à en ravaler le mérite. Il faut aussi convenir qu'il existe peu d'amateurs qui, pour peu qu'ils aient obtenu quelque succès dans la connaissance de la peinture ancienne, ou deviné quelques noms, ne soient aussitôt atteints de présomption

____

[*] Il a beaucoup peint à fresque, mais peu à l'huile.

et n'aient des prétentions à l'infaillibilité. Ainsi, l'envie ruine la réputation des vrais connaisseurs ou l'empêche de s'établir; la présomption arrête les progrès; le mensonge et la mauvaise foi détruisent la confiance, et il est peut-être aussi difficile de juger les connaisseurs que de juger les tableaux.

Les plus grands maîtres ont laissé des ouvrages faibles, et j'ai vu des ouvrages surprenans de ceux qui, généralement, me déplaisent le plus. Il n'y a pas jusqu'au Tintoret, à Schiavone et à Liberi, qui n'aient su, dans quelques-uns de leurs ouvrages, m'inspirer l'admiration. J'ai vu en revanche des Titien, des Fra Bartolomeo, des André del Sarto, qui feraient honte aux plus minces réputations. Enfin il m'est arrivé aussi de rencontrer des ouvrages dont les auteurs sont peu connus et qui m'ont paru admirables. Dans telle galerie qui compte des milliers de tableaux, vous avez le malheur de ne rencontrer que des peintures détestables des maîtres les plus célèbres; il se trouve que ce sont des ouvrages d'un temps où ces maîtres peignaient mal, ou ne savaient pas peindre du tout. Si c'est servir la science que de rassembler de pareilles productions, il faudrait au moins placer en opposition leurs bons ouvrages. Mais il y a trahison à produire les autres isolés sous les yeux du public. C'est faire naître une dangereuse confusion d'idées; c'est presque calomnier les artistes, et c'est fausser le jugement du public avide de s'instruire. Cela est d'autant plus dangereux, que les premières impressions sont souvent décisives. On revient difficilement à quelqu'un qui a fait naître sur son compte un jugement défavorable, de même qu'on est tenté de juger avec indulgence les défauts de ceux envers lesquels on s'est senti entraîné par une première impression. Il en est de même des tableaux : ce sont les premières impressions qui fixent la sympathie.

En publiant cet ouvrage je n'ai d'autre but que d'attirer sur les artistes allemands l'attention des étrangers. Cependant, même en parvenant à ce résultat, je ne croirai avoir devancé que de peu d'années une impression qui ne pourrait manquer d'être produite plus tard par des publications mieux faites pour exciter l'attention générale, et surtout par les productions mêmes de l'art, dont le nombre s'accroît avec une si grande rapidité, et qui, en se répandant sur toute l'Allemagne, mettent les voyageurs de tous les pays à portée d'apprécier le mérite des artistes allemands et de leurs ouvrages. Je ne prétends pas non plus présenter mes jugemens comme des axiomes inattaquables; je consentirais même à être accusé de partialité, si cette accusation pouvait servir à redresser quelque tort commis involontairement, et tourner ainsi au profit de l'artiste dont j'aurais méconnu le mérite.

Munich, Dusseldorf et Berlin sont les foyers d'où jaillit la plus grande lumière sur l'état actuel des arts en Allemagne. Ce n'est qu'en visitant ces villes qu'on peut juger de l'étendue des progrès déjà faits. Sous le rapport des fresques, Munich ne connaît pas de rivale. La peinture à l'huile conserve son ancienne prédilection pour les bords du Rhin, et c'est à Dusseldorf qu'on lui voit obtenir les plus grands succès. A Berlin, c'est l'architecture qui présente le plus d'exemples d'une heureuse régénération, et c'est à Schinkel que cette révolution est due; le goût exquis de cet homme, si heureusement né, a exercé une influence bien grande sur celui des artistes et du public. La sculpture aussi mérite de fixer nos regards, et c'est Thorwaldson qui a donné l'impulsion à cette partie si importante des arts. C'est donc surtout à Schinkel, à Cornelius, à Schadow et à Thorwaldson que l'Allemagne est redevable de la nouvelle ère de gloire qui s'ouvre pour elle. J'espère que mes lecteurs me sauront gré de leur fournir les traits de ces quatre artistes dont les portraits seront joints à cet ouvrage.

CHAPITRE PREMIER.

APERÇU HISTORIQUE SUR LA PEINTURE EN ALLEMAGNE DEPUIS LA FIN DU XVIIIe SIECLE

JUSQU'A NOS JOURS.

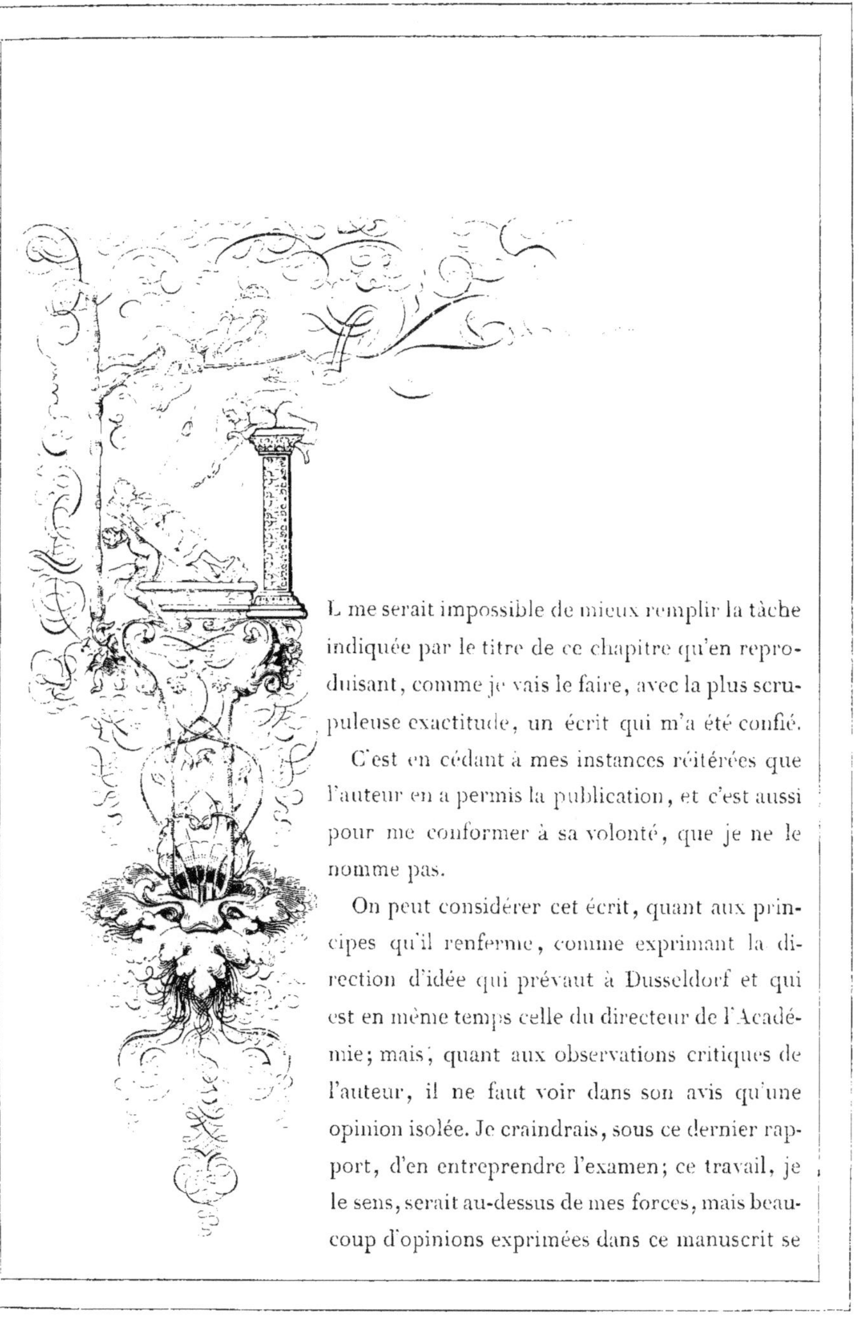

L me serait impossible de mieux remplir la tâche indiquée par le titre de ce chapitre qu'en reproduisant, comme je vais le faire, avec la plus scrupuleuse exactitude, un écrit qui m'a été confié.

C'est en cédant à mes instances réitérées que l'auteur en a permis la publication, et c'est aussi pour me conformer à sa volonté, que je ne le nomme pas.

On peut considérer cet écrit, quant aux principes qu'il renferme, comme exprimant la direction d'idée qui prévaut à Dusseldorf et qui est en même temps celle du directeur de l'Académie; mais, quant aux observations critiques de l'auteur, il ne faut voir dans son avis qu'une opinion isolée. Je craindrais, sous ce dernier rapport, d'en entreprendre l'examen; ce travail, je le sens, serait au-dessus de mes forces, mais beaucoup d'opinions exprimées dans ce manuscrit se trouveront peut-être combattues ou modifiées par celles qui sont exposées dans mon ouvrage. Je ne connais pas exactement la date de cet écrit; je sais seulement qu'elle n'est pas tout-à-fait récente.

« Mengs, le dernier artiste allemand d'une vaste renommée, n'évita point l'éclectisme de son siècle; mais il l'ennoblit par une étude approfondie des formes et de la nature des objets, sans cependant avoir trouvé les principes vivifians *des arts dans leur plus noble, dans leur véritable acception*[*]. Après lui, à la fin du dernier siècle, vint *Asmus Carstens*, natif du Holstein, qui s'engagea dans une route nouvelle. Les principes que celui-ci a posés fixent avec exactitude les signes caractéristiques auxquels on peut reconnaître le vrai et l'idéal; leur évidence est un guide sûr et qui peut seul animer les arts d'une vie nouvelle. Il est le premier qui ait exigé que l'artiste conçût clairement, se représentât d'une manière vive le tableau des sujets qu'il voulait traiter, et se rendît raison des émotions de l'âme, avant d'en entreprendre la reproduction à l'aide des formes et des couleurs; il condamne tous ces artistes qui, pour s'inspirer, s'entourent de modèles et dont le goût est dirigé par les costumes et les attributs qui leur sont tombés sous la main; il veut, au contraire, que les modèles ne servent que de moyen pour exprimer une idée clairement conçue dans la pensée de l'artiste. Sous le rapport de l'exécution, ses ouvrages ne peuvent être considérés que comme des esquisses; mais sous celui de la poésie, ses conceptions semblent parfaites. Nous ne possédons de lui que des dessins faits à l'aquarelle. Les sujets qu'il a traités, sont pour la plupart tirés de la mythologie. Quand je considère la manière dont il saisissait les objets et les formes qu'il leur donnait, je ne puis me défendre de l'idée que si Michel-Ange avait partagé les vues philosophiques de Carstens il n'aurait pas rendu les objets d'une manière différente. A en juger par ce qui nous reste de lui, son talent était *plastique; il n'indiquait les formes que par le contour et les ombres; le prestige des couleurs, comme moyen de rendre les formes, était resté pour lui un secret; au moins il ne pos-*

---

[*] Einer ächten Kunst.

*sédai tpas ce talent au même degré que l'autre**. Carstens serait sans doute devenu un grand peintre de fresques; mais il vivait à une époque si peu favorable à son art, que l'illustre Goëthe lui-même l'a méconnu, tandis qu'il a consacré un volume à Philippe Hackert. Les plus remarquables de ses ouvrages sont le Repas de Phaëdon, d'après Platon, la Barque de Caron, l'Expédition des Argonautes (gravée à l'eau-forte par Hock), les Parques (dont il existe un modèle en terre cuite), les Titans escaladant les cieux, Persée et Andromède, etc. *Dans ces ouvrages, on aperçoit en effet le germe des vrais principes de l'art. On voit, pour ainsi dire, comment les idées prenaient dans ses ouvrages un corps et des formes propres à la tournure originale de ces idées. On pourrait comparer ces compositions à de beaux enfans qui attendent de la nature leur développement***. On les a souvent copiées; les originaux sont, à ma connaissance, pour la plupart, à Weimar dans la collection du grand-duc, ou dans la bibliothèque. Le petit nombre de compatriotes de cet artiste qui l'ont compris ont senti l'influence de son impulsion. Parmi ceux-ci, il faut citer avant tous les autres, Joseph Koch, Tyrolien, que la nature avait également doué d'un talent éminent. Lui aussi aurait produit de grandes choses, si, dans sa jeunesse, il avait connu une bonne école de peinture; mais il n'en existait pas à cette époque. Pour satisfaire aux exigences de son temps, il peignait surtout le paysage, et il a produit dans ce genre des ouvrages remarquables. Il était déjà avancé en âge lorsqu'il fut chargé, par le marquis Massimi à Rome, de peindre à fresque, dans sa belle *villa*, plusieurs sujets de la *Divina Commedia* du Dante. Dans le premier de ces tableaux, le Dante à l'entrée de l'Enfer, il a déployé tout son talent; dans les autres, on s'aperçoit trop que son éducation d'artiste a été incomplète.

« C'est dans ce même temps que Wächter, de Stuttgard, se distinguait dans la nouvelle direction dont nous venons de parler. Il existe de lui un tableau de

---

* Sein Talent war mehr plastischer als malerischer Natur.

** Hier sind in der That die Keime einer ächten Kunst; verkörperte Ideen ganz eigenthümlicher Art, sie gleichen schönen unentwickelten Kindern.

Job au milieu de ses amis, qui annonce d'éminentes dispositions. Des conjonctures malheureuses ont empêché le développement du talent de cet artiste.

« Un autre peintre de Stuttgard, nommé Schick, a fait concevoir de lui de plus grandes espérances encore. Doué d'une riche imagination et familiarisé avec les moyens de donner à ses idées la forme et la couleur, il alla à Rome au commencement de ce siècle. Il avait quitté l'école de David, dont la direction lui était antipathique ; cependant c'est à cette école qu'il a dû de savoir exprimer avec facilité ses brillantes idées ; et l'on peut considérer ses ouvrages comme les premiers où l'artiste ait su être poétique, sans jamais cesser de tendre au vrai. En peu de temps, car il mourut jeune, il a peint trois grands tableaux d'histoire : David et Saül, le Sacrifice d'Abraham, et Apollon au milieu des bergers. Il a peint aussi plusieurs excellens portraits de grandeur naturelle, représentant des personnes de la famille de Humboldt, et beaucoup de compositions distinguées. Son esprit montrait surtout des dispositions à la représentation des sujets antiques dans le style de Raphaël. Lorsqu'il s'essayait dans les sujets religieux, il laissait voir une inspiration plus poétique que chrétienne : car on ne peut atteindre les modèles du xve et du xvie siècle, ni même en approcher, si l'on n'est doué de foi et de piété, si la pensée intime n'est pas religieuse. On prétend que le Pérugin et Sodoma ne connaissaient d'autre inspiration que l'inspiration poétique, et qu'ils représentaient cependant avec talent et avec succès les sujets chrétiens ; mais il faut considérer que tout ce qui les entourait, formait en quelque sorte une atmosphère religieuse dans laquelle ils trouvaient, même à leur insu, ce que leurs sentimens intimes ne pouvaient leur fournir. En parlant de Schick, je ne puis passer sous silence une anecdote qui donne la mesure de l'opinion que les ignorans de l'Allemagne avaient alors des peintres leurs compatriotes. Le duc de G. se trouvait à Rome du temps de cet artiste, et il voulut se faire peindre en pied. Schick fut chargé de ce travail ; mais ce fut à Camuccini que fut confiée la composition du tableau. Dans le grand monde, on avait généralement l'idée que les Allemands finissaient leurs tableaux avec soin, mais que leur imagination paresseuse n'était pas douée du don de l'invention. Cet artiste distingué mourut à Stuttgard, dans sa trente-et-unième année.

« Frédéric Overbeck alla de Lubeck à Rome vers 1809. Lui, aussi bien que plusieurs de ses collègues, tels que Vogel, de Zurich, Pforr, de Francfort, et d'autres encore, avaient été renvoyés de l'académie de Vienne uniquement *par la raison qu'ils s'exerçaient à étudier les modèles, et tiraient les exemples de la nature* * *d'une manière opposée à celle qu'indiquaient leurs maîtres ;* concevoir des caractères sans idéal, et saisir la nature d'une manière tout-à-fait superficielle, était alors à l'ordre du jour. Les jeunes artistes qui, comme ceux que nous venons de nommer, cherchaient à approfondir la nature pour la reproduire avec plus de conscience, furent considérés comme des élèves rebelles. Overbeck, le plus distingué parmi eux, sentit combien l'emploi des modèles pourrait facilement nuire à la conception idéale des caractères; c'est ce qui les lui fit rejeter pour la composition d'un sujet donné. Lui et ses compagnons dessinaient cependant des académies, et ils posaient les uns pour les autres, pour l'étude des draperies. On leur vit aussi bientôt peindre d'idée dans les cellules de l'ancien cloître de Saint-Isidore, différens sujets dont l'exécution atteste le trésor de connaissances qu'ils avaient acquis sous de pareils auspices. C'est dans cette disposition d'esprit qu'Overbeck commença et travailla son tableau de l'Entrée du Christ à Jérusalem; il ne l'acheva que bien plus tard. Ce tableau admirable, sous le rapport de la profondeur des sentimens, a posé les fondemens de la haute renommée de son auteur; il se trouve à Lubeck dans l'église principale de la ville. Son talent éminent savait créer sans consulter la nature. Cependant on a pu voir les inconvéniens attachés à cette méthode par les fautes et les erreurs dans lesquelles elle a entraîné les talens inférieurs qui entouraient Overbeck et qui ont voulu le suivre dans cette route. Chez eux, le premier jet, la première esquisse au crayon, qui ne peut jamais être faite que d'imagination, montrent toujours plus de vie que leurs ouvrages terminés : à

---

* Weil sie das Studium der Natur-Modelle auf eine dem Sinne der damaligen Lehrer ganz entgegengesetzter Weise trieben.

mesure qu'ils travaillaient leurs tableaux, l'ouvrage, au lieu de gagner, devenait toujours moins animé. Les tableaux d'Overbeck manquaient d'effet, de couleur et de mouvement, et c'est encore aujourd'hui le défaut de ses ouvrages. Ces artistes ne peignaient plus d'après nature, ils dédaignaient le portrait, et l'on pourrait affirmer que, sous le rapport de l'art en général, Schick avait pris une meilleure direction. Si sa mort n'avait été aussi prématurée, il l'aurait prouvé. Après qu'Overbeck eut fini son Entrée du Christ à Jérusalem, il peignit l'Adoration des Mages pour la reine de Bavière, et le Christ visitant Marthe et Marie pour son ami le peintre Vogel à Zurich. Le style et la composition de ces tableaux sont admirables et empêchent d'apercevoir que, sous le rapport de la couleur et du relief des formes, ils sont moins bien. On s'aperçoit moins encore de ces défauts dans les peintures à fresque de cet artiste. On doit compter parmi ses plus belles productions en ce genre le tableau *des Sept années de disette*, et celui qui représente *Joseph vendu par ses frères*, grandes fresques qui font partie de celles qui ornent la Salle Bartoldi à Rome. La lithographie a reproduit la dernière de ces compositions, et le public l'a appréciée à sa juste valeur. Les fresques que cet artiste a exécutées depuis dans la villa Massimi, représentant des sujets de la Jérusalem délivrée, ont peut-être moins bien réussi sous le rapport de la peinture; mais elles offrent, comme tous les ouvrages de ce maître, de très grandes beautés. Il a peint aussi à fresque la Vision de saint François d'Assise, dans l'église de Sainte-Marie-des-Anges, sur la route de Foligno à Perugia. Ce tableau me paraît l'apogée du talent d'Overbeck, et il mérite d'être compté parmi les immortelles productions de notre époque. Ce peintre a produit en outre un grand nombre de dessins d'un rare mérite, et c'est là surtout qu'on découvre l'éminence de son talent. Cette particularité provient sans doute de ce que, à l'époque si importante pour Overbeck, où son talent parvenait à son plus grand développement, nulle école ne lui offrait les conditions nécessaires au perfectionnement simultané de toutes ses qualités. *N'étant pas maître de la couleur, et ne possédant pas les moyens rigoureusement nécessaires pour animer ses chairs, il ne réussit guère à reproduire la vie dans toute son énergie : dans* *son opinion même, un talent et une tendance pareils sont plus nuisibles que favorables à la perfection de l'art*[*]. Les sujets religieux qu'il a toujours traités de préférence à tous autres et auxquels il se borne maintenant exclusivement, souffrent le moins de ce défaut. Cependant, ainsi que je l'ai déjà dit, ses dessins au crayon, qui sont le premier élan de son imagination pieuse et enthousiaste, sont toujours ce qu'il produit de plus remarquable; ses tableaux, au lieu de gagner à l'exécution, perdent, par le défaut de moelleux et de coloris, beaucoup de ce feu et de cette vie dont ses dessins sont toujours empreints. Les jeunes gens qui avaient suivi cette direction, furent bientôt dispersés. Pforr mourut, Vogel et Wintergarst retournèrent en Allemagne, et Overbeck aurait vécu assez isolé, si Pierre Cornelius et Guillaume Schadow n'étaient, bientôt après, arrivés à Rome. Ces trois artistes s'unirent entre eux de la manière la plus intime. Le spirituel Jean Riepenhausen, connu par un grand nombre de belles compositions, se sépara d'eux. Cette résolution nuisit sans doute beaucoup aux progrès de cet artiste.

« Pierre Cornelius s'était déjà fait connaître en Allemagne par ses compositions de Faust, et il s'était acquis la réputation d'un génie éminent. Dès sa plus tendre jeunesse, ayant été forcé de travailler pour vivre, et étant aussi opposé, par la tournure de son esprit, à l'académie de Dusseldorf, qu'Overbeck l'était à celle de Vienne, son éducation d'artiste, sous de si fâcheux auspices, n'a pu qu'être incomplète; on n'en est que plus porté à admirer la puissance de son génie qui, déjà même dans ses dessins de Faust, ouvrage de sa première jeunesse, a su vaincre de si grands obstacles et suppléer au défaut de guide par la force de l'imagination. Ce fut de la même manière qu'il dessina ses scènes des *Nibelungen*, les premiers ouvrages qu'il fit à Rome. Après avoir terminé ces dessins, il reçut la première commande d'un grand tableau. M. Bartholdi le chargea d'exécuter à fresque deux scènes de la Vie de Joseph, dans la salle où il a fait représenter la Vie de ce patriarche. Cornelius peignit l'Explication des

---

[*] Die Auffassung eines kräftigen Lebens, zu welchem das Coloriren der Carnation gehört, steht ihm nicht zu Gebot. Späteren Ansichten gemäß, erscheint ihm dasselbe als der höheren Kunst verderblich.

songes, et plus tard, Joseph reconnu par ses frères. Ce dernier ouvrage est sans contredit un des meilleurs de ce maître; dans aucun tableau il n'a montré un sentiment plus profond, il n'a mieux su éviter la manière, défaut dans lequel ce grand génie est souvent tombé, et qui diminue souvent aussi le charme de ses ouvrages; cependant il conserve, même dans cet écart, un certain caractère de grandeur : c'est qu'il faut chercher la cause de sa disposition à devenir maniéré, bien moins dans ses sentimens de peintre, que dans la direction imparfaite de ses premières études. A l'exception d'un petit tableau à l'huile représentant une Déposition, que possède Thorwaldsen, je ne connais pas de tableau achevé de ce maître. Appelé par le roi de Bavière, alors prince royal, à peindre les fresques de la Glyptothèque à Munich, il composa à Rome plusieurs cartons pour la première salle. Dans le genre mythologique, rien de mieux n'a été fait dans les temps modernes, et ce travail a été le commencement d'une époque nouvelle pour la peinture grandiose en Allemagne. Cet artiste composa ensuite une série de tableaux mythologiques dans deux salles de cette même Glyptothèque, et il est maintenant occupé à composer des cartons pour des fresques qui sont destinées à orner l'église de Saint-Louis à Munich. Son génie est tellement universel, qu'il serait difficile de dire quel genre de production poétique est le plus propre à son talent. S'il y a des imperfections en lui, c'est dans l'exécution seule qu'on pourrait les rencontrer, et elles ne doivent être attribuées qu'aux circonstances défavorables sous l'influence desquelles son talent a reçu son premier développement. *

« Guillaume Schadow, de Berlin, inférieur à ces deux artistes, sous le rapport de la puissance créatrice et inventive, eut aussi à lutter, lors du développement de son talent, contre des influences défavorables, quoique bien différentes de celles qu'ont subies ses deux émules. Son imagination n'avait pas été exercée; on ne l'engagea point à se livrer à la composition. Il peignit beaucoup

---

* Je m'abstiens de toute réflexion sur le jugement que l'auteur du manuscrit a porté sur Cornelius; cet artiste, un des plus beaux génies qui se soient jamais consacrés aux arts, occupera dans la seconde livraison la place qui lui est due.

d'après nature, surtout des portraits. Il avait des dispositions naturelles pour le coloris et l'effet. Comme les deux autres, il a peint dans la Salle Bartholdi à Rome; ce furent ses premiers grands tableaux : l'un représente Jacob au moment où ses fils lui rapportent la robe ensanglantée de Joseph; l'autre est le Songe de ce même Joseph. Schadow était venu à Rome avec des études suffisantes pour peindre correctement une tête; mais il manquait des connaissances nécessaires pour exécuter un tableau d'histoire. Il sentait vivement tout ce qui lui faisait faute, et il chercha, par un travail assidu et par ses relations avec les artistes dont nous venons de parler, à acquérir les qualités qui pouvaient compléter son talent. C'est dans ces dispositions que furent composés ces deux tableaux dont le coloris et l'effet attestent le talent dont la nature l'a doué sous ce rapport, bien que son ouvrage soit inférieur à ceux de ses collaborateurs par le dessin et le style. Ses inclinations naturelles le ramenèrent à la peinture à l'huile qui, favorisant une imitation profonde de la nature, se trouve plus en rapport avec les dispositions de son âme et avec la direction de ses idées. Le prince royal de Bavière lui commanda plusieurs tableaux à l'huile, une Sainte-Famille qu'il répéta plus tard pour le roi de Prusse, et le portrait d'une belle dame romaine. Dans ce dernier genre, il acquit bientôt une certaine réputation, surtout par un grand tableau dans lequel il se représenta lui-même avec son frère et Thorwaldsen.

« Après avoir terminé une grande composition d'histoire à Rome pour le ministre Humboldt, Schadow revint à Berlin en 1819, où il fut retenu par des commandes honorables. Il peignit une grande Bacchanale au plafond de l'avant-scène du théâtre, ainsi qu'une Madone pour le prince de Hohenzollern, évêque de Warmie, tableau qu'il répéta depuis pour le duc de Weimar, et un grand nombre de portraits parmi lesquels se distingue surtout un grand tableau de famille représentant la princesse Guillaume de Prusse et ses enfans. Plus tard il peignit, par ordre du roi, pour l'église de la garnison à Potsdam, l'Adoration des Bergers et un tableau d'autel pour l'église de Schulpforta : le Christ avec deux Évangélistes, grandeur plus que naturelle. Il composa encore plusieurs tableaux d'histoire qui se trouvent en la possession des princes de la maison royale. En 1826, il fut fait directeur de l'académie de Dusseldorf, place qui était devenue vacante par l'abandon qu'en fit Cornelius, pour aller se placer à la tête de l'académie de peinture à Munich. A Dusseldorf, Schadow peignit des tableaux d'histoire et des portraits, entre autres celui du prince Frédéric, celui de son frère, et celui de ses propres enfans. Les quatre Évangélistes, qu'il exécuta pour l'église du Werder à Berlin sont au nombre de ses meilleurs ouvrages ; les figures sont colossales.

« A ces trois artistes vint se joindre, en 1815, Philippe Weit de Berlin ; toutes les facultés naturelles de cet artiste sont en harmonie entre elles ; il a autant de talent pour la couleur que pour le dessin. Doué de plus d'un beau talent d'invention, il semblait destiné à produire de grandes choses. Il a travaillé également pour la Salle Bartholdi, où il a exécuté aussi deux grandes compositions. Quoique les peintures de cette Salle aient offert bien des difficultés aux artistes qui en furent chargés (car l'art de peindre à fresque était alors perdu), on peut affirmer cependant que rien n'a autant contribué à faire revivre la peinture en Allemagne que cet important travail. C'est de cette époque que date la renommée de ces quatre artistes, qui, plus ou moins, se trouvent aujourd'hui à la tête des écoles allemandes. Weit peignit Joseph avec la femme de Putiphar, et l'allégorie des Sept années d'abondance. Ce dernier tableau est un de ses meilleurs ouvrages, et fit concevoir de lui de très grandes espérances. Le succès que ce tableau a obtenu a peut-être nui aux progrès de l'auteur ; on était autorisé à attendre un plus grand développement de son talent ; il serait difficile de décider s'il a été arrêté dans ce développement par sa propre faute, ou par des conjonctures peu favorables. Plus tard il peignit, dans la longue galerie du Musée du Vatican, le Triomphe de la Religion chrétienne sur les ruines du Colysée ; des deux côtés, un ange et un pélerin à genoux. Cette composition est bien pensée ; mais elle manque de fini et de coloris. La figure principale, celle de la Religion, fut reproduite par l'artiste dans un tableau à l'huile qu'il exécuta pour le prince de Hohenzollern ; il peignit aussi, pour M. de

Quandt une Judith, figure jusqu'aux genoux; cette composition est belle et grandiose. Plus tard il peignit des sujets du Paradis du Dante dans la villa Massimi. Dans ces ouvrages, on rencontre des figures bien pensées; mais on est dans le cas de regretter que l'exécution en soit si peu soignée, et réponde si peu au mérite de la composition. Weit peignit aussi, pour l'église de la Sainte-Trinité, un tableau de la Vierge; puis il quitta Rome pour aller à Francfort, où il a été placé à la tête de l'institut de peinture. Là, il a peint une Présentation au Temple, heureuse composition connue du public par une lithographie.

« Jules Schnorr vint de Rome à Leipzig vers 1817. Ses compositions de l'Arioste eurent tant de succès, que le marquis de Massimi le chargea d'orner de fresques la plus grande chambre de sa villa; le plafond de cette pièce est peut-être un des ouvrages les plus parfaits de la peinture à fresque moderne. Il a peint aussi plusieurs tableaux à l'huile pour M. de Quandt à Dresde. Je citerai parmi ceux-ci une Sainte-Vierge avec l'Enfant Jésus, figures jusqu'aux genoux. Il fit en outre, pour le baron de Speck à Leipzig, une Suzanne au bain. Ses tableaux à l'huile ne valent pas ses fresques. Le procureur Weigel, à Leipzig, possède de lui un Saint-Roch, joli petit tableau qu'il peignit avant son voyage de Rome. Le roi de Bavière appela cet artiste distingué à Munich, et le plaça à l'académie. Il fut chargé de représenter, dans une longue série de tableaux, des sujets tirés du poème des *Nibelungen*.

« C'est la nouvelle salle du château qui est destinée à les recevoir; à en juger par les cartons, il n'y a nul doute que Schnorr ne s'acquitte de cette commande d'une manière digne de sa grande renommée.

« Guillaume Wach vint aussi de Paris à Rome vers 1817. Il avait étudié dans les ateliers de Gros et de David. Son esprit sérieux et profond lui fit bientôt reconnaître les défauts de l'école française. Il composa un carton représentant la Vierge assise sur un trône avec l'Enfant Jésus et plusieurs anges, qu'il exécuta plus tard à l'huile pour la cour des Pays-Bas : c'est un des plus beaux ouvrages de ce maître. Il peignit plus tard à Berlin une Résurrection du Christ, grand tableau à l'huile qui fut placé à l'église protestante de Moscou; ensuite les neuf Muses pour le plafond du théâtre de Berlin, et les trois Vertus divines pour l'église du Werder. Quoique la composition de ce dernier tableau n'ait pas un caractère assez religieux, on ne saurait cependant ne pas y reconnaître un grand mérite. Tout récemment on lui doit une Famille de Pélerins qui se reposent*. Il a peint en outre beaucoup de portraits de toutes grandeurs.

« Charles Vogel de Vogelstein, de Dresde, se distinguait par un très grand talent pour le coloris, et il a peint à Rome de beaux portraits, ainsi que de petits tableaux à l'huile. Plus tard, il eut occasion d'exécuter, dans sa patrie, de plus grands ouvrages. On voit de lui de plus importantes compositions à *Tempera*, dans la salle à manger du château de Pilnitz. Il a peint aussi à fresque, dans la chapelle de ce château, la Vie de la Sainte-Vierge.

« Vers l'an 1821, Henri Hess, de Munich, alla à Rome, où il donna les premières preuves de son talent dans un tableau représentant le Parnasse. Cet ouvrage se trouve maintenant en Angleterre. Ce peintre fut également appelé à Munich pour être placé à l'académie, et il fut chargé d'un ouvrage tout-à-fait approprié à son talent. C'est à lui que le roi a commandé des fresques pour la chapelle du château; les sujets sont tirés du Nouveau-Testament.

Begasse, de Cologne, alla à Rome en 1822. Il a fréquenté l'école de David. Pendant le séjour que le roi de Prusse fit à Paris, il avait eu le bonheur d'attirer son attention par un petit tableau fort agréable représentant la Reine des Cieux. Il reçut plusieurs commandes de Sa Majesté. Le premier de ces grands tableaux, le Christ dans le jardin des Oliviers, se trouve dans l'église de la garnison à Berlin. Un autre tableau d'autel, la Descente du Saint-Esprit, se trouve à Berlin dans l'église appelée *le Dom*. Ces deux tableaux sont peints dans le genre français; ils attestent le talent d'imiter la nature, qualités bien surprenantes, si l'on considère sa jeunesse. Ce talent s'est montré bien plus

* L'idée de l'auteur avait été de représenter une Sainte-Famille; des critiques fondées ou injustes lui firent adopter la dénomination par laquelle plus tard ce tableau a été désigné. L'attitude de l'enfant, peu d'accord en effet avec l'idée qui s'attache involontairement à l'image de l'enfant Jésus, a donné lieu à ces critiques et a fait condescendre le peintre à changer le titre de son ouvrage.

profond encore et bien plus accompli dans plusieurs portraits qu'il a faits à Berlin , à son retour de Paris. Le tableau de famille de cet artiste mérite beaucoup d'éloges; les figures sont moins grandes que nature. Cet ouvrage se trouve à Cologne. Bientôt après, Begasse alla à Rome , aidé des bienfaits du roi. C'est là qu'il peignit le Baptême du Christ pour l'église de la garnison de Potsdam. La prédilection que, dans ce temps-là, les artistes allemands accordaient à l'ancien style florentin, se montre dans ce tableau d'une manière peut-être trop marquée. Cette préoccupation florentine s'y fait apercevoir beaucoup plus que l'influence du sujet; le peintre ne paraît avoir eu d'autre but que de saisir et de reproduire les objets dans ce style ancien. De retour à Berlin, il peignit , outre un nombre de portraits et de tableaux de famille , un jeune Tobie accompagné de l'ange. Cet ouvrage a été peu goûté du public. On lui doit aussi un grand tableau d'autel représentant la Résurrection du Christ, pour l'église du Werder. Le groupe de soldats qui se réveillent offre de grandes beautés; il a moins bien réussi dans la partie supérieure du tableau; il a été prouvé une fois de plus que ce grand sujet offre un problème bien difficile à résoudre; on le croirait même insoluble. On desirerait rencontrer dans les derniers ouvrages de cet artiste plus de traces de progrès. Puisse son beau talent reprendre un nouveau et plus heureux essor! *

« On ne saurait, en parlant des peintres les plus distingués de cette époque, passer sous silence le célèbre architecte Schinkel à Berlin, à qui il n'a manqué, pour obtenir dans la peinture un nom aussi fameux que celui qu'il s'est fait dans l'architecture, que le loisir ou l'occasion de se livrer à cet art. Ses compositions historiques et ses paysages montrent une grande verve poétique. Quelques années d'une étude assidue dans une bonne école auraient fait de lui un peintre d'histoire du plus grand mérite. Ses gouaches destinées au vestibule du Musée de Berlin, et un grand nombre de paysages et de dessins, en fournissent la preuve la plus irrécusable.

---

* Ce vœu a été accompli. Begasse vient de prendre une nouvelle et heureuse direction. Il en sera parlé en son lieu.

« Il est juste de faire encore ici mention des talens qui, dans ces derniers temps, ont surgi parmi les Allemands dans le genre et dans le paysage. La nouvelle école a droit de s'enorgueillir de l'éclat qui s'est répandu tout-à-coup sur cette partie si intéressante de l'art.

« François Catel, de Berlin, a peint en Italie, où, depuis vingt-quatre ans, il a fixé son séjour, un grand nombre de tableaux de genre et de paysages empruntés à la belle nature de ce pays classique des arts. Ses ouvrages sont répandus dans toute l'Europe, où il a acquis une grande célébrité. Le don de saisir les objets d'une manière vive et originale, un coloris brillant et plein de charmes signalent, dans ses ouvrages, le talent d'un maître.

« Avant lui, Joseph Koch, du Tyrol, et Reinhart, avaient déjà acquis dans le paysage une grande célébrité. On ne saurait sans injustice méconnaître dans leurs ouvrages plus de style et un dessin plus correct et plus soigné que n'en montrent ceux de Catel. Les tableaux de ces deux peintres, aujourd'hui déjà avancés en âge, sont répandus dans toute l'Europe. Reinhart a gravé beaucoup de paysages à l'eau-forte.

« Helmsdorf, natif de Magdebourg et demeurant maintenant à Strasbourg, a fait à Rome, en 1809, un admirable paysage représentant Rome et *la campagne* vues de Saint-Onuphre. Cet artiste n'a rien produit depuis d'aussi remarquable : il faut que des circonstances défavorables aient arrêté le développement de ce beau talent.

« Rebell, de Vienne, a peint à la même époque, des marines très remarquables; mais il quitta bientôt l'Italie, pour aller à Vienne, où il fut fait directeur de l'académie. Il y mourut peu après.

« Reinhold travaillait à Rome vers l'an 1824. Il a produit plusieurs tableaux excellens; mais il mourut aussi bientôt.

« Il faut compter parmi les plus habiles peintres de genre, Pierre Hess, de Munich. Les connaisseurs regardent plusieurs de ses tableaux comme des ouvrages classiques; il a peint surtout des batailles des dernières guerres.

« Krüger, de Berlin, s'est fait un nom dans le même genre de composition.

Il a composé un tableau représentant une Parade à Berlin, pour l'empereur de Russie. Il a été appelé à Pétersbourg pour des ouvrages du même genre. — Ce serait ici le lieu de citer un grand nombre d'artistes de cette époque qui forment, surtout à Munich, une école de genre, dont les ouvrages, quand ils ne dépassent pas leur sphère, offrent beaucoup de mérite.

« Le peintre d'architecture Dominique Zuaglio est cependant digne d'une mention particulière : il a souvent produit de fort belles œuvres.

« La nouvelle génération d'artistes faisant suite à ceux dont nous avons déjà parlé, et dont le mérite est justement reconnu de la nation, a sur l'autre l'immense avantage d'une bonne école. Il sera désormais d'autant plus facile aux artistes de suivre la bonne voie, que le but qu'ils doivent chercher à atteindre est déterminé par leurs devanciers ; que les bons principes sont fixés par les heureux résultats qui ont déjà été obtenus, et que, d'un autre côté, les écueils se trouvent indiqués par les fautes qui ont été commises : aussi voit-on les jeunes artistes faire d'admirables et de rapides progrès. Ce dont il faut le plus se féliciter, c'est que les forces de l'âme et du corps de ceux-ci ne sont pas épuisées par d'inutiles efforts et par le chagrin inséparable du défaut de succès. Les jeunes peintres ne connaissent pas non plus cette opposition inconsidérée que leurs devanciers ont éprouvée de la part de leurs contemporains : c'est-à-dire de leurs collègues engagés dans de fausses routes et du public soi-disant amateur et connaisseur des beaux-arts. Un tact plus juste, un jugement plus sain, devenus plus communs, ont produit l'amour des bons ouvrages et la faculté de les apprécier. On voit la preuve de ce progrès dans les différentes associations pour les arts, et dans les collections nombreuses qu'ont formées des hommes appartenant aux classes les plus distinguées par leur éducation et la culture de leur esprit. Il est difficile de prédire si jamais l'art de la peinture deviendra, comme il l'a été autrefois, un besoin populaire et universel, si on le reverra jamais inhérent au sentiment religieux qui dominait alors les peuples ; mais il serait possible de prévoir un état de culture tel, que la beauté de l'art deviendrait un besoin du goût généralement senti par une grande partie des popula-

lations, au moins par la plus éclairée. Cette disposition des esprits donnerait
aux arts un caractère d'universalité qu'ils n'avaient pas dans le moyen âge.
Comme nous possédons les œuvres des différentes époques, tous les talens,
quelque variés qu'ils puissent être, trouveraient à s'exercer dans la sphère qui
leur est propre; tous les genres de mérite seraient appréciés et reconnus. Ce
qui caractérise surtout notre époque, et ce qui la caractérise d'une manière fort
heureuse, c'est la tendance du siècle à faire valoir les talens et les caractères
suivant la nature propre à chacun. Il résulte de là que les écoles de peinture
animées aujourd'hui d'une vie nouvelle, doivent essentiellement différer de
celles du moyen âge. Les hommes qui, à la fin du xve siècle, ont commencé
à former des écoles, les ont formées dans l'esprit de leur temps. Les objets les
plus importans de la religion chrétienne occupaient alors, en poésie aussi bien
qu'en philosophie, presque exclusivement les esprits; ces matières, d'un ordre
si élevé et bien dignes des réflexions du monde pensant, étaient aussi l'objet
des méditations des artistes. On ne connaissait pas alors ces tendances si variées
de l'esprit; on ne les voyait pas, comme aujourd'hui, suivre tant de directions
opposées. On ne doit pas s'étonner de ce que, pendant plusieurs siècles après
Giotto, l'art n'est jamais sorti de l'ornière que ce maître lui avait tracée; mais,
de même que depuis ce temps les sciences se sont frayé des routes nouvelles,
de même aussi il est réservé aux arts de s'élever dans la vaste carrière ouverte
à nos sens. Dans ces directions diverses, les arts n'auront pas à craindre de
s'égarer ou de devenir frivoles, si les artistes ont le bonheur de comprendre
que les inspirations religieuses sont le champ le plus noble de leur activité et
doivent être le but principal de leurs efforts. Les points essentiels du christianisme sont communs à toutes les religions; cette source est intarissable, et il est
réservé à chacun d'y puiser d'après les sentimens que sa foi lui inspire, ou que
l'éducation a fait naître en lui. L'influence que doivent exercer sur les jeunes
artistes les maîtres dont il a été parlé plus haut, et qui tous avaient vécu à
Rome, se fit enfin apercevoir, lorsque, en 1822, Cornélius fut nommé directeur
de l'académie de Dusseldorf. Beaucoup de jeunes gens, attirés par sa renommée,

vinrent l'y rejoindre. Il passa l'hiver à dessiner les cartons des fresques destinées à la Glyptothèque. Il les termina ensuite pendant l'été, à Munich. Il avait besoin d'être assisté dans ce travail, et il était par conséquent intéressé à attirer et à développer les talens naissans. Sturmer, Stilke, de Berlin, et Götzenberger, de Heidelberg, furent les premiers qui profitèrent de son enseignement. Bientôt après se joignit à eux Hermann, de Dresde. Par la protection de Cornélius, ces jeunes gens obtinrent du ministère de l'instruction publique deux grandes commandes ; Sturmer et Stilke furent chargés de peindre des fresques représentant le Jugement dernier, dans la grande salle de Justice à Coblentz ; cependant ce travail ne fut pas terminé, et il est maintenant recouvert : le carton de ce tableau prouve du talent ; cependant la tâche n'était pas proportionnée aux forces de ces jeunes artistes, et ils ne purent qu'échouer dans l'exécution.

« Hermann et Götzenberger reçurent également une commande gigantesque pour la *Aula*, à Bonn : une représentation des quatre Facultés accompagnées de figures qui représentent des personnages livrés à ces études, des docteurs, etc. Le carton de Hermann, qui arriva à Berlin en 1825, renfermait des parties admirables ; mais ce travail perdit beaucoup à l'exécution par le manque d'effet et de couleur. Götzenberger, qui a aidé Hermann dans l'exécution de ce tableau, peignit seul, plus tard, ceux de la Jurisprudence et de la Philosophie.

« Kaulbach, Eberlé et Gassen, des bords du Rhin, se réunirent ensuite auprès de Cornélius, et ils sont comptés aussi parmi les élèves les plus distingués de ce maître. Eberlé mourut depuis à Rome. Ces jeunes gens, et plusieurs autres moins connus, suivirent Cornélius, lorsque, en 1825, cet artiste fut nommé directeur de l'académie de Munich. Ils le secondèrent dans l'exécution des travaux de la Glyptothèque, et ils obtinrent encore du roi la faveur d'être employés à orner de fresques les arcades du jardin du château : les sujets de ces peintures sont tirés de l'histoire de Bavière. Elles ont été exécutées par Kaulbach, le professeur Zimmermann, Förster, Röckel, Stilke, Stürmer, Hildesberger, Schilgen, Eberlé, Monten et Lindenschmid. Hermann, qui est certainement le plus ha bile de tous ces artistes, peignait pendant ce temps un grand tableau pour l'église protestante : il travaille maintenant à des compositions tirées de la légende du Grahl, dont il décore la nouvelle aile du château royal.

« Kaulbach, en qui on ne saurait méconnaître un grand mérite, peignit à Munich, pour l'Odéon, un très grand tableau représentant Apollon parmi les bergers, et plus tard, dans le palais du prince Max, des scènes mythologiques tirées de la fable de Psyché. Maintenant il travaille dans la nouvelle aile du château, où il exécute des peintures tirées des poésies de Goëthe. Si l'on avait à porter un jugement sur la direction principale de cette école, on pourrait dire que les jeunes élèves y ont trouvé beaucoup plus d'occasions de s'exercer à l'invention qu'à la perfection de l'exécution. *

« Si, dans la peinture, les idées devenues pour ainsi dire palpables, pouvaient se passer de l'étude approfondie des formes et des couleurs naturelles, on aurait, sans nul doute, vu naître dans cette école des ouvrages accomplis; beaucoup de travaux qui en sont sortis montrent d'heureuses idées et une verve poétique; le premier trait est toujours ce qu'il y a de mieux; le carton est moins satisfaisant, et souvent dans la peinture le mérite du premier jet se trouve fort affaibli, lorsqu'il n'est pas entièrement détruit. En se livrant exclusivement à la peinture à fresque et en négligeant cette étude approfondie de la nature, qui ne se fait bien que par la peinture à l'huile, ces artistes ont commis une erreur grave. Pour la plupart ils ont porté la peine de cette fausse direction. Ces grands talens n'en produisent pas moins de beaux ouvrages, quoiqu'ils n'atteignent pas le développement de toutes leurs facultés; mais les talens médiocres périssent tout-à-fait. Il serait, d'après cela, à desirer qu'il s'en trouvât quelques-uns des plus distingués parmi eux, qui voulussent s'occuper sérieusement de la peinture à l'huile, et que, travaillant d'après nature, ils parvinssent à vaincre les difficultés de l'exécution; ils donneraient ainsi une direction plus heureuse à leurs jeunes talens. Peut-être peut-on trouver la cause de l'erreur qui

---

* La manière dont quelques-uns de ces talens sont classés s'écarte beaucoup de mon opinion.

les égare, devenue comme inhérente à cette école, dans le système que Cornélius semble toujours avoir suivi, qui est de vouloir former de tous ses élèves des peintres d'histoire. Peu de talens sont doués d'assez de vigueur pour produire de grandes choses dans une partie si élevée de l'art de la peinture; tandis que ces mêmes artistes eussent été plus heureux dans des genres plus modestes. Ceux-ci, détournés de la direction que la nature leur avait donnée, ont manqué tout-à-fait leur vocation. Il faut encore ajouter que les artistes même les plus distingués de cette école se montrent tellement préoccupés du génie de leur maître, que leurs travaux ne sont, en quelque sorte, que les reflets des siens. Comme ils ne puisent pas dans la source commune de la nature et qu'ils n'étudient point celle-ci d'après leurs vues propres, ils ne peuvent que tomber souvent dans une imitation servile de leur maître, ainsi qu'il est arrivé aux élèves de Michel-Ange.

« On compte parmi les plus habiles peintres de paysages, à Munich, Rottmann et Fries (ce dernier est mort) : leurs ouvrages sont mis au nombre des plus estimés de l'école moderne. Il y a le même éloge à faire des peintres de genre, Morgenstern, Folz, Meyer et Weller; ces artistes n'ont cependant eu aucun rapport avec Cornélius, et ne font pas partie de son école.

« Pendant que Cornélius formait cette école à Munich, Wach établissait la sienne à Berlin, d'après des principes différens. Le ministère de l'instruction publique mit, à cet effet, un fort beau local à sa disposition, dans le bâtiment royal appelé *Lagerhaus*. C'est là que se trouvent aussi les ateliers des sculpteurs.

« Contrairement aux intentions de Cornélius, on fit quelquefois paraître dans son école des productions qui, inspirées par une imagination désordonnée, allaient presque jusqu'à la caricature; ces défauts étaient l'effet inévitable d'une exaltation que ne retenait pas dans de justes bornes une étude approfondie des formes et de la couleur. L'école de Wach, au contraire, suivant une direction différente, était dirigée par la réflexion et le calcul, qui cherche à s'approprier ce que les ouvrages antiques et ceux des temps modernes offrent de plus parfait. Elle se servait en quelque sorte de la règle et du compas. L'enthousiasme profondément senti produit par l'amour avec lequel l'artiste contemple, dans son imagination, le sujet de son choix, se rencontre bien rarement; aussi pourrait-on appeler cette direction *académique*, dans l'ancienne acception du mot. Il n'est pas impossible que le voisinage des sculpteurs distingués, qui, à toutes les époques, ne voyaient de salut que dans l'imitation de l'antique, ait exercé une influence fâcheuse sur la peinture. La mode adoptée dans les ateliers français, de dessiner et de peindre pendant des années des figures isolées et dénuées de toute espèce d'expression, a pu aussi contribuer à nuire à l'élan de l'imagination. On étudie mieux la nature quand cette étude est appliquée à une composition déterminée; elle part alors d'un point de vue plus poétique, et il ne saurait être mis en doute que ce genre d'inspiration ne soit le plus profitable aux arts. Dans les académies, on peut apprendre le moyen de reproduire les formes et la couleur; on devrait avant tout, dans les ateliers, enseigner l'emploi de ce moyen. Tout praticien aura appris par l'expérience que là se trouve la condition du succès. Pour produire de bons ouvrages, pour pénétrer les mystères de la nature et de l'art, il est essentiel de ne pas s'écarter de ce principe; des académies sans ateliers ne produiront jamais de grands résultats; elles sont, comme institutions préparatoires, conformes aux intentions généreuses de notre gouvernement; mais, si l'on veut obtenir d'heureux effets, il est indispensable que les jeunes gens destinés à se former dans ces académies, travaillent dans les ateliers de maîtres capables de les diriger. Néanmoins il est impossible que d'une direction purement savante puissent jamais sortir de grands ouvrages; peut-être une direction imprimée par l'imagination seule serait-elle moins défavorable. Cependant il serait injuste d'affirmer que Wach ou Cornélius voulussent suivre exclusivement l'une ou l'autre impulsion. Leurs ouvrages prouvent assez qu'ils ne méritent pas ce reproche. Il ne peut être ici question que de la prépondérance de l'un ou de l'autre principe; car on ne saurait nier que rien de grand ne peut naître sans l'heureux concours de toutes les facultés de l'âme. Il faut compter parmi les sujets les plus distingués de l'école de Berlin, Steinbrück, de Magdebourg : il s'est fait connaître par un tableau représentant la Désobéissance d'Adam et un Ange qui ouvre les portes du Paradis ; il a peint ensuite, à Dusseldorf, l'Expulsion d'Agar ; et après un voyage qu'il fit en Italie, il peignit, à Berlin, une Sainte-Vierge avec l'Enfant Jésus. Ses derniers ouvrages attestent un sentiment profond, et c'est avec justice qu'on les a bien accueillis. Henning s'est également fait connaître par plusieurs beaux tableaux d'histoire, et surtout par un Christ se séparant de ses disciples ; il a fait encore beaucoup de portraits excellens. On ne saurait assez regretter Siebert, de Brandebourg, enlevé aux arts par une mort prématurée ; il était sourd-muet de naissance. On a de lui un Saint-Luc peignant la Sainte-Vierge, et un Tobie, qui attestent un beau talent et du savoir.

« Il est juste aussi de faire mention de Hopfgarten, qui travaille maintenant à Rome ; il a remporté à Berlin, en 1825, le prix institué par l'académie de cette ville, et il a été envoyé à Rome, où il a fait plusieurs tableaux qui ne sont pas sans mérite.

« On vit aussi se former dans l'atelier de Wach deux paysagistes très distingués, Alborn de Hanovre, qui s'est fait connaître par d'excellentes vues d'Allemagne et d'Italie, et Krause, dont les marines surtout sont fort estimées. Le zèle et les efforts infatigables de Wach pour hâter les progrès de l'art, qualités qui distinguent cet artiste d'une manière honorable, ont exercé une influence salutaire sur ceux qui se sont associés à lui. Recherché par tout ce qu'il y a d'hommes distingués à Berlin, il n'a pas peu contribué à faire revivre dans le public le goût des arts et à en rendre le sentiment plus général et plus éclairé.

CHAPITRE II.

———

SUR LES RÉVOLUTIONS QUE LES ARTS ET LE GOUT DU PUBLIC ONT ÉPROUVÉES

DANS LES DERNIÈRES TRENTE ANNÉES.

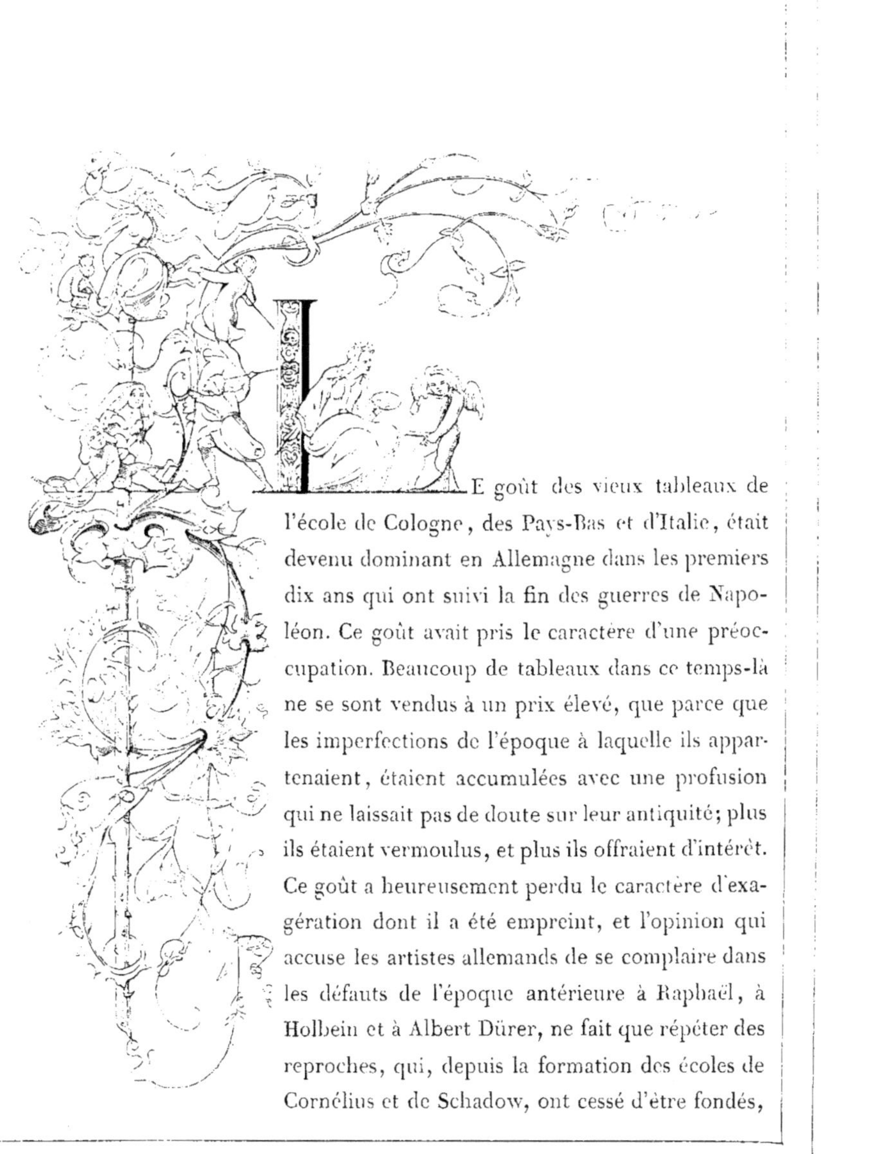

E goût des vieux tableaux de l'école de Cologne, des Pays-Bas et d'Italie, était devenu dominant en Allemagne dans les premiers dix ans qui ont suivi la fin des guerres de Napoléon. Ce goût avait pris le caractère d'une préoccupation. Beaucoup de tableaux dans ce temps-là ne se sont vendus à un prix élevé, que parce que les imperfections de l'époque à laquelle ils appartenaient, étaient accumulées avec une profusion qui ne laissait pas de doute sur leur antiquité; plus ils étaient vermoulus, et plus ils offraient d'intérêt. Ce goût a heureusement perdu le caractère d'exagération dont il a été empreint, et l'opinion qui accuse les artistes allemands de se complaire dans les défauts de l'époque antérieure à Raphaël, à Holbein et à Albert Dürer, ne fait que répéter des reproches, qui, depuis la formation des écoles de Cornélius et de Schadow, ont cessé d'être fondés, et qui n'ont jamais été applicables à un grand nombre d'artistes étrangers à ces écoles. Je ne vois plus maintenant que, sous ce rapport, le bon goût et le jugement aient à lutter contre la tyrannie toujours si intolérante de la mode; à la vue des vieux tableaux de Lucas de Leyde, de Lucas Cranach et autres, il est permis maintenant de ne pas les trouver beaux dans toutes leurs parties. Cependant on aurait tort de ne pas faire la part du caractère religieux généralement dominant dans les productions de cette époque, de la pureté du sentiment, du charme des physionomies. On doit à ces œuvres tout l'intérêt que l'ancienneté et de nobles efforts méritent à tant d'égards.

Le travers de la préoccupation dont nous parlons menaçait de dégénérer en une manie générale; mais cette manie n'a été que passagère et n'a fait qu'attester la réaction du vrai goût contre la négligence, les contorsions théâtrales, et les exagérations de grâce et de force, qu'on a vu se reproduire sous mille formes, pendant le règne de la terreur, au temps des guerres de Napoléon, et à l'époque de l'influence que la tragédie et le ballet ont exercée sur les arts, époque où le monopole de l'admiration était exploité par le gigantesque et le minaudier. Beaucoup de tableaux ont été composés en Allemagne sous l'influence de cette réaction violente, beaucoup de collections ont été formées sous la même influence; mais accuser aujourd'hui les Allemands de n'aimer et de ne faire que du gothique et du *Altdeutsch*, c'est tomber dans une erreur très grave; sauf quelques exceptions, les peintres allemands, d'un mérite reconnu, n'offrent plus aucune trace de cette imitation du gothique.

Je ne vois qu'Overbeck *, à Rome, dont les ouvrages signalent de l'analogie avec le style des peintres anciens de l'Italie; mais cette analogie est heureuse, et les sentimens les plus intimes du peintre l'ont fait naître. Le style de Henri Hess, dans ses fresques de la chapelle du château de Munich, a quelque rapport avec les mosaïques du Bas-Empire; mais il faut dire que

* Quand nous viendrons à examiner le talent d'Overbeck, nous verrons que cette tendance n'a nui ni à ses tableaux ni à sa gloire.

c'est à regret que Hess imprime ce caractère à ses compositions, et que la volonté du roi et le genre d'architecture de l'édifice lui en ont imposé la nécessité. — Hermann de Munich est peut-être maintenant le seul peintre, jouissant d'une grande réputation en Allemagne, chez qui l'amour du gothique, le contour sec et la raideur des poses soient devenus une fâcheuse préoccupation; ce qui prouve le mieux que le style qu'il a adopté n'est pas celui de l'école, c'est que ses amis et ses émules, tout en reconnaissant le talent éminent de cet artiste, s'affligent de lui voir suivre cette direction. On rencontre plus fréquemment cette disposition chez les peintres de genre; mais pourquoi leur en faire un crime? S'intéresser au gothique vaut encore mieux que de le haïr ou de s'en moquer; le haïr n'est ni beau ni généreux; s'en moquer est devenu trop banal pour être encore de bon goût; au reste, si l'on veut s'assurer à quel point la peinture en Allemagne s'est dégagée de toute entrave, combien, dans sa généralité, elle est loin maintenant de toute manie de cette espèce, qu'on aille à Dusseldorf, et l'on verra que, pour le chef de l'école et pour les grands artistes qui reconnaissent en lui leur maître, la source des inspirations se trouve dans l'imagination et dans le sentiment, et que, pour reproduire leurs idées, ils ne consultent que la nature.

Il serait difficile de déterminer la part que la littérature allemande a prise aux changemens survenus dans la direction des arts et dans le goût du public; mais, en examinant dans un autre chapitre les ouvrages qui traitent de ce sujet, ainsi que ceux où les artistes ont puisé leurs compositions, et surtout en examinant les critiques littéraires et les doctes dissertations sur les arts, nos lecteurs seront peut-être à même de juger si les auteurs ont suivi ou devancé les artistes. Ici je me bornerai seulement à rappeler que Tiek, dès le commencement de ce siècle, dans son *Voyage de Sternberg* et dans ses romans et contes de chevalerie, ainsi que Wackenroder, dans les *Épanchemens du cœur d'un moine amateur des arts*, ont montré beaucoup d'enthousiasme pour le moyen âge, avec le desir de faire revivre la poésie romantique. Nous verrons aussi que cette route a été suivie par d'autres auteurs célèbres, tels que les deux frères Schlegel, Hardenberg, surnommé Novalis, Gœthe, Meyer, von der Hagen, etc., etc.

Gœthe n'a jamais cessé de montrer de la prédilection pour les exemples fournis par les arts antiques; cependant la vue de la collection des Boisserée contribua, sans nul doute, à rendre son goût plus favorable à la direction nouvelle. Beaucoup des plus chauds partisans du romantisme accusent le peintre
Meyer, inspecteur de la Galerie de Weimar, d'avoir exercé sur Gœthe une influence opposée; plus tard on le vit lui-même modifier ses principes sous ce
rapport.

Le premier tableau de la collection des Boisserée que ceux-ci firent voir à
Gœthe, fut l'Adoration des Mages, de Van Eick. Après être resté long-temps
en contemplation devant ce tableau, il s'éloigna sans rien dire. Les Boisserée ne
savaient comment interpréter ce silence; ils se décidèrent plus tard à lui adresser
des questions à ce sujet. Il leur dit alors : « Qui éprouve une si grande surprise
« ne peut aussitôt être d'accord avec soi-même. Je me trouve en présence de
« la réalité. La critique est réduite au silence *. »

A la demande : quel rapport il trouvait entre Raphaël et Van Eick, il répliqua :
« Jean Van Eick est comme le bouton de rose, où toutes les splendeurs se
« trouvent renfermées; il ne lui manque que le souffle vivifiant qui le fasse
« épanouir. Dans Raphaël on regrette de ne plus voir le bouton. On ne peut ja-
« mais voir réunis dans le même objet la croissance et la maturité, le bouton et
« la fleur épanouie, le naïf et l'accompli **. » Ce sont là les paroles de Gœthe
telles qu'elles r. 'ont été rapportées par un des frères Boisserée.

J'ai dit que la direction que les arts avaient prise sous la république et sous
l'empire a exercé en Allemagne une influence réactive : toujours les exagérations
ont produit des exagérations contraires. Pour mieux faire comprendre cette
réaction et pour la faire excuser, j'examinerai la nature des écarts dont j'ai

---

* « Wer sich so überrascht fühlt wie ich, der kann nicht gleich mit sich einig werden. Da hört alles Raisonniren auf.
« Die Realität steht vor mir. »

** « Johann von Eick ist wie eine Rosenknospe, wo alle Herrlichkeiten entfalten sind; nur der Hauch der sie belebt und
« vollkommen entwickelt, fehlt ihr. Bei Raphael vermißt und bedauert man wieder die Knospe, denn das Entstehen und
« das Seyn, das Aufblühen und das Aufgeblühtseyn, das Naive und das Vollendete können gepaart in demselben Gegen=
« stande nicht gesehen werden. »

voulu parler. Sous le rapport historique, cet examen ne me paraît pas sans importance.

On ne saurait méconnaître dans le grand Opéra de Paris une des sources les plus fécondes des funestes inspirations qui ont présidé aux travaux de quelques-uns des peintres les plus célèbres de cette époque. Il n'était guère possible qu'ayant choisi pour modèle ces dieux, ces nymphes, ces amours et ces euménides, on évitât l'afféterie et le mauvais goût. D'autres peintres se sont élevés jusqu'à la tragédie, et ils y ont puisé les contorsions par lesquelles ils prétendaient rendre les émotions de l'âme; le musée des antiques n'est pas resté étranger aux inspirations dont ces peintres se sont sentis animés : les résultats qu'ils ont obtenus servent à prouver qu'il peut être utile de copier l'antique pour acquérir un dessin ferme et précis, et pour élever son âme à la hauteur du calme plein de grandeur et de la grâce remplie de simplicité dont les ouvrages des anciens sont empreints, mais qu'on ne doit jamais vouloir reproduire en peinture le style approprié à la sculpture.

Si l'on est en droit de reprocher à ces artistes d'avoir mal choisi leurs modèles, il y a bien plus encore à s'étonner qu'ils n'aient pas suivi davantage l'exemple de ces hommes immortels qui, depuis trois cents ans, n'ont jamais connu ni rivaux ni détracteurs. Les artistes de l'époque révolutionnaire et de l'empire, à bien peu d'exceptions près, ne cherchaient pas à comprendre et moins encore à étudier les anciennes écoles d'Italie. Le style du *Frate,* grand dans sa simplicité, la profonde sensibilité et le sentiment si pur de Raphaël, le charme et la grâce de Luini, la transparence de couleur d'André del Sarto, les préceptes et les exemples de Léonard de Vinci, n'étaient plus que les objets de stériles éloges; on aurait dit qu'il n'existait aucun rapport entre ces grands hommes et les peintres dont je veux parler; autrement, serait-il possible qu'on se fût écarté à ce point de ces sublimes modèles?... On voulait avoir un génie inventif; on ne voulait pas se traîner péniblement sur les traces des Italiens; la nouvelle école prétendait avoir son caractère particulier : elle était fière de son faire large et hardi. Combien cet orgueil a été funeste à beaucoup de grands talens! combien de peintres se croyaient emportés par leur verve, qui, au fond, succombaient sous la présomption et la négligence *!... Les maîtres anciens d'Italie les plus célèbres paraissent, dans les ouvrages de leur jeunesse, modestes et timides; leur sensibilité est vague autant que profonde; leur faire, après de plus longues études, porte le cachet de l'application et de la facilité tout ensemble; dans leur coloris le plus éclatant il règne pourtant toujours de la modération, de l'harmonie et du soin. Au contraire, dans beaucoup de productions de l'époque dont je parle, les artistes semblent ne douter de rien; ils montrent une hardiesse à laquelle ils paraissent s'être excités ou avoir long-temps réfléchi; ils ont l'air de s'être entourés des modèles les plus destructeurs de toute heureuse inspiration; ils n'ont qu'une crainte, c'est d'être froids, secs et durs : c'est de ces épithètes que les artistes modernes avaient coutume, pendant long-temps, de gratifier les peintures anciennes en masse.

L'imitation de l'antique est peut-être ce qui a produit à cette époque le plus grand nombre de tableaux. Les sujets qui retracent les vertus républicaines, les fureurs et les amours des dieux et des héros de l'antiquité, forment une catégorie distincte. Il est évident que tous ces ouvrages ont subi l'influence des théâtres et du musée des antiques, d'Homère et des historiens anciens, des médailles et des camées.

---

* Je trouve dans une feuille périodique une critique qui exprime bien ma pensée : « Le tableau « de *** est un de ces essais bizarres et malheureux auxquels se voient entraînés les artistes dont « les dispositions naturelles n'ont pas une direction déterminée; qui ont assez de talent pour « tout oser, mais qui n'en ont pas assez pour bien exécuter ce qu'ils osent entreprendre. Ce tableau est rempli de prétention à l'originalité, à l'indépendance sous le rapport du style, de « la manière d'envisager et de saisir les objets, et du goût dans le dessin. L'artiste a produit « sans doute quelque chose qui ne ressemble pas aux ouvrages à la douzaine des X... Y... Z..., « mais être excentrique et différer des autres ne constitue pas encore une véritable et bonne « originalité. »

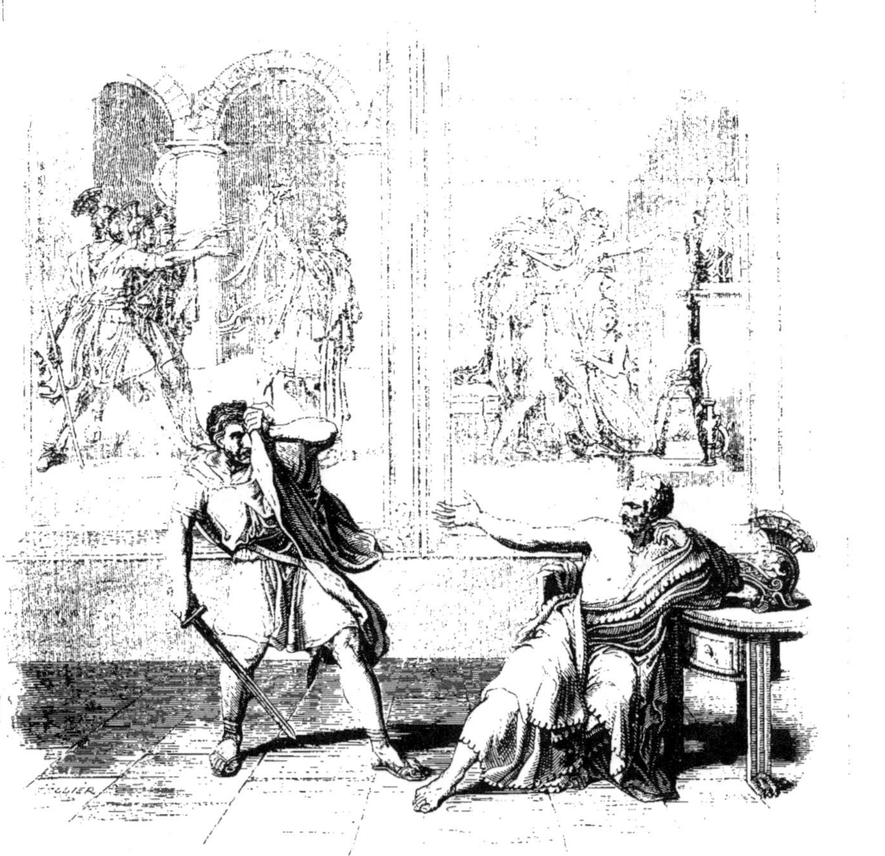

MARIUS A MINTURNES, ETC., ETC., PAR DROUAIS, DAVID, ET PIERRE GUÉRIN.
Gravé par Cherrier, à Paris.

Les *fadeurs* mythologiques forment une autre classe, et ont eu une riche part à l'admiration du public : c'étaient des sujets dans lesquels l'affectation a obtenu le plus éclatant triomphe sur la simplicité et sur le naturel. Ce genre avait établi son empire sur la ruine des allégories et du genre pastoral, que Lairesse et Boucher ont fait admirer à leurs contemporains. Tous les zéphires, les amours et les aurores qui ne touchent pas terre, toutes les nymphes qui se balancent sur la pointe du pied, qui arrondissent leurs bras, foulent des tapis de fleurs, s'enlacent de guirlandes et s'enlèvent dans les nuages; les voiles de gaze dans lesquels le zéphyr se joue; les papillons, les cygnes et les colombes, voilà les éternels refrains de ce genre rose et lilas. Dans ces tableaux, on a épuisé la ressource des tailles cambrées, des nudités et des draperies transparentes : les coulisses de l'Opéra ont été le berceau de ces enfans nés sous les plus malheureux auspices.

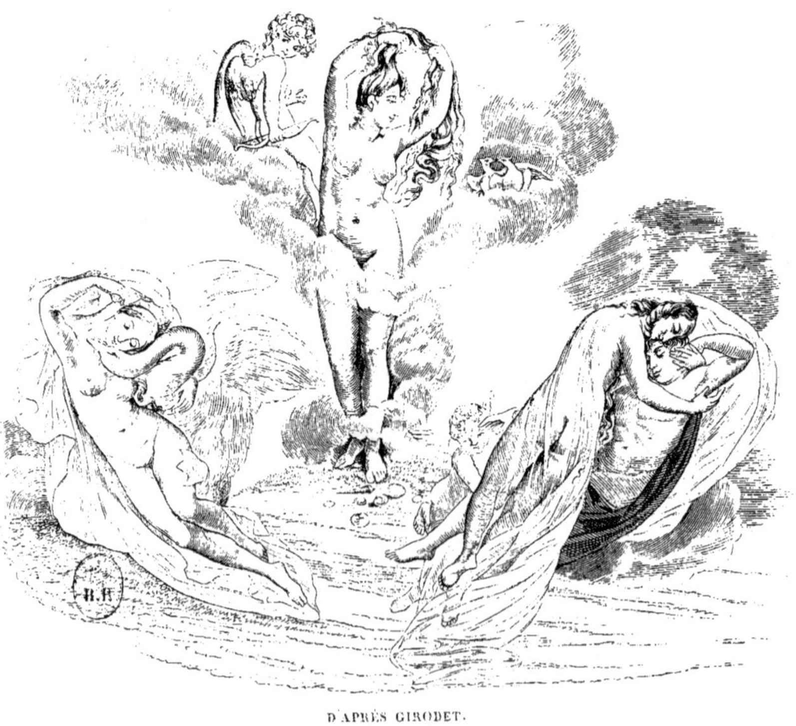

D'APRÈS GIRODET.
Gravé par Gubitz, à Berlin.

Les académies forment une autre catégorie : ici, c'est l'emploi du moyen et non pas le moyen même qu'on est en droit d'attaquer. Les formes et les poses athlétiques étaient celles qui plaisaient le plus à tous ces infortunés postulans d'une gloire gigantesque. Les académies à muscles tendus, roulant des rochers, tuant, assommant ou assommées, gravissant des montagnes, s'enlaçant, faisant de dangereuses culbutes, expirant dans les convulsions, toutes ces académies, ornées de plaies et de bosses, feront, je crois, peu de plaisir à la postérité.

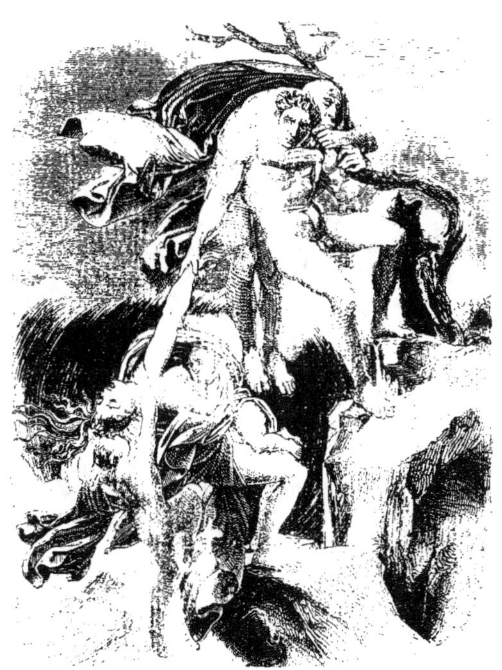

SCÈNE DU DÉLUGE, PAR GIRODET.
Gravé par Cherrier, à Paris.

Je ne pousserai pas plus loin l'examen des erreurs où sont tombés beaucoup de peintres de cette époque; il suffit de dire qu'à côté de beaucoup de talens et de productions sages et réellement belles, on a vu se déployer un zèle incroyable pour produire des minauderies, des contorsions et des exagérations de tout genre *. Ces défauts ont sans doute engagé les Allemands, alors si opposés de sentimens et d'intérêts avec la France impériale, à exploiter d'autres régions intellectuelles.

On a eu tellement soif de vérité, de naïveté et de simplicité, que, dans l'empressement qu'on a mis à ressaisir ces qualités, on a souvent négligé les beautés de l'époque à laquelle on aurait voulu ressembler, pour n'en saisir que les défauts les plus caractéristiques. On a voulu s'éloigner du xviiie siècle; on a reculé, pour revenir à la plus belle époque de la peinture, et en cela on a bien fait; mais on a dépassé la limite : c'est là qu'est la faute, tant il est juste de dire que

* Je voudrais faire comprendre à mes lecteurs que l'éloignement que je montre pour les défauts de cette époque ne m'a pas rendu aveugle sur ce qu'elle a produit de bon et d'excellent.

Dans *les Sabines* de David, par exemple, il y a de très grandes beautés. Les enfans, dans ce tableau, sont dignes du Dominiquin. A la vue de ces petits êtres ignorant le danger, de ceux qui éprouvent l'effroi, de ces femmes dont le désespoir est si vrai, on est prêt à s'aveugler sur les exagérations plus que théâtrales que le peintre a imposées à Tatius, à Hersilie et surtout à Romulus. Ces deux hommes sont des académies à attitudes antiques; mais la femme échevelée qui domine le groupe principal d'enfans, celle qui porte avec effroi ses deux mains au front, cette autre qui embrasse les genoux de Tatius, celle surtout qui, sur le troisième plan, gravit les décombres et semble, dans un aveugle désespoir, présenter son enfant aux javelots des soldats, enfin le vieux guerrier à cheval qui remet son sabre dans le fourreau, sont d'un style tout-à-fait raphaëlesque. On se croit transporté au Vatican, dans ces chambres de Raphaël qui seront éternellement un modèle de grandeur, de noblesse et de vérité. Ce n'est pas à l'énergie révolutionnaire que David a dû ces inspirations; il les doit au Massacre des Innocens du Guide, à l'Incendie del Borgo, au Dominiquin. Si, au lieu de brûler de l'encens sur les autels du paganisme et de la révolution, il avait élevé son âme aux inspirations chrétiennes, s'il avait été donné à ce cœur de connaître la charité, la piété et le calme religieux, il eût sans doute atteint le sublime de l'art.

Bien d'autres tableaux de l'école française, appartenant à la même époque, méritent aussi d'être placés parmi les plus belles productions de l'art de la peinture. Je n'en citerai que quelques-uns dont j'ai conservé le souvenir le plus vif; ce sont : *Atala*, de Girodet; *Marcus Sextus*, de Pierre Guérin; *Bélisaire*, de Gérard; *Zéphire*, de Prud'hon. Il m'a paru que, depuis dix ans, la peinture en France suivait une autre direction et avait pris un nouvel essor. Parmi les peintres d'histoire les noms de Schnetz, d'Hersent, d'Ingres, de Delaroche, de Scheffer se présentent d'abord à l'esprit; ceux de Léopold Robert, de Vernet et de Gudin ne sont pas moins célèbres; d'autres encore ont acquis une grande gloire. Je connais surtout beaucoup d'ouvrages de Schnetz, de Vernet et de Robert, et l'admiration que j'éprouve pour leur talent ne saurait être affaiblie par l'intérêt que m'inspirent les artistes allemands.

le mouvement rétrograde peut, dans bien des cas, être un progrès, et que rarement le vrai est dans les extrêmes.

C'est à l'époque où cette disposition préoccupait les esprits, que MM. Boisserée ont commencé leurs savantes recherches sur la peinture ancienne des Allemands. L'opinion a agi sur eux; ils ont réagi sur l'opinion. Le zèle éclairé qu'ils ont déployé, les succès dont leurs travaux ont été couronnés, la beauté de la collection qu'ils sont parvenus à former, ont donné alors à tout le monde, en Allemagne, l'envie d'exploiter les galetas et les sombres corridors des couvens. C'est ainsi que se sont formées beaucoup de collections dans lesquelles la réputation du *Altdeutsch* et du gothique a été compromise, et que beaucoup de recherches ont été publiées, dont quelques-unes m'ont paru judicieuses et instructives, mais d'autres inintelligibles ou ennuyeuses. Les découvertes, les travaux et la collection de MM. Boisserée occuperont toujours une place distinguée dans l'histoire des arts en Allemagne : nous devons nous y arrêter. * Il y a à peine vingt ans qu'il n'était toujours question, quand on voulait parler des anciens peintres allemands, que de Durer, Cranach et Holbein : les ouvrages de Van Eick étaient à peine connus; d'autres grands maîtres, tels que Hemmeling, Mabuse et Schorcel, étaient presque entièrement oubliés, et l'on n'avait, pour ainsi dire, nulle idée de l'état de la peinture en Allemagne avant Van Eick : c'est grâce aux recherches et aux soins de MM. Sulpice et Melchior Boisserée, et de M. Jean Bertram, c'est grâce aux travaux qui ont précédé la formation de leur galerie et à la galerie elle-même, que le public est enfin parvenu à savoir que l'Allemagne a possédé une école de peinture fort distinguée dès le xive siècle, et que cette école, de même que toutes celles d'Italie, tirait son origine de la peinture de Byzance, et n'en était, en quelque sorte, que la continuation. — On a appris que Van Eick avait été le créateur d'une école purement allemande; on a découvert dans ses ouvrages des

---

* Dans ce qui sera dit de la collection Boisserée, je suivrai, quant aux faits et aux dates, les indications contenues dans le *Conversations-Lexicon*, et je ne saurais, je crois, mieux faire, car c'est un des deux frères qui les a fournies. Cette circonstance m'aurait fait choisir cette source, lors même que j'en connaitrais une autre, et je n'en connais pas.

qualités éminentes, une naïveté, une pureté de sentiment et une vérité qu'on n'y aurait pas cherchées auparavant, et que peut-être on n'était guère desireux d'y trouver. Ce n'est que dans les ouvrages de cette époque et dans ceux du xve siècle, au temps de Durer et de Holbein, que se trouve le caractère distinctif de l'ancienne peinture des Allemands. Dans les ouvrages postérieurs on reconnaît l'influence des Italiens et des Flamands de la fin du xvie siècle et du commencement du siècle suivant.

La collection des Boisserée, devenue ensuite propriété du roi de Bavière, embrasse trois périodes. Dans la première sont comptés les ouvrages produits pendant toute la durée du quatorzième siècle. Ces ouvrages, qui portent le cachet de la manière byzantine rhénane, ont été exécutés par différens maîtres de l'ancienne école de Cologne, parmi lesquels on cite Guillaume de Cologne comme le dernier. — La seconde période embrasse les ouvrages de Jean Van Eick et des élèves de cette école qui lui ont succédé immédiatement : Hemmeling, Hugo Van der Goes, Israël Van Meckenem *, Michel Wohlgemuth, Martin Schœn et autres. A la troisième et dernière période, qui s'étend jusqu'au commencement du xvie siècle, appartiennent Dürer, Lucas Van Leiden, Jean de Maubeuge, Schoreel, Patenier, Bernard d'Orley, Cranach, Holbein et leurs élèves, chez qui l'on commence déjà à apercevoir l'influence italienne, comme chez les Schwartz, Martin Hemskerck, Michel Coexis, Charles Van Mander; et chez quelques-uns des peintres de Cologne, les Jean de Melem, Bartholomé Bruyn et autres.

Jamais collection n'a excité, plus que celle des frères Boisserée, l'intérêt du public, des savans et des artistes. Goëthe, Canova, Thorwaldsen, Schlegel, en ont surtout dignement apprécié la beauté et l'importance; beaucoup d'écrits des derniers vingt ans sont autant de preuves de ces favorables dispositions.

---

* J'ai entendu mettre en doute, par un homme fort instruit dans cette partie, que l'authenticité des tableaux de Van Meckenem ait été suffisamment constatée. Il en est de même des tableaux de Schoreel.

Cologne est la patrie des deux frères Boisserée, ainsi que de Jean Bertram, leur ami et leur fidèle collaborateur. Connaître, conserver et restaurer les anciens monumens des arts nationaux, est devenu pour les trois amis le but unique de leur existence. C'est à l'année 1803 que remonte le premier symptôme de leur amour pour les arts. Napoléon avait réuni à Paris beaucoup d'antiquités curieuses, arrachées aux pays qu'il avait parcourus en vainqueur. Denon dirigeait avec discernement et avec goût la formation de ces précieuses collections. Beaucoup d'anciens tableaux venaient d'être placés dans une galerie destinée exclusivement à cet usage : les trois amis visitèrent souvent ces lieux, et leur penchant naturel pour les arts prit dès-lors une direction déterminée. Le célèbre Frédéric Schlegel ne contribua pas peu à développer en eux le goût des travaux scientifiques, en leur donnant des leçons de philosophie et de littérature.

Ce fut lui aussi qui, le premier, dans la feuille littéraire *Europa,* rendit le public attentif aux productions des arts de l'Allemagne ancienne. Les souvenirs de nos trois jeunes gens se reportèrent alors avec vivacité sur les vieux tableaux de leur ville natale, de cette ville si intéressante et si riche en monumens et en objets d'art de la plus haute antiquité. Ils y retournèrent, en 1804, accompagnés de Frédéric Schlegel. Dans ce temps-là, beaucoup d'églises avaient été supprimées ou allaient l'être, et les objets qui n'avaient pas été enlevés par les commissaires français tombèrent entre les mains des brocanteurs. C'est de ces derniers que le chanoine Walraff et le marchand Lieversberg firent l'acquisition de beaucoup d'objets précieux. Ce fut aussi le même chanoine Walraff qui parvint à sauver du pillage le beau tableau de la chapelle du conseil (Rathscapelle), représentant les saints patrons de la ville; il le mit en lieu de sûreté dans la maison communale. Les choses en étaient là, quand les trois jeunes amis arrivèrent à Cologne. Beaucoup d'objets précieux avaient sans doute été détruits ou avaient disparu; cependant les succès qu'obtinrent leurs recherches surpassèrent de beaucoup leur attente. Il n'était pas encore entré dans leur idée de former une galerie de tableaux, lorsqu'un jour ils rencontrèrent des hommes portant sur des brancards, parmi d'autres objets, un vieux tableau représentant la Passion. Ce tableau ne leur sembla pas être sans mérite; le propriétaire ne demeurait pas loin, et il était fort disposé à s'en défaire : le marché fut bientôt conclu. Ce fut le premier tableau de cette collection qui plus tard devint si nombreuse et si célèbre. On a trouvé dans la suite que cet ouvrage avait une grande analogie avec ceux de Van Meckenem. Schlegel inséra la même année dans *l'Europa*, et en 1806, dans le *Poetisches Taschenbuch*, des articles intéressans sur les vieux tableaux et sur les antiques bâtimens de Cologne. Il fut alors placé comme professeur dans cette ville, et nos jeunes gens furent encore à portée de profiter de ses leçons. A dater de cette époque, les trois amis consacrèrent tous leurs soins à découvrir de vieux tableaux, à les sauver de la destruction, à les restaurer, à en connaître les auteurs. Cependant, le projet de former une collection ne fut définitivement résolu qu'après que leurs idées furent arrêtées sur l'école rhénane byzantine *, sur le caractère particulier de cette époque si ancienne de la peinture, et sur l'importance de cette découverte. La dénomination nouvelle d'école *rhénane byzantine* était pleinement justifiée par la tendance des peintres et par la nature des ouvrages dont on recueillit une nombreuse série.

Schlegel avait trouvé dans un poème fort curieux de Wolfram d'Eschenbach, intitulé *Parceval*, un passage qui venait à l'appui de l'opinion que nos amis s'étaient formée de l'importance des travaux des Allemands de cette époque si reculée; ce passage prouve que, dès le xiiie siècle, le mérite des peintres de Cologne et de Maëstricht était proverbial chez les Allemands.

L'analogie que nos amis aperçurent entre un tableau du portique de l'église de Saint-Laurent à Cologne, et un autre qu'ils avaient vu à Paris et qui provenait de l'église Saint-Louis à Rome, montrait clairement que ces deux tableaux avaient en quelque sorte une même origine, une même source d'inspiration, et que le caractère byzantin ne se manifeste pas avec moins d'évidence dans les tableaux

---

* Byzantinisch-nieder-rheinische Maler-Schule.

italiens du xivᵉ et du xvᵉ siècle, que dans ceux d'Allemagne appartenant à la même époque, toutefois avec le caractère distinctif propre à chacun de ces deux pays.

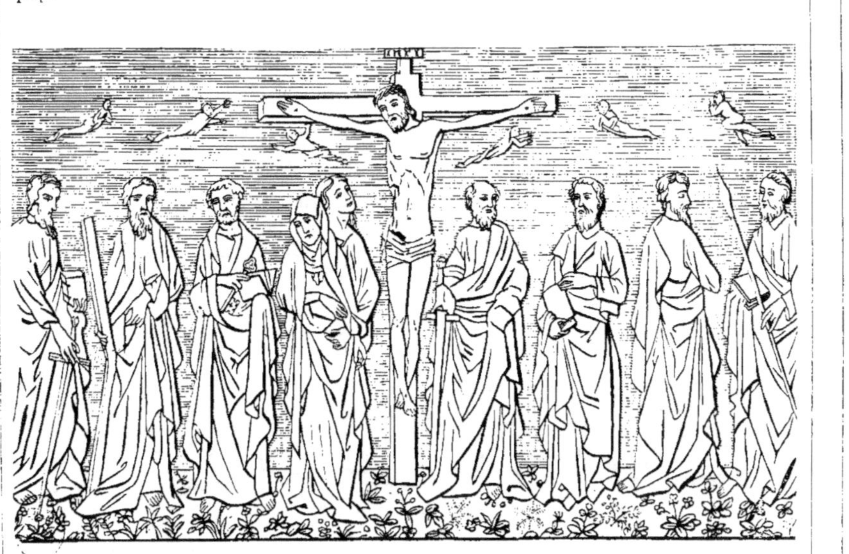

LE CHRIST ET LES APÔTRES. — VIEUX TABLEAU DE COLOGNE.
Gravé par Neuer, à Munich.

Cette analogie et cette origine communes étaient aussi faciles à reconnaître que la différence qui existe entre ces mêmes tableaux et ceux d'une époque postérieure, lorsque, du temps de Van Eick, l'école de Cologne avait acquis un caractère particulier.

Ce fut surtout en 1806 que les Boisserée découvrirent un grand nombre de tableaux portant l'empreinte de l'influence byzantine, appartenant évidemment à la même époque et du même faire que le grand tableau de la Chapelle du conseil. Cette époque est celle de la transition de la peinture traditionnelle et conventionnelle des Grecs du Bas-Empire, à la peinture imitative des Allemands. Goëthe appelle le grand tableau de Cologne à juste titre le zénith des arts. En effet, il est digne de remarque que, dans ce tableau beaucoup de figures ont encore des formes et des expressions conventionnelles, tandis que d'autres montrent déjà une étude approfondie de la nature. Il se trouve représenté ici dans une lithographie.

En 1808, nos amis firent encore des acquisitions très importantes. Ce fut en 1810 qu'eut lieu la translation du grand tableau de la maison de ville dans la cathédrale. En le détachant du mur, on y découvrit la date de 1410, et l'on crut dès-lors pouvoir affirmer avec la plus grande vraisemblance qu'il est l'ouvrage du peintre Guillaume de Cologne, vivant, d'après la chronique de Lunebourg, vers 1430, et considéré comme le meilleur peintre allemand de cette époque. Bientôt l'un des Boisserée fut assez heureux pour tirer de l'église Sainte-Claire, à demi démolie, un autel portant la date de 1306, orné de tableaux et de sculptures en bois, et il le plaça dans une autre chapelle opposée à celle où se trouvait déjà le premier grand tableau.

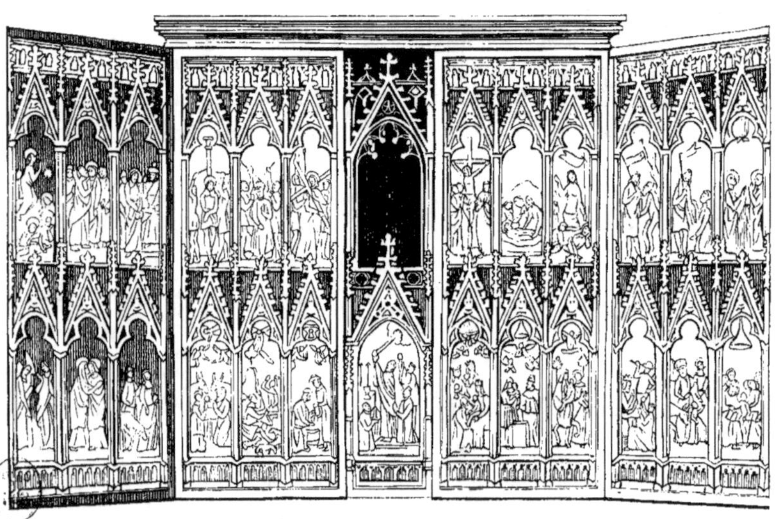

AUTEL DE COLOGNE. — 1306.
Gravé par Neuer, à Munich.

Il eut ainsi le rare bonheur d'avoir réuni dans la cathédrale de Cologne les deux monumens les plus anciens et les plus remarquables de la vieille peinture allemande. La collection Boisserée fut enrichie vers le même temps par l'acquisition de la *Mort de la Vierge,* attribuée à Schorcel, que leur céda le chanoine Walraff, en échange de beaucoup d'autres vieilles peintures, et dont nous donnons ici la lithographie. Ce tableau et celui de la *Présentation au Temple,* de Van Eick, ainsi qu'un Lucas de Van Leiden, et quelques autres ouvrages anciens, furent transportés à Heidelberg, où les trois amis se rendirent, dans l'intention d'y poursuivre leurs recherches scientifiques, et où ce petit nombre de tableaux produisit la plus grande sensation. C'est proprement de ce moment que date l'attention et la sympathie que cette collection a éveillées dans le public.

Ce fut en 1811 que l'aîné des Boisserée alla visiter Goëthe à Weimar. Ce grand homme s'intéressait vivement aux travaux de nos trois amis; ses écrits, aussi bien que les rapports qui ont depuis existé entre lui et les Boisserée, attestent cette bienveillance.

Le cadet des frères Boisserée fit un voyage dans les Pays-Bas en 1812 et 1813. Il y fit d'importantes acquisitions, nommément celle du saint Christophe de Hemmeling, et d'autres ouvrages plus considérables du même maître. C'est de ce moment que date la haute renommée que le nom de ce peintre a acquise en Allemagne, et l'attention accordée au mérite de Jean de Maubeuge et de Schoreel.

Les évènemens de 1814 et 1815 conduisirent à Heidelberg beaucoup d'illustres personnages dont l'intérêt et l'admiration furent aussitôt acquis à cette collection; ce fut aussi en 1814 que Goëthe vint visiter les trois amis et leurs tableaux. Le premier cahier sur *les Arts et l'Antiquité* fut le fruit de cette visite. Ainsi Goëthe, le premier, reconnut hautement et fit connaître au public les deux principaux résultats historiques des recherches, des travaux et de la collection des frères Boisserée et de Bertram, savoir : le rapport existant entre la peinture byzantine et celle d'Allemagne avant Van Eick, ainsi que le caractère distinctif et le développement que ce grand maître sut donner à l'école allemande.

Dans les deux ans qui suivirent cette visite, la collection fut augmentée par

de beaux ouvrages de Van Eick, Mabuse, Durer, Orley et d'autres grands maîtres. En 1817, ces messieurs firent encore l'acquisition de l'admirable tête du
Christ, de Hemmeling. *

Cette collection, déjà accrue jusqu'au nombre de plus de deux cents tableaux, fut apportée à Stuttgard, où le roi accorda à nos amis un local spacieux
dans lequel elle put être favorablement exposée. C'est là qu'ils s'occupèrent d'en
faire lithographier les plus beaux morceaux, et d'y joindre des notices historiques, publication qui vient tout récemment d'être terminée.

Cette collection, à la formation de laquelle les deux frères Boisserée et leur
ami Bertram ont travaillé depuis 1804 jusqu'en 1817, est enfin devenue en 1827
la propriété du roi de Bavière : elle est placée dans trois grandes pièces du château de Schleisheim, d'où une grande partie doit être transportée à la Pinaco-
thèque, aussitôt que ce bâtiment aura été achevé. Les galeries des villes pro-
vinciales seront enrichies de ceux d'entre ces tableaux qui n'auront pas reçu
cette destination. Le prix que le roi a donné de cette intéressante collection est
resté un secret; cependant des personnes, se prétendant bien informées, portent
la somme à 375,000 florins de Bavière, dont une partie aurait été payée comptant et une autre convertie en pension viagère. Si tel a été en effet le prix que
le roi de Bavière a donné de cette collection, on ne saurait nier que MM. Boisserée et Bertram n'aient été récompensés avec une munificence royale de leur
zèle pour la conservation des anciens tableaux.

S'il était, dans ce cas-ci, permis de calculer par analogie et de s'appuyer sur
des précédens, on serait tenté de croire que ces données ne s'écartent pas trop
de la vérité. J'aperçois ces précédens dans les propositions que Schinkel a été
chargé de porter aux frères Boisserée de la part du prince de Hardenberg, chan-
celier de Prusse, et que ces messieurs ont trouvé bon de rejeter. Le prince de
Hardenberg s'était décidé à consacrer à l'achat de la collection 500,000 florins bavarois, à-peu-près un million de francs. La moitié de cette somme

---

* Les notices tirées littéralement du *Conversations-Lexicon* s'arrêtent à cet endroit.

devait leur être payée comptant, et l'autre moitié devait servir à augmenter et à compléter la collection. Les cadres, les restaurations, l'arrangement d'un local adapté aux convenances du public, la surveillance et la conservation de la collection, ainsi que les frais de voyages de MM. Boisserée pour négocier de nouvelles acquisitions, étaient aussi comptés dans cette autre moitié de la somme générale. Toutes ces dépenses, ainsi que la direction de la galerie, auraient été confiées au zèle de MM. Boisserée, et une partie de cette somme leur serait encore revenue à titre de gratification pour les soins que l'entretien et la surveillance de la galerie auraient exigés. Ces propositions, ainsi que je viens de le dire, ont été rejetées.

J'ai vu cette collection à Stuttgard au commencement de l'année 1825 : je ne puis disconvenir qu'elle n'ait fait sur moi l'impression la plus vive. Dans le local de Stuttgard, le jour était disposé avec art; les tableaux les plus remarquables de cette collection avaient chacun leur cabinet; ils étaient placés dans des chambres dont les murs étaient d'une couleur gris-foncé, ce qui faisait ressortir admirablement l'éclat des couleurs. Ces messieurs avaient eu le talent de découvrir et de choisir ces tableaux; ils avaient aussi celui de les faire valoir. Tous ceux qui, comme moi, ont visité cette collection, se rappelleront sans doute l'impatience qu'ils ont éprouvée de voir s'ouvrir les portes de la grande caisse noire qui contenait le tableau, puis le rideau s'écarter, et enfin le voile de gaze disparaître. Dans l'intervalle, on vous racontait avec une aimable condescendance différentes particularités se rapportant à chacun de ces tableaux. Vous appreniez leur histoire, l'effet qu'ils avaient produit sur tel ou tel connaisseur, sur tel personnage illustre, et le récit même des impressions et des jugemens naïfs des hommes du commun, n'étaient pas négligés. Dans le choix que ces messieurs ont fait, aussi bien que dans leurs travaux, dans leurs entreprises et dans leur conduite, il est impossible de ne pas reconnaître une grande persévérance et beaucoup de tact.

Tandis que les frères Boisserée étaient occupés à réunir, avec un rare discernement et un soin extrême, tout ce que l'Allemagne offrait de plus curieux en fait de peinture ancienne et nationale, un marchand anglais, nommé Solly, se sentit tout-à-coup saisi d'un goût très vif pour les tableaux d'Italie; ce fut surtout sur les Conca, Carlo Maratti, Liberi et autres peintres de la même époque, que tombèrent ses choix ou ceux de ses commissionnaires. Ce fut vers l'année 1815 qu'il quitta Dantzig, où il avait été établi jusqu'alors, et qu'il vint se fixer à Berlin. D'abord il n'eut, pour faire ses achats, d'autre guide que son zèle, et l'ardeur peut-être moins désintéressée des brocanteurs d'Italie, qu'il chargeait de ses commissions; mais, après deux ans de séjour à Berlin, il commença à réclamer les conseils de M. Hirt. Ce savant, fort connu en Allemagne pour sa vaste érudition archéologique, arrêta aussitôt et suivit avec constance un système déterminé *. En partant de l'idée que la Prusse possédait les ouvrages des peintres les plus célèbres, postérieurement à Raphaël, il voulut que cette collection présentât une série non interrompue des productions les plus caractéristiques des peintres antérieurs à ce grand maître, en remontant jusqu'aux temps les plus reculés. De très fortes sommes avaient déjà été dépensées sans aucun plan; d'autres plus considérables encore le furent systématiquement, et enfin, vers 1820, M. Solly se trouvait en possession de près de trois mille tableaux, dont une grande partie étaient peints sur bois, occupaient de grands espaces, et n'avaient pu, à cause de leur poids, être transportés qu'à grands frais. Il y en avait certainement beaucoup de fort intéressans, mais il y en avait aussi de très endommagés et où l'on ne voyait que peu de chose; d'autres étaient détruits, et l'on n'y voyait rien; pour un grand nombre, ce que l'on voyait n'était pas beau. Les Italiens ont trouvé que plusieurs acheteurs de tableaux n'avaient pas été heureux dans leur choix, et il leur arrivait dans ce temps-là, en étendant cette opinion sur toute l'Allemagne, de dire avec peu de courtoisie, en parlant de quelque mauvaise *tavola* vermoulue : *Questa roba farebbe figura in Germania.*

---

* Il y a des personnes qui prétendent que M. Solly n'a pas attendu que M. Hirt lui eût donné des conseils, pour acheter de préférence de vieux tableaux. Il est assez difficile et, à mon avis, assez peu important de vérifier le fait.

Quand M. Hirt trouvait des indices de l'existence d'un tableau dont il regardait l'acquisition comme utile à son plan et comme pouvant compléter une catégorie quelconque, aussitôt l'ordre était donné d'acheter l'objet à tout prix. Les difficultés que l'on rencontrait ne faisaient qu'augmenter le zèle de M. Solly et de M. Hirt : on est allé jusqu'à construire des voitures exprès pour transporter les tableaux dont la dimension, l'état de vétusté ou bien la nature des routes sur lesquelles le transport devait se faire, exigeaient ces soins extraordinaires. Cette manière de procéder n'a pu qu'être fort coûteuse. Il est difficile de dire jusqu'où ont pu monter les dépenses de M. Solly; mais on sait que cette collection a coûté au gouvernement la somme énorme de 610,000 écus de Prusse. — Ce fut en 1820 que M. Solly mit fin à ses achats, et la même année le gouvernement fit cette coûteuse acquisition. Mille cent trente-deux tableaux ont été élagués par des personnes chargées de faire un choix, et ont été mis à la disposition du ministère; sept cents autres ont été emmagasinés, et le nombre de ceux qui ont été trouvés dignes d'être placés dans le Musée royal se monte à-peu-près à mille. Parmi les tableaux allemands ou flamands de cette collection, beaucoup sont d'un immense intérêt, de la plus grande authenticité, et offrent des beautés remarquables. Je ne citerai ici que l'Autel de Gand, de Van Eick; la Passion, de Hemmeling, et le portrait de Holbein. Les peintures italiennes offrent en général moins d'intérêt; il y en a bien qui sont précieuses sous le rapport de l'art ou sous le rapport historique; mais un grand nombre de ces vieilles reliques ne répondent pas aux souvenirs que l'Italie nous a laissés des maîtres de qui elles proviennent, et n'en donnent pas une idée favorable à ceux qui ne les connaissaient pas auparavant.

Souvent les musées et les collections de monumens historiques ou d'objets d'art m'ont fait l'effet de véritables cimetières : le Musée des Petits-Augustins de Paris en a fourni long-temps le plus triste exemple. Dépouillés du charme et de l'intérêt que des sentimens généreux leur imprimaient dans les lieux pour lesquels ils étaient faits et dont ils ont été arrachés, ces monumens, privés d'âme, pour ainsi dire, et devenus la proie du système de centralisation, confondus avec des célébrités de convention et des illustrations douteuses, étaient condamnés à ne représenter qu'avec beaucoup de confusion et d'insuffisance la succession des dates, et la marche des idées. Dans ces vastes tombeaux, appelés collections, ce qui a été créé par l'amour, la reconnaissance ou l'enthousiasme, ne sert souvent qu'à remplir un cadre formé par un esprit étroit. Il vaut mieux laisser ou remettre les choses à leur place, que de les confier à des hommes à système, surtout s'ils sont privés de tact et de goût.

Cependant on observe avec quelque justesse qu'il n'existe peut-être dans aucune ville, sauf Munich, une collection présentant, plus complètement que celle de M. Solly, un ensemble des productions de la peinture de tous les pays et de toutes les époques : c'est sous ce rapport que j'entends souvent louer la galerie de Berlin. Il est permis en effet de croire qu'une galerie publique, formée d'après ce plan, ne peut manquer d'être fort instructive. Ce n'est pas ici le lieu de pousser cet examen plus avant; je me bornerai à citer les noms de quelques-uns des peintres les plus anciens d'Italie, dont les œuvres se trouvent réunies dans le Musée de Berlin : ce sont Giotto, Gaddi, Lippi, Orgagna, Fiesole, Fogolino, Cima, Santa-Croce, Squarcione, Verocchio, Bellini, Mazzolino, Sanzio, le père de Raphaël, Boticelli, Pinturicchio, Borgognone.

Bien d'autres collections d'Allemagne attestent encore cette même disposition de l'opinion que j'ai signalée comme ayant présidé à la formation de la galerie Boisserée.

A Munich et à Nuremberg on en rencontre des preuves à chaque pas; ailleurs aussi on voit des collections publiques et particulières formées sous la même influence. M. Bettendorf, à Aix-la-Chapelle, a réuni beaucoup d'anciens tableaux, parmi lesquels on remarque deux magnifiques Hemmeling [*]. Le conseiller Krüger, habitant la même ville, a formé une collection peu nombreuse, mais assez intéressante, de tableaux de Westphalie, antérieurs à Albert Dürer, et qui pa-

---

[*] Il paraît démontré qu'il faudrait dire Memmeling; mais il m'importe d'être compris, et je préfère suivre l'usage. Il y a eu bien des disputes à ce sujet ; mais tout le monde avait appris à dire Hemmeling avant le commencement de cette discussion.

raissent différer, sous certains rapports, de ceux de l'école de Cologne. Ces tableaux, sans avoir le mérite de ceux de Van Eick et de Hemmeling, ne sont pas dénués d'intérêt; ils ont été tirés des couvens de Liesborn, Buren et autres endroits de la Westphalie. Le conseiller Meyer, à Minden, possède une collection absolument semblable à celle de M. Krüger; tous deux ont travaillé conjointement à la formation de ces collections.

M. Lyeversberg, à Cologne, dont il a déjà été parlé plus haut, possède un grand nombre de tableaux anciens fort curieux. La collection du chanoine Walraff, devenue depuis sa mort la propriété de la ville de Cologne, renferme aussi beaucoup d'objets dont le mérite est indépendant de leur ancienneté.

M. de Hagler, intendant général des postes, et ci-devant ministre de Prusse à Francfort, est un de ceux qui, en fait de gravures et en fait d'antiquités nationales ou appartenant à d'autres pays, possèdent les choses les plus précieuses. Cette collection a été achetée par le roi. Le soin qu'on a pris des vitreaux de couleur, et les collections de ce genre qui se sont formées dans beaucoup de villes d'Allemagne, prouvent aussi ce même respect pour les anciens souvenirs. Je me propose de revenir sur ce sujet quand je m'occuperai, dans un autre chapitre, des richesses que l'Allemagne possède en galeries publiques et en collections particulières.

C'est aussi seulement depuis les guerres de Napoléon, depuis que Denon a fait choix de plusieurs vieux tableaux pour être transportés à Paris, et surtout depuis que les Boisserée se sont occupés de former leur collection, que beaucoup de tableaux de l'ancienne école allemande ont été placés si haut dans l'opinion publique. Il faut ranger dans ce nombre, indépendamment de ceux que j'ai déjà nommés en parlant de la galerie Boisserée, de celle de Berlin et de plusieurs collections particulières, le Jugement dernier, tableau d'autel à Dantzig, attribué

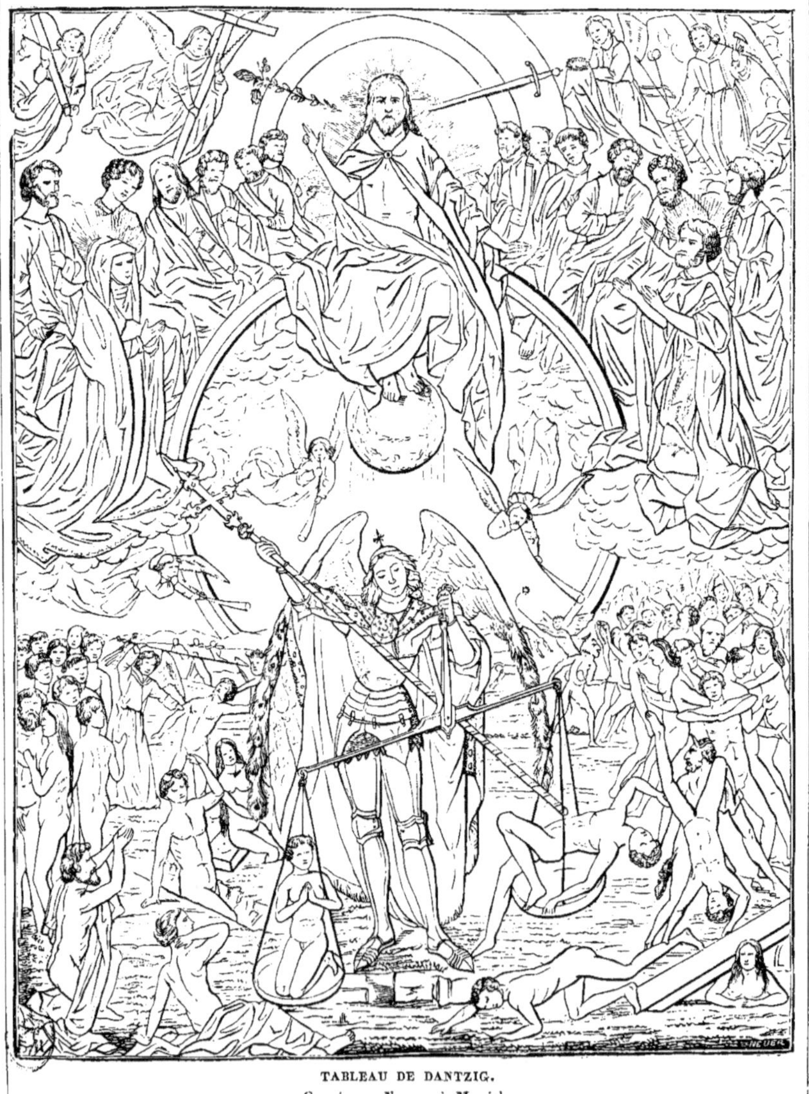

TABLEAU DE DANTZIG.
Gravé par Neuer, à Munich.

à Van Eick. La Passion de Notre-Seigneur, de la cathédrale de Lubeck; le Bourgmestre de Bâle, de la galerie de Dresde, ouvrage de Holbein; l'Autel de Gent,

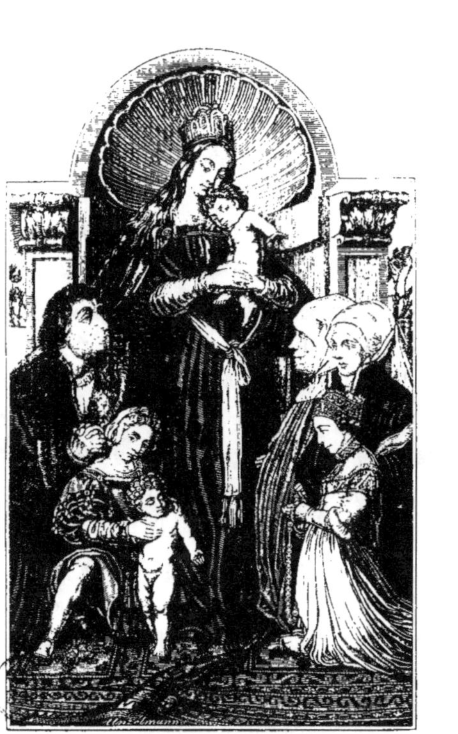

LE BOURGMESTRE DE BALE.
Gravé par Unzelmann , à Berlin.

dont plusieurs compartimens ont été conservés à cette ville, et d'autres, se
voient dans la galerie de Berlin, et en sont un des plus précieux ornemens
(c'est sur ceux-ci que j'ai fait copier les sept figures dont nous donnons une
lithographie); les quatre Apôtres, et le portrait de Holzschuher, par Albert
Dürer, ainsi que son portrait, peint par lui-même; les fresques du même maître,

qui se trouvent à Nuremberg, et beaucoup d'autres ouvrages plus ou moins importans dont il sera parlé quand nous examinerons les collections et les objets d'art que possède l'Allemagne.

Rien ne prouve mieux combien l'amour des Allemands pour les vieux tableaux était devenu exalté, combien était ardente cette fièvre si bien appelée par le docteur Wagen *das germanische Kunst-Fieber,* que la manière dont Fr. Schlegel parle du grand tableau de Cologne. Il dit dans *Europa,* 1805, tome II, 2ᵉ cahier, page 135 : « Raphaël est aussi incomparable parmi les Italiens comme peintre
« aimable et naturel, que notre anonyme parmi les Allemands. La Mère de Dieu
« est assise sur son trône; elle est entourée des plis ondoyans de son manteau
« bleu doublé d'hermine; le port de reine de cette figure, un peu plus grande
« que nature, la beauté idéale et surnaturelle de ses traits, forcent, pour ainsi
« dire, tous ceux qui la contemplent à se rappeler la Madonne de Raphaël à
« Dresde. *Cependant, c'est dans le plus ancien des deux tableaux que le mouve-*
« *ment incliné de la tête et le regard ont le plus de vérité.* Ajoutons que les mains,
« qui, dans les vieux tableaux, sont souvent d'un dessin faible, sont ici dignes
« des meilleurs peintres. Quant à l'ordonnance et à l'expression, elles sont si par-
« faites dans ce tableau, qu'il n'y a pas jusqu'aux peintres même de notre époque
« qui ne se verraient forcés d'en reconnaître le mérite sous ce rapport. Il n'y a
« peut-être que *la Transfiguration,* de Raphaël, qui renferme une pareille ri-
« chesse de têtes grandes comme nature, aussi expressives et aussi soigneusement
« terminées. Les figures se détachent merveilleusement dans les groupes laté-
« raux; mais on admire spécialement le relief des figures principales : celles de
« deux martyrs, saint Géréon, armé de toutes pièces, mais la tête découverte;
« et de sainte Ursule, avec une flèche en main, se tenant auprès du jeune
« homme qu'elle aime, et dont les regards affligés se posent péniblement sur
« elle. Combien surtout l'expression qui distingue cette dernière figure est belle
« et profondément sentie! Le peintre n'a voulu indiquer le martyre que par
« l'attitude touchante et la pâleur de la sainte, et, en ajoutant ce caractère mé-
« lancolique à la joie céleste et majestueuse qui domine dans l'ensemble du

« sujet, il a su rehausser le sentiment profond d'amour et de douceur répandu
« sur tout l'ouvrage. Mais qui pourrait faire l'énumération de tant de beautés,
« ou donner une juste idée de l'ordonnance du tableau et de la pensée du peintre?
« Dans une œuvre comme celle-ci, *l'art de la peinture se trouve contenu tout en-*
« *tier, et il n'existe pas d'ouvrage fait de main d'homme qui soit plus parfait.* »
Nous avons donné plus haut la lithographie de ce tableau.

Si les collections de vieux tableaux, la célébrité qu'ont obtenue beaucoup
d'entre eux, la direction suivie par plusieurs artistes habiles de notre époque et
par des littérateurs éminens, prouvent combien était devenu vif le sentiment
national que les malheurs de la guerre et l'oppression étrangère avaient fait naître
en Allemagne, et combien on s'était dégoûté des minauderies et des exagérations, un autre symptôme est venu attester que le monde était fatigué d'impiété,
que, pour les uns, ce genre de dévergondage avait perdu le charme de la nou-
veauté, et que, pour les autres, il était devenu une souffrance.

On ne saurait nier que le sentiment religieux ne soit pour le cœur de l'homme
un impérieux besoin, et qu'il ne soit en même temps pour la peinture la source
d'inspiration la plus pure; les artistes allemands réunis à Rome furent des premiers à l'éprouver. Ceux d'entre eux qui étaient protestans et qui se sentirent saisis de cette ardeur religieuse, ne crurent point donner une preuve assez
éclatante de leur zèle en se renfermant dans les pratiques de leur église et dans
les règles que leur prescrivait la foi de leurs pères; les manifestations plus ex-
pansives des catholiques, les formes solennelles, la discipline de cette Église,
l'unité de l'autorité suprême, les anciens souvenirs, l'éclat, la majesté, les mystères, les martyres, les miracles, ont exercé sur leur imagination une influence
puissante. Dans cette Rome, où la vérité ne dédaigne pas le prestige, des cœurs
ainsi prédisposés furent facilement subjugués par leur propre exaltation. Il est
juste de considérer que la plupart de ces jeunes gens avaient reçu leur première
éducation à une époque où l'indifférence religieuse, je dirai même la haine de
tous les cultes et de toutes les croyances, avaient envahi la société. Il n'est pas
étonnant que beaucoup d'entre eux aient éprouvé le desir de remplir le vide que

cette éducation et ces exemples leur avaient laissé, et qu'ils aient cherché ce remède dans le catholicisme, comme dans le culte qui leur paraissait le plus éloigné du mal dont ils voulaient se guérir.

Ce fut vers 1814 que cette révolution eut lieu. Overbeck, les frères Schadow, Roden, Müller de Cassel, Eggers, les deux Veit, le graveur Ruschweyh, Vogel de Dresde, et le savant F. Schlegel à leur tête, se firent catholiques. Ceux qui étaient restés protestans, ou qui, quoique catholiques, ne se sentaient pas animés de la même ferveur, tels que Schnorr, Thorwaldsen, Wach, Begasse, les Riepenhausen, se séparèrent de leurs collègues : il y eut schisme. On trouvait que les catholiques prenaient une attitude factieuse; on les combattait avec l'arme du ridicule. Ils furent accusés de fanatisme ou d'hypocrisie, selon que les individualités prêtaient davantage à l'une ou à l'autre imputation. Ils furent appelés des *Nazareni*, et ce sobriquet a été trouvé plaisant; mais l'enthousiasme religieux ne tint compte de ces attaques.

Ces peintres, dans leur disposition pieuse, firent application de leurs sentimens à leurs travaux d'artistes. Ils avaient jugé que les plus belles productions des arts au xvie siècle ayant été inspirées par le sentiment religieux, c'était ce sentiment intime qu'il fallait ressaisir; que là, et non dans l'imitation, devait se retrouver, comme trois siècles avant, le principe de sublimes beautés. Les rapports de ces artistes entre eux avaient pris le caractère d'une association religieuse à laquelle des dames s'étaient adjointes; elle en fut embellie et n'en devint pas pour cela plus exempte d'exaltation. Voici un trait qui peint bien l'état d'irritation et de malaise dans lequel le zèle religieux et la scission qui en fut le résultat avaient mis la société des artistes allemands à Rome : Vogel, qui jusqu'alors était resté protestant, tomba malade, et son état empira au point que l'on avait perdu tout espoir de le sauver. Ses amis catholiques, connaissant ses dispositions et sa pensée secrète, n'hésitèrent pas à lui amener un ecclésiastique, leur ami commun. Le malade reçut avec piété les secours religieux que lui offrit ce prêtre, et il se fit catholique. Le danger aussitôt cessa, et huit jours après Vogel se trouvait en parfaite santé. Les jugemens qu'on a portés de part et d'autre sur cet événement caractérisent bien l'esprit de parti qui s'était emparé de plusieurs de ces artistes. Les uns disaient qu'il avait été sauvé par un miracle; les autres prétendaient que les catholiques s'étaient servi des médecins pour le mettre dans cet état désespéré, et fournir à l'abbé l'occasion de faire le miracle, et du même coup une éclatante conversion. Singulière préoccupation, dont la Faculté surtout aurait eu droit de se plaindre; il ne vint à l'idée de personne d'attribuer au médecin la guérison du malade : on trouva plus simple de soutenir qu'il l'avait empoisonné à point.

Quelle qu'ait été l'impression qu'une grande partie du public a reçue de tous ces changemens de religion, il est certain que la plupart de ceux qui ont osé montrer une si grande indépendance d'esprit et de conscience, je dirai même volontiers tous, présentaient alors l'assemblage des plus aimables et des plus estimables qualités, et ne les ont pas démenties depuis. Reconnaissons plutôt que sous ce rapport aucun des deux partis ne peut craindre le parallèle. En faisant cette réflexion, ma pensée s'arrête surtout à Schadow et à Overbeck d'une part, à Wach de l'autre.

Ces circonstances n'ont pas été sans action sur la marche qu'ont adoptée les arts en Allemagne, et ceux même que le torrent n'a pas emportés en ont connu l'influence. Bannis il y a trois cents ans des temples, les arts ont été invités à y rentrer, et ont cessé d'être un sujet de scandale, un symptôme d'idolâtrie aux yeux de tous ceux qui ne sont pas catholiques, tant l'alliance des arts et des croyances religieuses est intime.

Voici comment s'opérèrent ces modifications successives : vers 1790, lorsque la plupart des artistes s'arrêtaient aux portes du Vatican pour copier les anges et les guirlandes des Bernini et des Boromini, mais ne poussaient point leurs recherches et leurs études dans l'intérieur du Musée. Karstens, Schick, Wachter et Koch sentirent leurs inspirations s'élever jusqu'à Homère et à Michel-Ange. Le passage de cette direction à celle qui a pris sa source dans le sentiment religieux ne s'est pas fait attendre. Au commencement de cette période les artistes allemands (Bury de Hanau nous en a quelquefois fourni l'exemple) ne furent point exempts

de raideur et de sécheresse : c'est une faute qu'on peut aussi quelquefois reprocher à Overbeck, un des plus grands artistes de notre époque, et la composition que je reproduis ici me paraît en fournir un exemple.

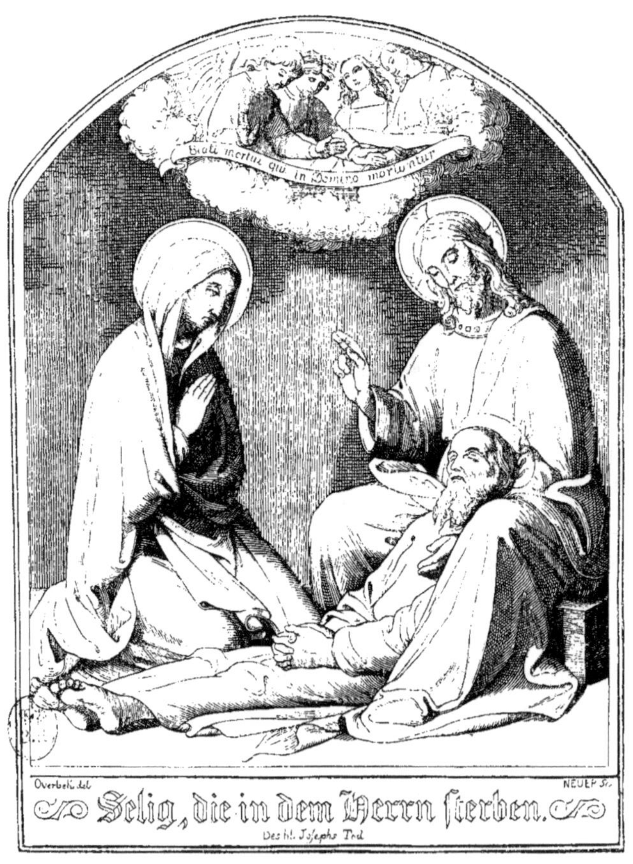

D'APRÈS OVERBECK.
Gravé par Neuer, à Munich.

On peut trouver de même que Henri Hess se rapproche souvent de ce système, et que les deux frères Eberhard, de Munich, y sont restés fidèles (nous serons dans le cas d'examiner ailleurs les ouvrages et le genre de talent de ces artistes). Cependant, généralement parlant, ce n'était là qu'une courte transition : on a vu succéder à cette disposition l'amour du vrai et l'étude approfondie de la nature.

J'ai visité Rome en 1820. Les premiers indices d'une heureuse régénération s'étaient dès alors annoncés d'une manière éclatante dans cette capitale des arts; mais on était bien loin de prévoir encore avec quelle rapidité se propagerait cet élan. Il est curieux de suivre les premiers pas que la peinture fit dans sa nouvelle voie. Le consul de Prusse, Mendelson Bartoldi, fut le premier à commander des fresques : ce furent Schadow, Overbeck, Veit et Cornélius qu'il chargea de ce travail. On peut considérer les succès que ces artistes obtinrent dans les fresques de la salle Bartoldi, comme ayant frayé le chemin de leur activité et de leur gloire future, et il est permis de croire que, si M. Bartoldi n'avait pas réussi à faire les conditions de la manière la plus appropriée à l'exiguïté des moyens pécuniaires, obstacle si gênant encore alors pour les efforts et les entreprises des artistes allemands, la peinture à fresque et l'art de la peinture en général n'auraient peut-être pas fait d'aussi rapides et d'aussi remarquables progrès. A Canova appartient la gloire d'avoir fait la seconde commande de ce genre. Ce fut Veit qui fut chargé par lui d'orner de fresques plusieurs cintres *del Braccio-Nuovo,* au Vatican. Cet exemple fut suivi par le marquis Massimi, dont la *villa* renferme des ouvrages de Koch, d'Overbeck, de Cornélius, de Führich et de Schnorr. C'est à l'époque où tous ces artistes se trouvaient réunis à Rome que madame de Humboldt, femme du ministre Humboldt, l'un des hommes les plus savans et les plus célèbres de l'Allemagne, vint y faire un assez long séjour. On ne saurait méconnaître l'influence bienfaisante que cette dame a exercée sur les artistes : son esprit pénétrant, son goût exquis, vivifiaient tout ce qui l'approchait, et ils l'approchaient tous, ces jeunes artistes pleins de zèle et d'ardeur, qui trouvaient en elle un critique bienveillant, un juge éclairé, une amie, un appui.

C'est ainsi qu'on vit le feu sacré jeter à Rome ses premières flammes, et de là s'étendre sur Munich, sur Dusseldorf, sur Berlin. C'est dans ces trois villes que maintenant il brille du plus grand éclat.

Si les arts, ainsi qu'on l'a dit souvent, sont l'expression de l'état de la société, l'Allemagne peut attendre avec sécurité le jugement de l'avenir. La peinture, en Allemagne, dénote en général une grande application, beaucoup de réflexion, et une sensibilité profonde; dans la composition elle montre souvent de l'élan et de la force; dans l'exécution c'est le soin qui prédomine.

CHAPITRE III.

———

DUSSELDORF, L'ACADÉMIE, SCHADOW.

I.

L'Académie de Dusseldorf a été fondée en 1767 par l'électeur palatin de Bavière, Charles-Théodore. Le directeur de la galerie, Lambert Krahe, a eu la plus grande part à cette création. Le bâtiment de l'Académie, dont une vue se trouve à la fin de ce chapitre, a une origine plus ancienne : il fut construit vers 1700, par les ordres de l'électeur palatin Jean Guillaume. Consacré d'abord à la galerie de tableaux, il conserva cette destination jusqu'en 1805; l'Académie y fut transférée en 1820. Le fonds affecté à cette institution par le roi régnant est de 7,000 écus par an, et il est prélevé en partie sur le budget de l'enseignement public du duché de Berg. Ce revenu, joint à ceux d'une date plus ancienne, forme un total de 8,000 écus environ.

Le directeur de la galerie, Krahe, mourut en 1790. Il eut pour successeur Pierre-Joseph

Langer, qui conserva cette place jusqu'en 1806, époque à laquelle la galerie fut transférée à Munich. Langer la suivit dans cette dernière ville, et il y obtint la place de directeur de l'Académie. Depuis 1806 jusqu'en 1819, l'Académie de Dusseldorf n'eut point de directeur, mais seulement trois professeurs pour l'enseignement du dessin, de l'architecture et de la gravure. Le bâtiment ayant été occupé par les tribunaux, l'Académie n'était presque plus fréquentée, lorsque en 1819 Pierre Cornélius, de Dusseldorf, fut chargé de la réorganiser, et en fut nommé directeur. Ce ne fut toutefois qu'en 1821 qu'il commença à exercer réellement cette fonction; ce n'est aussi que de 1821 que doit dater la renaissance de cet établissement. Le professeur Mosler présida à tous les arrangemens préparatoires en l'absence de Cornélius, qui passait ses étés à Munich pour y exécuter les fresques dont il avait été chargé par le prince royal de Bavière. C'est donc sous la direction de Cornélius, pendant l'hiver, et sous celle du professeur Mosler, pendant l'été, qu'eut lieu la restauration de l'Académie de Dusseldorf; toutefois, c'est après l'arrivée du directeur Schadow que cette Académie prit surtout son essor. Cornélius avait quitté la direction de l'Académie en 1825 : le professeur Mosler en fut chargé provisoirement, et il occupait ce poste depuis deux ans, lorsque en 1827 arriva Schadow avec les élèves qu'il avait formés à Berlin : Hubner, Hildebrandt, Lessing et Sohn; ce sont donc ceux-ci qu'il convient de considérer comme formant le noyau de la nouvelle école. Parmi les artistes aujourd'hui présens à Dusseldorf, il n'y a que le paysagiste Schirmer et le peintre de fleurs Preyer qui aient fait partie de l'Académie avant l'arrivée de Schadow : la plupart des élèves de Cornélius ont suivi leur maître à Munich. Lorsque celui-ci était venu à Dusseldorf, le nombre des élèves qui assistaient aux cours ne s'élevait guère à plus de quarante; dès le premier semestre de sa direction, ce nombre augmenta beaucoup; sous Schadow il s'accrut dans une proportion bien plus grande encore.

Cornélius avait déjà montré à Dusseldorf la tendance qu'il manifesta plus tard à Munich; la peinture à fresque attirait surtout son attention et exerçait tout son zèle; ce fut sous sa direction que furent exécutés les cartons des fresques de l'Université de Bonn. Les principaux élèves de Cornélius étaient, dans ce temps-là, Stilke, Sturmer et Götzenberger; bientôt après Eberle et Kaulbach se joignirent à eux.

Nous voici arrivés à l'époque où l'Académie commence à prendre tout son développement : les ouvrages et les artistes qu'elle a produits formeront les sujets des chapitres suivans.

Dès à présent je donne ici le tableau des artistes et des élèves dont se composait l'Académie de Dusseldorf en 1834.

TABLEAU

DES ÉLÉVES DE L'ACADÉMIE ROYALE DES ARTS A DUSSELDORF.

(Premier semestre, 1834.)

CLASSE SOUS LA SURVEILLANCE DU DIRECTEUR SCHADOW.

NOMS.	LIEU DE NAISSANCE.	GENRE.
JULES HUBNER.	Oels, en Silésie.	Histoire.
CHARLES LESSING.	Wartemberg, en Silésie.	*Idem.*
ÉDOUARD BENDEMANN.	Berlin.	*Idem.*
ÉDOUARD STEINBRUCK.	Magdebourg.	*Idem.*
ÉDOUARD DEGER.	Hildesheim.	*Idem.*
HERM. STILKE.	Berlin.	*Idem.*
CHR. KOHLER.	Werben.	*Idem.*
ADOLPHE SCHMIDT.	Berlin.	Portrait.
HERM. EBERS.	Breslau.	Genre.
ADOLPHE SCHRODTER.	Schwedt.	*Idem.*
ANTOINE SONDERLAND.	Dusseldorf.	*Idem.*
JACOB LEHNEN.	Hinterweiler.	Nature-morte.
GUILLAUME PREYER.	Eschweiler.	Fleurs; nat.-morte.

NOMS.	LIEU DE NAISSANCE.	GENRE.
Édouard Rethel.	Aix-la-Chapelle.	Histoire.
Robert Reinick.	Dantzig.	*Idem.*
Herm. Pluddemann.	Kolberg.	*Idem.*
Herm. Kretschmer.	Anklam.	Genre.
J.-Pierre Gotting.	Aix-la-Chapelle.	Histoire.
Charles Fielgraf.	Berlin.	*Idem.*
Isac Jacob.	Berlin.	*Idem.*
Guillaume Volkart.	Bochum.	*Idem.*
Frédéric Busch.	Dusseldorf.	Genre.
Gaspard Scheuren.	Aix-la-Chapelle.	Paysage.
Louis Holdhausen.	Verdingen.	Fleurs et animaux.
Maurice Berend.	Berlin.	Histoire.
Gustave Lasinsky.	Coblentz.	Paysage.
Frédéric-Guillaume Pero.	Lubeck.	Incertain.
Graf-Magnus Steenbock.	Reval.	Genre.
Pierre Vogel.	Francfort-sur-le-Mein.	*Idem.*
Laurent Clasen.	Dusseldorf.	Histoire.
D'Oer.	Munster.	*Idem.*
Guillaume Jordan.	Berlin.	Genre.
Jacob Becker.	Worms.	*Idem.*
Henri Krienen.	Xanten.	Histoire.
Guillaume Kraft.	Berlin.	*Idem.*
L.-Henri Wittich.	Berlin.	Genre.
Guillaume Nerenz.	Berlin.	*Idem.*
Louis Blanc.	Berlin.	*Idem.*
Charles Dunker.	Berlin.	Histoire.

CLASSE SOUS LA DIRECTION DE HILDEBRANDT.

NOMS.	LIEU DE NAISSANCE.	GENRE.
JOSEPH FLECK.	Dusseldorf.	Portrait.
CHARLES CLASEN.	Dusseldorf.	*Idem.*
THÉODORE HOFFMANN.	Berlin.	Histoire.
FR.-V. SCHUCKMANN.	Berlin.	*Idem.*
ANTOINE GREVEN.	Cologne.	Portrait, genre.
MEYER MICHELSON.	Dantzig.	Genre.
AUGUSTE GROTHAUS.	Barmen.	Portrait.
CHARLES WINGENDER.	Dusseldorf.	*Idem.*
JEAN KECK.	Saarbruck.	*Idem.*
BODO V. HOPFGARTEN.	Breslau.	Histoire.
HERMAN SCHMITZ.	Dusseldorf.	Portrait, genre.
C.-W. KONEMANN.	Barmen.	Portrait.
FRÉDÉRIC ISTENBACH.	Konigswinter.	*Idem.*
CHARLES GRABAU.	Bremen.	Animaux.
GUILLAUME HEINE.	Dusseldorf.	Portrait, genre.
ÉTIENNE KRAUS.	Bensberg.	Portrait.
FERDINAND WEIS.	Magdebourg.	*Idem.*
ÉDOUARD DE HAGENS.	Dusseldorf.	*Idem.*
PIERRE SCHWENGEN.	Muffendorf.	*Idem.*
ÉDOUARD SCHARLACH.	Minden.	*Idem.*
JACOB VOSS.	Wassenberg.	*Idem.*
GUILLAUME HEIDECKER.	Paderborn.	*Idem.*
PAUL-JOSEPH KIEDERICK.	Cologne.	*Idem.*
PIERRE HASENKLEVER.	Remscheid.	Genre.
JOSEPH FEY.	Cologne.	Portrait.
JOSEPH SCHIFFER.	Cologne.	*Idem.*
JOSEPH WILMS.	Oberkassel.	*Idem.*
OTTON GRASHOFF.	Cologne.	Genre.

NOMS.	LIEU DE NAISSANCE.	GENRE.
ALEXANDRE HEUBEL.	Riga.	Portrait.
ÉDOUARD KAUFMANN.	. . . .	*Idem.*
FRANÇOIS HOGG.	Coblentz.	*Idem.*
CHARLES ENGEL.	Londorf.	Histoire.
ANDRÉ MULLER.	Darmstadt.	*Idem.*

CLASSE SOUS LA DIRECTION DE SOHN.

NOMS.	LIEU DE NAISSANCE.	GENRE.
JOSEPH MINJON.	Dusseldorf.	Incertain.
GEORGE SCHALLENBERG.	Zug.	Portrait.
SOLLY FURSTENBERG.	Berlin.	*Idem.*
ADOLPHE EHRHARDT.	Berlin.	Histoire.
CHARLES HERMANN.	Coblentz.	*Idem.*
ADOLPHE NORDHEIM.	Henri.	Incertain.
CHARLES WEDDIGE.	Rheine.	Histoire.
CHARLES KRAMER.	Cologne.	Incertain.
ADALBERT SCHARTMANN.	Berlin.	Portrait.
JEAN-JOSEPH GRASS.	Luftelberg.	Incertain.
CHARLES BENERT.	Dortmond.	*Idem.*
OTTON MENGELBERG.	Cologne.	Histoire.
J.-WILLIAM BOTTEMLEY.	Hambourg.	*Idem.*
FRANÇOIS OBRIEN.	Dusseldorf.	Portrait.
ÉDOUARD LOTZ.	Dusseldorf.	Incertain.
FR.-MAXE KORNER.	Brunswick.	Portrait.
MAX. FRANKFURTER.	Dusseldorf.	Incertain.
JEAN-HENRI STOOBE.	Kœnigsberg.	Portrait.
JEAN-GEORGE MEYER.	Bremen.	*Idem.*
PIERRE ADOLF.	Dusseldorf.	Incertain.
JEAN-PIERRE SCHRORS.	Gladbach.	Portrait.
JEAN-PIERRE ZWECKER.	Francfort-sur-le-Mein.	Histoire.
NICOLAS GRAS.	Jerlich, près de Neuwied.	Portrait.

NOMS.	LIEU DE NAISSANCE.	GENRE.
V. Frautschold.	Berlin.	Histoire.
Théodore Maassen.	Aix-la-Chapelle.	Incertain.
Antoine Moening.	Essen.	*Idem.*
Ferdinand Moritz.	Remscheid.	Portrait.
Ehrhardt Schuld.	Cologne.	Incertain.
Édouard Geselschapp.	Wesel.	*Idem.*
Pierre Hogoll.	Breslau.	Portrait.
Jean-Henri Stobbe.	Kœnigsberg.	*Idem.*
Frédéric-Guillaume Murlersteig.	Weymar.	*Idem.*
Herman Schaefer.	Halberstadt.	Incertain.
Raphael Schall.	Breslau.	*Idem.*
Herman Pelz.	Altweifritz, en Silésie.	*Idem.*
Guillaume Klein.	Dusseldorf.	*Idem.*
Théodore Jasper.	Altendorf.	*Idem.*
Guillaume Ries.	Siegbourg.	Portrait.

CLASSE SOUS LA DIRECTION DE SCHIRMER.

NOMS.	LIEU DE NAISSANCE.	GENRE.
Léopold Schlosser.	Berlin.	Paysage.
Guillaume de Abbema.	Crefeld.	*Idem.*
Guillaume John.	Berlin.	*Idem.*
Ad. Honninghausen.	Crefeld.	*Idem.*
Michel Rosen.	Bonn.	*Idem.*
Ad. Schlesinger.	Mayence.	*Idem.*
François Hengsbach.	Werl.	*Idem.*
Adolphe Doring.	Bernbourg.	*Idem.*
Gustave Preyer.	Eschweiler.	*Idem.*
Henri Koch.	Crefeld.	*Idem.*
Ferdinand Kiesling.	Potsdam.	*Idem.*
Otton-Henri Jacobi.	Kœnigsberg.	*Idem.*
Joseph Wolf.	Clève.	*Idem.*

NOMS.	LIEU DE NAISSANCE.	GENRE.
ANDRÉ ACHENBACH.	Dusseldorf.	Paysage.
CHARLES DAHL.	Berlin.	*Idem.*
JOSEPH HECKE.	Mülheim-sur-le-Rhin.	*Idem.*
GUILLAUME BECKER.	Ballenstadt.	*Idem.*
ARNOLD SCHULTEN.	Dusseldorf.	*Idem.*
CHARLES BRESLAUER.	Varsovie.	*Idem.*
FRÉDÉRIC HEINERT.	Soest.	*Idem.*
ADOLPHE BOKING.	Trarbach.	*Idem.*
FRÉDÉRIC-JOSEPH EHMANT.	Francfort-sur-le-Mein.	*Idem.*
GUILLAUME POSE.	Dusseldorf.	*Idem.*
FUNKE.	Herfort.	*Idem.*
H. DE NORMANN.	Stettin.	*Idem.*
ÉDOUARD GRISBERD.	Berlin.	*Idem.*
F.-ADOLPHE DEICHS.	Brunswick.	*Idem.*
GUILLAUME STEURWALD.	Quedlinbourg.	*Idem.*
ADOLPHE LASINSKI.	Coblentz.	*Idem.*

Parmi les jeunes gens qui se trouvent sous la direction de Sohn et de Hilde-brandt, il y en a beaucoup qui ne font que commencer, et dont on ne peut rien dire encore, sinon qu'ils sont élèves de l'Académie; nous reviendrons sur les autres.

II.

SCHADOW COMME MAITRE ET COMME ARTISTE. — L'ÉCOLE DE DUSSELDORF CONSIDÉRÉE DANS SON ENSEMBLE.

Il n'y a que sept ans que Schadow est à la tête de l'Académie de Dusseldorf; il n'y a que quatre ans que ses élèves se sont fait connaître par leurs premiers essais, et déjà cette école est parvenue à une grande hauteur. L'esprit de Schadow

est tourné vers la réflexion, et il est très cultivé; son imagination s'exalte facilement, et ses impressions sont profondes : c'est le véritable type d'un Allemand.
Généreux et sensible, il peut au premier abord paraître froid; mais il n'est pas
possible de s'y tromper : c'est une habitude de réserve; peut-être la fierté n'y
est-elle pas étrangère.

Les rapports de Schadow avec ses élèves et de ceux-ci entre eux sont très intéressans. Le maître porte à ses élèves une affection véritable; il reconnaît leur
mérite, n'en ressent nulle jalousie, aime à les vanter, et exprime avec joie l'admiration qu'il éprouve parfois devant leurs œuvres : c'est ainsi que je lui ai entendu dire, au sujet du Jérémie, que, depuis Raphaël et Michel-Ange, rien n'a
été fait qui fût mieux, rien qui annonçât plus de noblesse et un goût plus pur [*].
Les sentimens des élèves pour leur maître sont en harmonie avec ceux du maître
pour ses élèves; ils reconnaissent tous qu'à l'influence de Schadow est due l'heureuse direction que cette école a suivie; que son tact exquis est un guide qu'aucun autre ne pourrait remplacer; qu'à lui seul enfin l'école de Dusseldorf doit
tout ce qu'elle est et tout ce qu'elle peut devenir. Plusieurs des élèves de Schadow, appelés à Berlin ou ailleurs par leurs liens de famille ou par le desir de
voler de leurs propres ailes, se sont bientôt sentis impérieusement ramenés vers
leur maître. Il semble que ces jeunes artistes, ayant connu les bienfaits de l'autorité paternelle et éclairée de Schadow, ayant joui des rapports d'amitié et de
confiance mutuelle établis entre eux par lui, ne peuvent se plaire qu'au sein de
cette société qui vivifie son cœur religieux et honnête. Souvent l'un ou l'autre de
ces jeunes artistes s'est plaint devant Schadow de ce qu'il les abandonnait à leurs
propres forces : celui-ci avait beau s'excuser en leur disant qu'ils n'avaient plus
besoin de conseils, il lui a toujours fallu céder à leurs instances, et certes la
modestie de ces jeunes gens les a bien inspirés toutes les fois qu'ils ont eu recours au goût, aux connaissances et au tact de leur chef; à quelque hauteur

---

[*] Cet éloge enthousiaste choquera bien des susceptibilités, et il serait assez difficile de le
justifier rigoureusement; il faut y voir plutôt l'expression du plaisir causé au maître par les
succès de son élève, qu'un jugement prononcé d'une manière absolue.

qu'ils puissent atteindre, ce guide n'exercera jamais sur leurs talens qu'une influence bienfaisante. Schadow n'ajoutera peut-être rien à l'élan de quelques-uns d'entre eux; mais bien certainement il les garantira des écarts auxquels leur jeunesse, leur inexpérience, leur ardeur pourraient les exposer.

Ce qui distingue surtout cette école, c'est que l'envie en est bannie, et que le plus grand nombre est inaccessible à l'orgueil. Je citerai ici le jugement que l'auteur du feuilleton de la *Gazette d'État de Prusse* a porté sur cette école en 1830. A Berlin, le blâme systématique est de mode, et l'on s'arrête plus volontiers aux pointes et aux saillies, qu'on ne jouit de ce qui est réellement beau; cependant Dusseldorf a su vaincre cette froide et pauvre disposition, et l'épigramme a fait place à l'admiration.

L'auteur de l'extrait qu'on va lire déclare s'être appliqué à reproduire fidèlement l'opinion du public; et, comme ce travail sera en même temps un spécimen du style et de la manière de nos critiques, sous ce double rapport le morceau que nous traduisons rentre parfaitement dans notre cadre.

EXPOSITION DE L'ACADÉMIE ROYALE DES ARTS. — ÉCOLE DE SHADOW. 1830.*

« L'école de W. Schadow, qui jouit en ce moment de l'admiration presque exclusive des connaisseurs et des amis des arts, commença d'abord d'un pas faible et mal assuré, fit bientôt de rapides progrès, et réussit enfin à se maintenir dans l'état de prospérité et de perfection dans lequel elle se présente aujourd'hui; à la dernière exposition de 1828 on fut surpris et pour ainsi dire étourdi d'une marche aussi rapide **. On s'y attendait si peu, et l'impression qu'elle fit sur quelques personnes fut si profonde, qu'elle alla jusqu'à l'enthousiasme; ce fut pour d'autres un motif de contradiction : elles exprimèrent des doutes et des

---

* L'auteur de cet écrit est M. Gruppe de Berlin.
** Schadow n'est arrivé à Dusseldorf qu'en 1827. Cependant il est juste de dire qu'il avait formé des élèves avant de quitter Berlin.

scrupules qu'il n'était pas entièrement possible alors de dissiper. Les esprits éclairés et bienveillans, satisfaits de ce qui leur était offert, conçurent les plus belles espérances; aujourd'hui ces espérances sont comblées; le doute des contradicteurs est réduit au silence : le moment est venu pour tous de jouir en paix et de juger avec calme.

« Le caractère particulier de la présente école n'est pas aussi facile à tracer en peu de mots que celui de l'école de Wach, et cette circonstance n'est assurément pas défavorable à celle de Schadow; celle-ci a d'ailleurs suivi jusqu'à ce moment une marche progressive, se montrant pour ainsi dire nouvelle en chaque occasion; de sorte qu'on ne saurait tirer aucune conséquence, à son désavantage, de certains signes extérieurs qui servent peut-être à en faire reconnaître le type spécial. Ainsi, au lieu d'en dessiner de prime abord le caractère distinctif, il vaut mieux montrer le point d'où elle est partie, les élémens où elle a puisé ses richesses actuelles, ses facultés diverses, l'esprit qui l'anime, et enfin comment les talens semblent s'y être produits et vivifiés par leur contact. Il faut en même temps rendre hommage au maître qui, avec le dévoûment et le désintéressement les plus absolus, a su développer dans ses élèves le germe de leurs dispositions naturelles, et leur faire acquérir cette sûreté d'exécution, cette pureté de talent qui font les artistes. Ce n'est pas là le résultat d'une froide exposition des règles et des procédés, ni de la communication du goût et de la manière personnelle du professeur, ni enfin d'un enseignement monotone borné à de simples corrections; il a fallu de la part du maître un zèle affectueux, et cette direction bienveillante et éclairée qui domine les esprits, veille sur eux, sait se rendre toujours présente à la pensée des jeunes gens, les inspire dans leurs travaux sans chercher à éblouir, sans même se faire trop sentir à ceux sur lesquels elle agit.

« Dès l'année 1826 on remarquait dans les ouvrages de Hübner des traces évidentes de l'influence du maître, avec un sentiment plus prononcé du genre gracieux; son coloris était frais et ses couleurs agréablement fondues; mais, le travail étant encore timide et craintif, le fini de l'exécution avait peine à déguiser ce défaut. L'école entière faisait un emploi d'autant plus abusif des couleurs les plus éclatantes et des contrastes les plus heurtés, que, malgré tous ses efforts, elle ne savait encore ni saisir habilement la nature, ni calculer les effets qu'elle cherchait.

« Théodore Hildebrandt était déjà sur la bonne route à cette époque; il avait très bien réussi à exprimer la douleur; son tableau représentait le roi Lear déplorant le malheur de sa fille Cordelia; mais ce fut surtout à l'exposition suivante qu'il montra combien il connaissait les mouvemens spontanés et le langage de l'âme; il peignit, d'après le Tasse, la scène de Clorinde recevant, au moment d'expirer, le baptême des mains de Tancrède, après l'avoir combattu sans le connaître. Ce sujet, plusieurs fois traité par de grands maîtres, eût été funeste à un pinceau malhabile et novice; Hildebrandt réussit complètement. En 1828 le même peintre exposa un tableau dont il avait pris le sujet dans un poème de Gœthe, intitulé le Pêcheur; on y vit un progrès réel sous le rapport de l'exécution. Toutefois, les connaisseurs craignirent que l'usage immodéré de l'outremer ne fît bientôt jaunir en partie le tableau; et en effet on aperçoit déjà ce défaut. La composition en elle-même était bien conçue; peut-être y avait-il encore un peu d'embarras dans l'ordonnance; peut-être aussi pouvait-on regretter que l'agrément et la grâce n'y fussent pas entièrement exempts d'affectation et de mignardise. Aucune trace de ce défaut ne se fait apercevoir dans les figures admirables d'un petit tableau demi circulaire, dont le sujet est emprunté à l'Arioste : c'est sans contredit l'ouvrage le plus distingué et le plus gracieux qu'on ait exposé à cette époque.

« Un grand talent, qui n'avait presque pas été remarqué jusque-là dans cette école, où il n'avait fait que des portraits et des accessoires dans les tableaux du maître, se présenta il y a deux ans dans la carrière avec tous les avantages d'un artiste. Le tableau de Renaud et Armide, de Charles Sohn, fixa tous les regards; la passion, le besoin et le bonheur d'aimer y étaient exprimés avec un coloris généralement vrai, animé, chaleureux. Des esprits difficiles, frappés eux-mêmes de l'effet de cette peinture, voulurent d'abord l'attribuer à l'éclat extraordinaire et au mélange adroit des couleurs; et quant à l'impression produite, elle résultait, selon eux, du charme du sujet et de la situation; mais ils oubliaient que l'aptitude à choisir un sujet favorable, et l'habileté nécessaire pour l'exprimer heureusement, constituent précisément les deux qualités essentielles du peintre.

« Enfin, sans faire mention d'autres talens moins caractérisés, cette école a formé Charles Lessing, esprit à part, qui s'est annoncé tout d'abord et comme paysagiste et comme peintre d'histoire. A la dernière exposition il présenta au public une forteresse située sur des rochers et poétiquement conçue; plus, une scène de bataille, parfaite de composition : ces deux morceaux sont tout-à-fait dignes d'éloges.

« Il est évident qu'une impulsion commune semble, d'un même élan, exalter la force de chacun des disciples de Schadow, arrêter les écarts des plus avancés, élever les plus faibles, et les emporter dans le même tourbillon. On a pu voir aux précédentes expositions les efforts de chaque artiste dans ces divers sens; celle-ci montre ce que chacun d'eux a reçu du maître. Hübner, sous ses yeux, a perfectionné son talent prononcé pour le genre gracieux, calme, délicat, en un mot, pour la beauté. Hildebrandt, qui avait compris de bonne heure, et de la manière la plus heureuse, le genre pathétique, marche à ses côtés; Sohn se distingue par un sentiment exquis dans l'expression des affections tendres, et de plus, par une exécution précieuse et brillante qui atteint à l'idéal sans sortir de la vérité. Sohn et Hübner paraissent avoir eu une aptitude particulière pour saisir le mécanisme de la peinture à l'huile dans des cadres de dimension restreinte. Mücke, non encore aussi avancé, a montré du goût pour les grandes compositions historiques; mais celui qui a le plus fait pour animer et entretenir l'esprit de l'école, c'est Lessing : âme énergique, douée spécialement de l'intelligence des sentimens sombres et tragiques, éprouvant de plus, à ce qu'il paraît, un profond dégoût des faiblesses inhérentes à la vie présente, mais tempéré toutefois par une sorte de tristesse vague et de pitié pour la fragilité humaine. Entraîné par un penchant décidé vers les situations fortes, violentes, qui imposent à l'âme, Lessing se sent en quelque sorte combattu par une sensibilité grave et pénétrante, quelquefois voisine d'une mélancolie douce, mais mâle, de cette mélancolie qui caractérise la force lorsqu'elle éprouve le besoin de s'épancher.

« Pistorius et Adolphe Schrötter, peintres de genre, se renfermèrent dans l'étude de la nature, qu'ils observèrent avec autant de finesse que de pénétration, et, dès leur premier essai, ils surent conquérir un rang honorable dans l'art.

« Ce qu'il y a de plus satisfaisant dans cette école, c'est qu'on ne la remarque presque pas *; seulement, dans le paysage, les plus nouveaux élèves ressentent évidemment l'influence de Lessing, dont ils ont pris la couleur et toute la manière d'étudier la nature; tous ont plus ou moins l'entente du coloris, et toujours dans leurs ouvrages on le trouve en rapport exact avec le sujet : l'indication du moment n'est jamais négligée; mérite essentiel qui contribue puissamment à l'effet. Quant aux idées poétiques que réveille l'objet représenté, les artistes s'efforcent toujours de les faire passer sur la toile : c'est une qualité distinctive dont il faut féliciter cette école; qu'elle ne perde jamais de vue le flambeau qui la guide, et elle arrivera à sa perfection.

LESSING.

« Le poëme d'Uhland, intitulé *le Château sur le bord de la mer,* a fourni à Lessing le sujet de plusieurs excellens tableaux. Il a puisé dans les premières strophes l'idée d'un Clair de lune, que malheureusement nous n'avons pas pu voir. Les derniers vers lui ont inspiré la composition du tableau remarquable que le catalogue nomme « un Roi et une Reine dans la douleur », sujet si naturellement exprimé qu'on le comprendrait à merveille, même sans le secours du poëme. Dans une galerie d'architecture byzantine, on voit ces personnages assis sur un banc de pierre pratiqué dans l'enfoncement d'une niche. Le prince, avancé en âge et d'un noble aspect, se détourne quelque peu; il lève la tête; ses mains sont fortement pressées l'une sur l'autre, et son regard est fixe : c'est

* Je trouve absolument le contraire et je ne pense pas que ce soit un défaut.

une douleur farouche, mais concentrée; c'est la fureur d'un lion, une lutte contre le destin, qui n'est supportable qu'à raison de sa violence même. Son épouse, muette, est assise à côté de lui, la tête penchée, abîmée dans sa propre douleur; elle s'appuie sur lui, pose une main sur les siennes, pour lui donner et recevoir de lui quelque consolation. Sa douleur est calme, mais profonde, et déjà elle passe de l'engourdissement à la réflexion et à la tristesse; mais ses pensées sont brûlantes; elles se pressent et se confondent sur sa belle physionomie. La reine serre douloureusement de la main sa tête ombragée d'un crêpe, comme pour tempérer le tumulte des sentimens qui l'agitent. Jamais tableau des anciens maîtres n'a appelé plus puissamment l'attention sur un seul point. Mais quelle est la cause de la douleur de ces princes? Dans le fond, où la galerie s'ouvre sur une mer faiblement éclairée par le crépuscule du soir, on voit un mausolée surmonté d'une couronne de myrte : il ne faut pas d'autre explication. Uhland décrit un beau palais, toujours animé par des fêtes; puis il y introduit un voyageur qui le trouve silencieux et désert : ce voyageur n'y rencontre plus la fille du roi, cette belle jeune fille à la blonde chevelure, qui était l'âme de toutes les fêtes; mais il aperçoit sous la galerie un tombeau et des parens plongés dans la douleur : c'est ainsi que le poète peint l'irruption soudaine d'un coup de la destinée. Le peintre a emprunté au poète tout ce qu'une telle catastrophe a de saisissant, et l'a exprimé; mais il a fait plus : il a été incomparablement plus poète que le poète lui-même. La grandeur, le sublime, signalent l'ensemble; ils respirent dans chaque partie, et rien n'en dérange l'effet. Ce tableau a huit pieds de haut sur six de large; les figures, dans leur entier développement, auraient environ six pieds.

« Nous possédons encore un paysage de Lessing : c'est une Cour de couvent couverte de neige. Cet ouvrage est aussi supérieur à tout ce qu'on a fait en paysages, que l'est à toutes les compositions d'histoire le tableau qui vient d'être décrit. C'est l'hiver, représenté avec autant de force et aussi peu de moyens qu'on en ait peut-être jamais employés. Une cour de couvent, très étroite, enfermée entre des bâtimens qui offrent peu de perspective, occupe le devant du tableau;

au fond s'élève l'édifice principal, construit dans le style byzantin; à travers un corridor ouvert, la vue pénètre jusque dans le cloître, et s'arrête sur un cercueil : on va célébrer la messe à l'autel; une procession de moines se rend par le corridor à cette cérémonie. On ne voit dans la cour que deux sapins difformes, dont le tronc est en partie dépouillé, et une fontaine auprès du mur latéral. Il faut avoir vu ce tableau pour pouvoir se faire une idée de son mérite et de son effet. La légèreté d'une couche de neige peu épaisse, l'art avec lequel les flocons, poussés par le vent, sont jetés sur les inégalités du terrain et dans les encoignures de la muraille, la transparence du jet-d'eau glacé de la fontaine, tout, en un mot, est d'une vérité extraordinaire. Ces sapins sont dessinés avec une perfection qui est la nature même; et la neige qui les couvre, avec quelle mollesse elle y repose! On voit toutes les formes à travers le duvet de cette neige éblouissante et récemment tombée. Le peintre n'a pas laissé de branches au milieu des sapins; il en a mis vers le bas, qui s'étendent fort loin et qui semblent des glaçons énormes. Quelle froidure dans l'air! Les troncs d'arbre, les murailles, tout paraît vitrifié; on se gelerait la main en y touchant. On ne voit aucune partie du ciel; mais la lumière de cette cour renfermée ne nous laisse aucun doute ni sur l'état de ce ciel qui nous couvre, ni sur l'heure du jour : c'est une matinée de décembre. Rien de mieux imité que la clarté des cierges dans l'intérieur; la réverbération de cette clarté sur la neige de l'entrée, où elle se mélange avec celle du jour, produit un effet incomparable. La neige de l'entrée n'a pas encore été foulée. Le style, l'expression et la profondeur, tout ce qui conserve le mieux l'unité poétique et la rend plus sensible aux yeux du spectateur, se fait remarquer dans de vieilles statues de pierre placées auprès de la porte du cloître, et qui, tranquillement assises dans l'attitude de la réflexion, ont le sein, le cou et la tête couverts de neige. A travers un voile de même nature, on reconnaît, au-dessus de cette porte, Marie et l'Enfant-Jésus. Ce tableau, dans lequel se révèlent à un si haut degré le fini et le grandiose qui distinguent l'auteur, peut avoir deux pieds de largeur sur un et demi de hauteur.

« Tout en examinant et en appréciant de préférence ce qui est grand et achevé, il est indispensable de porter aussi son attention sur les ouvrages dans lesquels la puissance de l'art s'est prescrit une direction et des limites, ou dans lesquels elle se permet des écarts. Lessing marque les limites de l'école sous le premier rapport; Sohn donne l'exemple du second : celui-là dans le genre sévère et grandiose, celui-ci dans le genre gracieux. Ce dernier artiste s'est compris lui-même en prenant pour sujet une fable charmante de l'antiquité, *Hylas enlevé par des nymphes*. Si l'on ne peut affirmer que le peintre ait suivi en tout Théocrite, du moins s'accorde-t-il avec lui pour trois de ces aimables enchanteresses, Tunika, Malis et Nycheia au regard printanier. Le spectateur croit reconnaître à la première vue cette belle nymphe à l'œil bleu d'une blonde, qui se penche vers un jeune homme modeste et effrayé. Hylas est sur le point de puiser de l'eau dans une claire fontaine sous l'abri d'un rocher; il a déjà plongé un pied dans l'onde, et s'est mis ainsi au pouvoir de l'élément séducteur; son autre pied est encore appuyé sur un éclat de roche. L'immersion subite et surnaturelle des nymphes, l'expression immédiate du plus pressant desir, un entraînement marqué et irrésistible, sont bien exprimés; mais ces efforts multipliés, ces tiraillemens, cette sorte de contestation, altèrent la poésie du sujet : c'est particulièrement à celle des trois nymphes, dont l'expression, l'attitude, le geste et l'action respirent la passion, qu'il faut adresser ce reproche. Une figure virginale, riche de beauté, de vie et d'ardeur, à chevelure d'un noir brillant, étreint fortement Hylas dans ses bras pressés sur les reins et sur les épaules. La pose indique l'actualité, le moment. Il n'y a là en effet qu'une pensée d'enlèvement, de desir, d'entraînement sous les eaux, sans espoir de résistance et de fuite; mais cette extension des bras et du corps, ce renversement du cou et de la tête, cette expression de figure et ces yeux humides et séduisans, c'est l'entier abandon de l'amour, c'est en même temps une atteinte violente qui enlève au sujet son idéal, c'est la vraie signification du mythe, c'est, à parler la langue de la peinture et de la poésie, *l'attrait du liquide élément,* si puissant sur l'esprit des humains.

« Que la seconde figure est différente! D'un blond doré, avec cet œil bleu

où le printemps semble renaître, elle se montre un peu plus de face. Celle-là
est pétulante et entraînante; celle-ci est douce, engageante et gracieuse; la première est toute de feu, la seconde est la langueur même; l'une, animée par une
passion brûlante, porte sur sa proie une main sûre; l'autre s'approche douce-
ment et d'un air pudibond pour enlacer le jeune Hylas; elles ne sont pas moins
dangereuses l'une que l'autre. Il faut convenir que, d'après ces données, qui
permettaient une combinaison favorable d'effets et de tons, le peintre pouvait
choisir pour sa figure une pose plus agréable; le mouvement du bras et de la
main dont la nymphe se sert en même temps pour relever sa blonde chevelure et pour saisir la main d'Hylas, paraît s'écarter du vrai et trahir cette co-
quetterie de femme, qui veut être vue et plaire. Il est fâcheux, tout en reconnaissant l'habileté de l'artiste, de ne pouvoir lui épargner cette critique. On se
demande ensuite si ce contraste, qui lui a d'ailleurs si bien réussi, n'altère pas
l'idée poétique que la première figure exprime avec énergie et clarté. Ajoutez
à cela qu'une troisième nymphe, vue par derrière, se montrant à peine hors de
l'eau, et prenant Hylas par le pied, semble n'être là que pour compléter le
groupe. L'invention et le dessin en sont également négligés. Certes, ce n'est pas
elle qui a conseillé l'action; elle se borne à y prendre une assez faible part.
Quelque intéressante de naïveté que pût être une pareille figure, elle ne contribue que trop, en multipliant et en variant les efforts des nymphes, à détruire
dans cette charmante scène de violence ce qu'elle a d'instantané et d'irrésistible;
ce n'est plus qu'un enchaînement d'attaques qui se succèdent. Si le peintre avait
indiqué et fixé le moment pour toutes ses figures, comme il l'a fait pour la
nymphe aux cheveux bruns, l'effet poétique de son tableau serait incomparablement plus fort, et on lui saurait meilleur gré de tout ce qu'il a répandu de
charme et de variété dans les poses de ses corps de femmes. Il aurait évité jusqu'à
l'apparence d'une idée licencieuse, si ses personnages, uniquement occupés de
leur entreprise, s'étaient portés avec ensemble vers l'objet de leur convoitise.
Plus cette blonde en est éloignée, plus la modestie du spectateur est en souffrance, tandis que le peintre l'aurait complètement respectée en donnant à ses

figures un air de simplicité et de candeur. Autant la tournure de cette belle au regard passionné doit plaire à certaines personnes, autant l'artiste blesse la délicatesse et ravale son sujet jusqu'au genre licencieux, ce dont il n'avait certes pas besoin pour réussir. Du reste, cette figure est remplie d'expression : on croit voir son sein palpitant se soulever; sa respiration paraît gênée; il semble qu'elle veuille exhaler ses desirs assoupis jusqu'à ce moment dans son cœur, tandis que la pudeur en arrête l'expression dans sa bouche entr'ouverte. Ce n'est pas une rougeur légère qui couvre ses joues : on dirait qu'elles sont embrasées et qu'elles frémissent. Certainement une si haute perfection demande grâce en faveur de l'artiste.

« On ne peut juger avec autant de précision l'expression du bel Hylas. La chevelure est brune et bouclée, le coloris légèrement foncé, et, quoiqu'il paraisse assez vigoureux pour être le favori d'Hercule, son menton n'est pas ombragé de ce léger duvet qu'Homère regarde comme le complément de la beauté d'un jeune homme. On desirerait trouver sur sa figure une expression plus marquée d'épouvante pudibonde et de surprise; peut-être ses sourcils froncés annoncent-ils la colère, ou bien la frayeur de l'élément vers lequel on l'attire. Du moins y a-t-il encore ici dans le mythe un point où la personnification poétique du sujet heurte le sujet lui-même. — L'artiste aura peu de rivaux à craindre sous le rapport de la carnation : la chaleur et la vie se font sentir partout. Les trois nymphes, distinguées l'une de l'autre avec une finesse exquise, offrent les traits frappans d'autant de natures différentes. Les formes et la couleur sont en accord parfait dans la nymphe à chevelure noire; la peau de la blonde dorée est d'un éclat lumineux et éblouissant : on compterait les veines transparentes des bras et du sein agité. La troisième, au contraire, qui est d'un blond très clair, a la peau d'une finesse extraordinaire et douce comme le velours. Le fond du tableau, sans être négligé, n'offre rien de remarquable; on aurait pu trouver une localité mieux adaptée à la scène.

« On regrette de ne pas voir dans les salons de l'Académie un autre tableau à l'huile du même peintre, et que le catalogue a promis : c'est, dit-on, *Marie marchant sur des nuages.* Il a quatre pieds de haut et deux et demi de large; la partie supérieure est de forme demi circulaire.

« M. Mücke a donné une *Sainte Geneviève priant à genoux dans sa prison.* Devant elle repose *le petit douloureux ;* car c'est ainsi que la légende appelle son nourrisson. A la vue de ce tableau, le spectateur se rappelle malgré lui un dessin de Retsch pour le Faust de Gœthe, et pourtant cette douleur excessive, cette prière à mains jointes, paraissent mieux convenir à une Marguerite qu'à une sainte. L'expression de la douleur ne nous paraît pas arriver à ce degré de vérité qui saisit et qui touche : sous ce rapport même, nous préférerions l'ouvrage d'un jeune élève, M. Köhler. On ne verra pas sans intérêt, dans son tableau de *la Mort d'Adolphe de Nassau,* d'après la légende du Rhin, l'image de la douleur et du désespoir dans les traits de la femme qui tombe à la renverse en poussant un cri d'angoisse. On est moins satisfait de quelques autres parties de ce tableau, et notamment on ne conçoit pas bien le dessin en raccourci du cadavre.

« Les ouvrages si long-temps attendus de Hildebrandt viennent de paraître, et il semble que l'artiste ait voulu montrer qu'il n'y a parfois qu'une transition insensible de la peinture historique au genre. Sa *Judith au moment de tuer Holoferne,* et son *Brigand,* attestent les progrès de l'école et font honneur à l'artiste, qui a fait lui-même de grands progrès. Le premier sujet est conçu, traité et peint à la manière de Rembrandt : les figures sont de grandeur naturelle; le tableau a environ huit pieds de haut sur six de large. Il semble s'éloigner de la sévérité de l'histoire, en ce que l'artiste a donné un soin particulier à la clarté des lampes, ainsi que le permettait l'heure de l'évènement, et aussi en ce que les accessoires qu'il a traités et exécutés avec habileté occupent une grande partie de la toile. Holopherne est couché sur le carreau; sa tête repose sur les genoux de Judith; il est endormi. Judith est assise sur un lit de repos, près duquel on voit sur une table des fruits et du vin : c'est le moment où naît en elle la pensée du meurtre et de la vengeance. Elle plonge une de ses mains dans l'épaisse chevelure qui ombrage le front de la victime, et avec laquelle elle se jouait il n'y a qu'un instant; de l'autre elle soulève l'instrument de mort, et la vive lumière qui frappe le cou d'Holopherne, disposé et tendu comme pour recevoir le trépas, en porte poétiquement à l'esprit du spectateur l'horrible certitude. Toutes les ressources du clair-obscur sont déployées dans ce tableau; le peintre a eu la précaution de placer hors du cadre son foyer de lumière; mais on est frappé, au premier coup-d'œil, de la vérité magique de la clarté des lampes et du calme nocturne qui assure également le secret des plaisirs et du meurtre. Holopherne, d'ailleurs, dort d'un profond sommeil, et cette grande illusion de l'ensemble se répand sur l'action terrible qui va s'exécuter; le spectateur en est épouvanté. Il y a ici une profonde intelligence de l'art. Toutefois, l'expression de la tête de Judith ne répond pas à la perfection des autres parties; le spectateur ne se rend pas bien compte des affections qui l'agitent. Une Judith pourrait être plus belle, et même plus voluptueuse et plus attrayante; l'artiste aurait dû reproduire dans cette figure les caractères de la nature orientale; ils auraient servi même à expliquer l'action. Tous les riches accessoires, étoffes, fruits, métaux, etc., sont traités avec autant d'habileté que de soin; mais si, dans l'exécution de ces détails, le peintre a fait plus que n'exige le genre historique, il n'en a peut-être que mieux réussi, dans cette circonstance, à rendre l'action principale et l'unité d'intention poétique plus vives et plus satisfaisantes. C'est de la grande vérité de ces accessoires que résultent les impressions de terreur, qui font de ce tableau un véritable tableau d'histoire.

« Dans son second tableau, le peintre a su idéaliser un sujet de genre. Un brigand, retranché entre de vieilles murailles, les jambes croisées l'une sur l'autre, appuyant sa carabine sur la terre, est aux aguets. Son caractère farouche, la bassesse de ses manières, ne se retrouvent pas dans son regard; mais on reconnaît en lui un homme paisible jusqu'à un certain point, peut-être même presque un bon homme, qui a fait seulement un léger divorce avec sa conscience. L'attention avec laquelle il écoute est incomparable; la lumière du jour est représentée de main de maître; enfin, l'invention du lieu est des plus heureuses, la facilité du pinceau le dispute à celle qui charme dans le tableau précédent. Un petit ouvrage du même maître, et qui a figuré dès le commencement de l'exposition, représente *un jeune homme et une jeune fille voguant dans une nacelle. La* jeune fille se penche vers le courant pour cueillir une fleur; son compagnon la retient en grondant : c'est une pièce de cabinet charmante. Rien de vrai comme la candeur de la jeune fille, rien de mieux imaginé que la solitude du lieu au coucher du soleil. Ce n'est pas sans intention que la réprimande semble devoir amener un tendre rapprochement.

« Le tableau de M. Adolphe Schrötter, représentant des *pêcheurs dans l'île de Rügen,* prend ici sa place, sans trop d'infériorité. Ce peintre spirituel était encore, il y a un an et demi, graveur dans l'atelier de M. le professeur Buchhorn à Berlin; mais, après avoir acquis une certaine habileté dans cet art, cédant au désir invincible de s'adonner lui-même à la composition, il se rendit à Dusseldorf, et se mit au nombre des élèves de Schadow. On croirait, d'après le tableau dont il s'agit, et qui est son premier ouvrage, qu'il a voulu faire un plein et entier usage de la couleur dont il avait été sevré jusque-là, et s'en rassasier. Il a su rendre avec de merveilleux effets le lever du soleil. Le flambeau du jour est encore derrière les flots rembrunis de la mer; de légers nuages, mollement étendus aux bornes de l'horizon, indiquent le calme de la nuit. Sur le rivage, déjà un peu éclairé, des pêcheurs semblent attendre avec impatience la brise du matin; plus bas, dans la baie, leurs compagnons sont occupés à hisser la voile de leur barque. Un vieillard, debout, dessiné dans l'ombre, comme une silhouette, vis-à-vis d'un ciel éclairé, porte ses regards d'un air pensif vers la campagne; les traits vigoureux de son visage sont peints dans le clair-obscur le plus piquant. Derrière lui est un autre vieillard, dont la tête, éclairée par le soleil, a le tort d'être trop grosse. Le même M. Schrötter a fait avec succès un autre petit tableau d'un ordre inférieur sans doute, mais qui n'en est pas moins un témoignage assuré de l'état satisfaisant de l'école, eu égard au naturel franc qui s'y fait remarquer. Un petit garçon regarde, dans une posture plus que libre, une bande de porcs qui mangent avec une dévorante avidité : on croit les entendre grogner; mais c'est porter le caprice et l'exagération un peu trop loin que de nous montrer le portrait du peintre dans les traits du petit paysan.

« Pistorius, qui est depuis longues années notre peintre de genre le plus estimé, a adopté depuis la dernière exposition une manière évidemment plus avantageuse. Renonçant à une exécution pénible et pointillée, il s'est fait une manière large et plus vigoureuse, et un coloris plus rapproché de la nature. Ci-devant il laissait voir une plus grande partie de ces premières couches sombres, qui, donnant à ses tableaux du ton et du charme, leur imprimaient en même temps une monotonie qui en altérait tant soit peu la vérité. Le *Jeu de quilles*, de cet artiste, est sans doute un des meilleurs morceaux que nous ayons en ce genre, si ce n'est pas le plus remarquable. C'est à un faible vieillard à jouer ; ce n'est qu'avec de grands efforts et en serrant ses mâchoires dégarnies qu'il parvient à enlever la boule ; un vigoureux drôle le regarde d'un air moqueur, en exhalant d'un côté de sa bouche de la fumée de tabac. On lit l'embarras et l'impatience sur la figure de celui qui va prendre la place du premier joueur ; mais le marqueur allonge en ce moment le cou, regarde d'un air d'importance les quilles dressées plus loin en dehors du tableau : on voit qu'il est attentif au cri du petit garçon qui le seconde, et que, pendant cet exercice de sa fonction, il retient dans ses doigts la prise de tabac qu'il allait respirer. Ce tableau offre encore plusieurs autres traits d'une vérité piquante.

« Il y a un autre tableau de Pistorius qui ne le cède guère au précédent. Une jeune fille vient de quitter son travail pour aller en secret lire une lettre ; sa mère s'est glissée à grands pas et sans chaussure à sa suite pour l'épier. La figure de cette mère, qui veut, à l'aide de ses lunettes, avoir sa part de la lecture, est parlante ; la lectrice est tout attention ; elle semble en être encore à chercher la ligne où est renfermé le point essentiel qui la touche le plus vivement. Un autre peintre nous aurait peut-être fait deviner, dans l'expression de sa physionomie, le contenu de la lettre ; Pistorius a saisi le trait le plus délicat.

Sonderland nous a montré cette fois une *Troupe de Bohémiens* faisant halte près d'un cabaret de village. La vieille Bohémienne dit la bonne aventure à une jeune fille en suivant les traits de sa main. Rien de ce qui caractérise l'équipage de la troupe n'a été oublié. *Les Contrebandiers,* de M. Ebers, ont obtenu des éloges, et nous ont fait connaître un talent solide : son tableau est parfaitement conçu. Voguant le long d'une vieille muraille, les contrebandiers sont sur le point d'aborder. Un robuste compagnon, debout, un pied sur le rivage et l'autre sur le bord de la barque, veut l'attacher à un arbre; un autre, dont le fusil est armé, se tient prêt à repousser toute attaque soudaine; on éveille un troisième qui est endormi. L'extérieur de cette bande annonce bien les dangers de sa profession; mais on voit en même temps qu'elle n'en est pas à son coup d'essai.

« Comme paysagiste, Schirmer marche après Lessing, dont il s'est approprié beaucoup de qualités. Il paraît principalement habile à exprimer des contrées boisées, humides et solitaires. On a vu une très grande composition de cette espèce à l'exposition de la Société des arts. Nous croyons retrouver dans un plus petit tableau le même château forestier; seulement, les objets y sont présentés dans un autre sens. Le peintre y montre dans tout son jour son entente du terrain et des arbres; ses eaux sont claires et transparentes; la cime des arbres isolés est peut-être trop abaissée. C'est une journée humide et peu agréable d'automne : le feuillage est déjà jaune; le ciel est couvert de sombres nuages, que perce un éclatant rayon de soleil. Schirmer a un autre tableau qui ne mérite pas moins d'attention; mais le feuillage n'en est pas exempt de lourdeur. *Le Château sur la montagne,* du même peintre, rappelle la couleur, le choix de température et la distribution de lumière de Lessing. Si l'on enlevait la moitié inférieure du tableau, il produirait moitié plus d'effet et doublerait de mérite; car, avec ses dimensions actuelles, il présente un horizon trop étendu; la partie centrale, figurant un lointain, est traitée comme si elle était rapprochée de l'œil; il y a en outre répétition de formes et de teintes. La pluie n'a cessé que pour un instant, et le soleil jette un vif rayon de lumière sur l'épaisseur humide de la forêt et sur les blanches murailles du château.

«Schirmer s'entend fort bien à rendre la fraîcheur, la légèreté et le développement des branches du hêtre; mais son exécution faiblit déjà, et ne s'applique pas également bien à la peinture des objets rapprochés et à celle des objets éloignés. On desirerait plus de nuances délicates dans le vert et plus d'harmonie. Le dernier tableau que vient d'envoyer ce paysagiste représente une *Forêt en plaine sur les bords d'une rivière.* La *Religieuse en prière,* du même maître, renferme plus d'intérêt. Elle s'appuie, le visage baissé, contre un monument funéraire; sur le deuxième plan on voit un bâtiment gothique qui paraît faire partie d'un couvent. La lumière pénétrant sous des arbres épais répand une religieuse tranquillité; les plantes qui occupent le plan le plus rapproché sont pleines de vigueur et d'une crue surprenante. M. Lasinsky, de Koblentz, a, comme paysagiste, des qualités plus individuelles; nous avons de lui *le Château de Pirna,* au printemps, au moment où les bourgeons des arbres commencent seulement à se développer. Certes, il n'était pas facile de mettre autant de naturel dans des branches déliées, encore dépourvues de feuillage. La réflection des objets dans l'eau mérite aussi une mention particulière.

« L'école possède quelques peintres de fleurs très habiles, parmi lesquels M. Preyer tient le premier rang. Celui-ci tend à se placer dans son genre à côté de nos peintres les plus distingués, et rien ne peut contribuer autant à sa réussite que la sagesse (habituelle, du reste, à nos concitoyens de Dusseldorf) avec laquelle il sait se concentrer dans un petit nombre d'objets. Dans une branche de l'art, dont l'imitation exacte et soignée de la nature fait tout le mérite, la multiplicité d'objets semblables n'ajoute rien à l'effet; elle ne sert tout au plus qu'à faire ressortir le peu d'importance de ces productions : c'est l'absence de toute prétention qui fixe l'attention sur elles et leur mérite des éloges.

« Il y a déjà deux ans que Hübner a quitté l'école de Schadow; mais il est juste de lui donner ici une place, puisque le tableau qu'il a exposé a été peint avant son départ pour Rome; c'est d'ailleurs le seul portrait que l'école ait fourni à la présente exposition, à l'exception de ceux du même maître, qui viennent de nous arriver. Une jeune dame, richement vêtue dans le goût du moyen âge, est assise et s'appuie sur une toilette; elle regarde un écrin, et semble penser avec émotion à celui qui lui en a fait présent. L'expression est d'une vérité frappante :

on voit, à l'exécution des accessoires, que le peintre a pris plaisir à son ouvrage ; mais on y remarque cependant plus de verve encore que de soin.

« Après avoir passé en revue les élèves en qui revit l'activité du maître, c'est à lui que nous allons revenir. W. Schadow nous a donné une *Charité* et un tableau représentant deux enfans. La femme vêtue qui figure la Charité est assise en plein air sur une pelouse inclinée, pressant dans ses bras deux enfans nus et debout à ses côtés ; un troisième, assis sur ses genoux, paraît ne pas l'occuper, et un quatrième, en arrière, se serre contre elle. C'est une espèce de rideau, attaché à un arbre, qui forme le fond ; sur le côté la vue s'étend vers une campagne riante. Le coloris est agréable et d'un heureux effet ; le dessin, surtout celui des enfans, signale la supériorité du maître ; le visage de la Charité ne respire que tendresse et amour ; les enfans sont la candeur même ; le premier plan est d'une exécution achevée.

« On retrouve la même grâce dans le groupe des Deux Enfans. Un petit garçon et une petite fille sont assis dans une campagne environnée de bois. Celui-là tient sur ses genoux un lapin, et arrache des fleurs qu'il va lui donner à manger ; celle-ci, enlaçant d'un bras son frère, pose la main sur la tête du frêle animal. Ces deux figures sont saillantes : le vernis rendra aux couleurs toute leur fermeté, surtout dans les parties ombrées. »

Cette indication rapide de deux tableaux de Schadow laisse encore beaucoup à dire. Nous avons vu, par les ouvrages de ses élèves, les fruits de son influence ; mais il nous faut maintenant analyser l'homme, ses travaux et ses principes, comme chef d'école.

Frédéric-Guillaume Schadow est né à Berlin en 1789, et a fait ses premières études dans cette même ville. Comme peintre, c'est de Weitsch, peintre de la cour, qu'il a reçu les premières instructions ; le dessin lui a été enseigné par son père. Pendant une année il a copié des tableaux anciens dans la galerie de Potsdam. Dans les années 1806 et 1807, où la Prusse fut transformée en un camp, les travaux d'artiste du jeune homme furent souvent interrompus, et il passa à

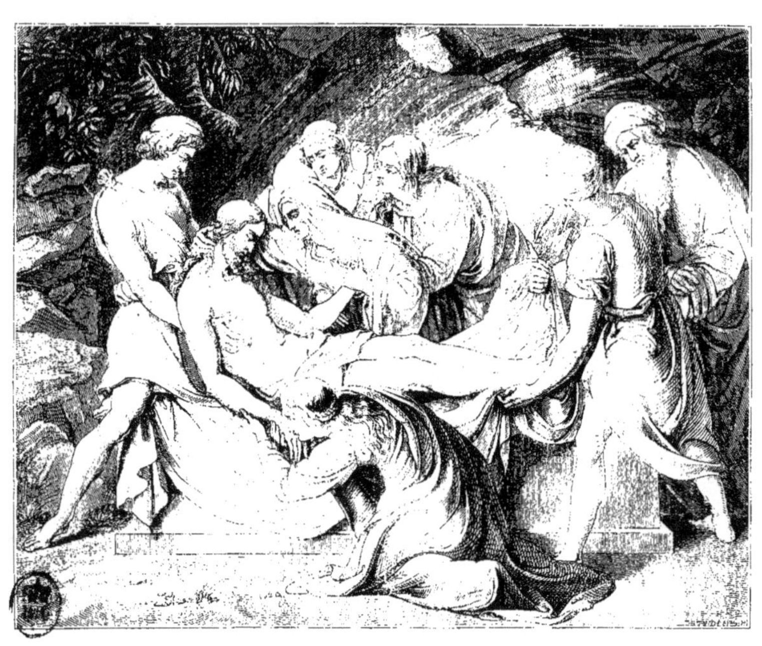

LA DÉPOSITION, DE SCHADOW.

Gravé par Thompson, à Londres.

monter la garde bien des heures qui auraient été mieux employées à l'étude de son art. En 1810 il se rendit à Rome avec son frère aîné, Rodolphe.

Tous les deux vinrent en 1819 visiter leur père malade à Rostock, après quoi ils retournèrent encore à Rome, où l'aîné mourut en 1822, après avoir acquis, comme sculpteur, une grande réputation. Ses ouvrages les plus connus et les plus estimés sont : le groupe d'Achille et de Pentésilée, dans le grand palais du roi à Berlin ; la Noueuse de sandale (*die Sandal-Binderin*), et la Fileuse. Plusieurs répétitions ont été faites de ces deux dernières statues, surtout de la Fileuse, et elles ont excité l'admiration du public de Rome, ainsi que des étrangers.

Guillaume Schadow épousa en 1823 une Courlandaise, mademoiselle de Groschke, fille du médecin du dernier duc de Courlande. C'est à dater de ce mariage que son sort a été fixé : sa femme lui a apporté de la fortune ; deux enfans, heureusement doués par la nature, embellissent son existence, et lui promettent de douces jouissances pour un âge plus avancé ; tous deux sont ce qu'ils doivent être : le garçon hardi, pétulant, la fille gracieuse et réservée. J'ai passé bien des heures au milieu de cette famille : ce souvenir me retrace l'agréable image du bonheur domestique, des sentimens légitimes, de la pureté des mœurs, de l'ordre, du bien-être. Madame Schadow, par son éducation et par ses manières, appartient aux premiers rangs de la société. Je ne connais à Schadow d'exaltation que pour son Dieu et pour sa foi ; mais il aime avec chaleur tout ce qu'il doit aimer : il veut le bien et il le fait.

Schadow est directeur de l'Académie dans toute l'acception de ce mot ; il en est l'âme ; ses soins s'étendent sur les plus petits détails comme sur les choses les plus importantes ; il surveille et il embrasse tout : sans lui, ses écoliers les plus remplis de talent ne seraient peut-être jamais devenus ce qu'ils sont. Schadow est un de ces artistes qui, doués d'un sentiment profond et d'un amour véritable pour les arts, éprouvent beaucoup de peine à reproduire d'une manière qui les satisfasse eux-mêmes, les pensées nobles et grandes que leur âme conçoit avec clarté. Quoique son goût le porte surtout vers le genre religieux, il ne s'exerce pas dans les autres avec moins de bonheur ; il n'a toujours qu'un but en vue, et c'est la plus grande perfection possible de l'ouvrage, quels qu'en soient le sujet et le caractère. Cette manière de voir large donne à l'école une unité précieuse et une remarquable aptitude à tous les travaux; rien de trivial, rien de platement mauvais ne peut en sortir : le respect pour l'art et l'amour de la concorde sont pour cette école les garans d'une gloire bien acquise.

Par cette direction paternelle, Schadow a gagné la confiance de tous les jeunes artistes; aussi l'on peut être sûr que, ne fût-ce que par affection pour leur maître, tous feront toujours de leur mieux. L'estime et la considération avec laquelle il traite les plus anciens, le soin qu'il prend de faire connaître et de faire valoir leurs ouvrages, excite les plus jeunes à imiter leurs aînés; les efforts de tous, le commerce intime qui s'établit entre tant de talens distingués et si variés, ne peuvent que produire de grands et de beaux résultats.

L'aspect que cette association d'artistes présente rappelle celui qu'offrait au xvᵉ siècle Pierre Fischer, qu'entouraient ses cinq fils, tous distingués dans leur art. Leurs efforts à tous avaient produit, après treize ans de travail, ce magnifique tombeau de saint Sebald, dont Nuremberg est fière à si juste titre. C'est un bien beau monument aussi que Schadow et ses élèves sont maintenant occupés à fonder, car on peut ainsi appeler l'Académie de Dusseldorf : elle est née de l'heureuse association de tant de talens distingués sous un chef qui est le père de ses élèves, et elle grandit tous les jours par leurs soins réunis.

Il existe à Berlin, chez M. Bendemann, banquier, un tableau que j'aurais bien desiré faire connaître à mes lecteurs par une gravure sur bois; mais tout ce que j'ai pu faire pour en obtenir l'autorisation a été sans succès. Cependant cette gravure serait d'un grand intérêt, comme retraçant le premier indice de cette alliance entre plusieurs jeunes talens, qui s'est formée sous les auspices de Schadow, et qui constitue en quelque sorte le noyau de l'Académie de Dusseldorf : c'est un document historique des plus précieux. Ne pouvant donner la gravure, je me borne à signaler l'existence du tableau, afin que tous ceux qui s'intéressent à la renaissance de l'art en Allemagne, et qui viendront visiter Berlin, ne négligent pas de le voir, s'ils peuvent en obtenir la permission.

M. Bendemann père y est représenté entouré de sa famille, et ayant notamment auprès de lui son fils Édouard et Hübner, son gendre. On y reconnaît aussi Sohn et Hildebrandt, qui ne font pas partie de la famille Bendemann, mais que des liens non moins forts attachent à Édouard Bendemann et à Hübner : ceux de l'amitié et de l'amour des arts. Schadow, dont le portrait se voit dans un coin du tableau, semble assister à cette réunion comme un génie tutélaire. Chacun de ces artistes a travaillé à cette peinture, et cependant on serait tenté de croire qu'elle est l'ouvrage d'un seul, tant elle présente d'ensemble et d'harmonie. Les portraits de Schadow, de Hildebrandt et d'Édouard Bendemann sont de Sohn; celui de Hübner est de Schadow; madame Hübner et son enfant sont peints par Hübner; les têtes de madame Bendemann et de Sohn sont exécutées par Hildebrandt.

Les ouvrages de Schadow se trouvent pour la plupart cités dans le premier chapitre; je n'examinerai ici que ceux qui me semblent caractériser le mieux son talent. Parmi ses compositions, la plus heureuse, à mon sens, est celle qui représente la Parabole des dix vierges, dont cinq sages et cinq folles. Ce n'est qu'un dessin, et même il n'est pas parfaitement arrêté; mais je trouve que, de tous les ouvrages de Schadow, c'est celui qui, exécuté dans de grandes dimensions, lui assurerait le plus de gloire; l'ordonnance en est parfaite : nulle figure ne fait disparate; la douceur n'y est point fade; la sagesse n'est pas ennuyeuse; la folie même est retenue dans les bornes du goût. Schadow se propose de faire un tableau d'après ce dessin, dont je donne la gravure.

Sa *Charité* réunit à un bien haut degré tous les mérites qui constituent l'ouvrage d'un grand artiste. Ce tableau étant devenu, par le tirage au sort, la propriété d'un homme qui n'était pas très éminemment doué du sentiment des arts, Schadow a préféré le racheter, et on peut maintenant le voir chez lui. La figure de la Charité a été inspirée par des émotions généreuses et aimables; il y a simplicité et noblesse dans la pose; la physionomie exprime l'amour le plus pur et ce doux sentiment de quiétude et de bonheur qui accompagne la bienfaisance. Les enfans ont dans leurs mouvemens beaucoup de grâce; les chairs sont peintes avec un talent auquel bien peu d'artistes de notre époque sauraient atteindre.

Il m'a semblé que Schadow et le public n'attachaient pas la même importance à ce tableau; mais, dans les jugemens que je porte, ce sont mes propres impressions que j'exprime. Je n'ai donc pu me défendre de parler avec beaucoup d'éloge d'une œuvre qui me paraît d'un puissant intérêt.

Le portrait des enfans de Schadow doit être compté aussi parmi ses plus heureuses productions. Il en a fait beaucoup d'autres de ce genre avant de quitter Berlin, notamment celui des enfans de M. Schöning, maréchal de la cour; mais, de tous ceux que j'ai vus, il n'y en a pas un, à mon sens, qui soit aussi beau que le premier que je viens d'indiquer.

Son dernier grand tableau, *le Christ sur la montagne des Oliviers*, est étudié avec un soin extrême dans toutes ses parties; il porte le cachet de l'application, de la réflexion, d'une pensée grave, et surtout du sentiment religieux dont l'âme de cet artiste est si pleine. La gravure en bois que je place ici donnera au lecteur une idée du caractère qui distingue les compositions de Schadow; elle représente le Christ à Emmaüs.

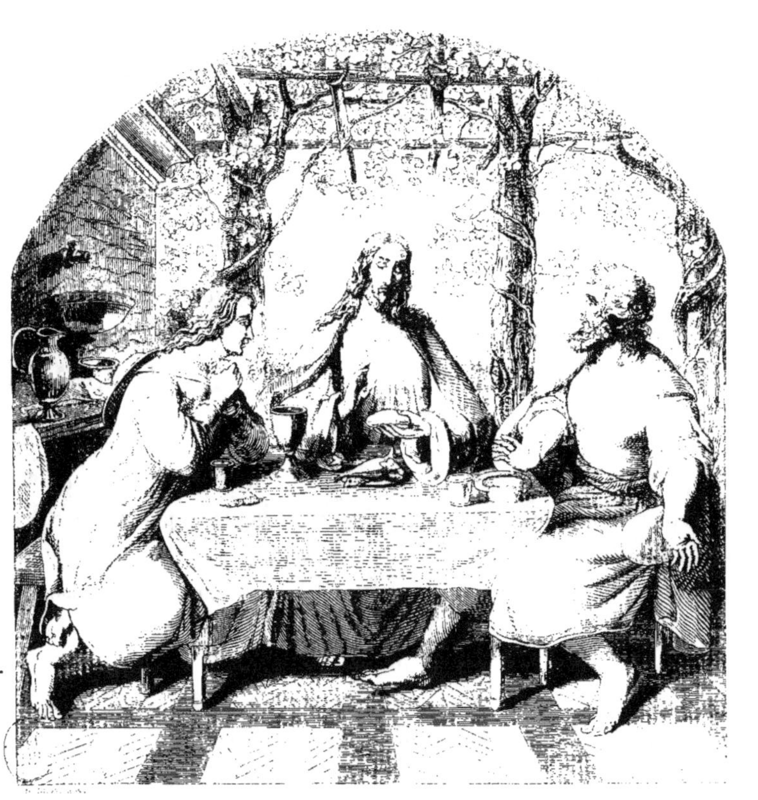

LE CHRIST A EMMAÜS.
Gravé par Slader, à Londres.

Les principes de Schadow, comme artiste et comme directeur de l'Académie, sont consignés dans les deux morceaux dont la traduction se trouve à la fin de ce volume : *Pensées sur l'éducation d'un peintre*, et *du Véritable esprit de critique en matière de beaux-arts*. On peut aussi considérer l'Historique de la peinture, que je donne au commencement de mon ouvrage, comme contenant sur les arts des vues absolument conformes à celles de Schadow : je lui en ai fait lecture, et il en a approuvé la tendance et les principes.

L'Académie est située sur les bords du Rhin : c'est un grand bâtiment carré, ayant une cour au milieu. J'en donne une vue à la fin de ce chapitre. Le rez-de-chaussée est consacré à la bibliothèque, aux salles d'études et à quelques logemens. Au premier étage un grand nombre de pièces vastes et élevées se succèdent, et forment les différens ateliers.

Vous voyez dans une de ces pièces Hübner réuni à son beau-frère Bendemann ; plus loin, Stilke avec Deger, Sohn avec Lessing et Schrötter, Kœler avec Sonderland, Rethel avec Reinecke, Hildebrandt avec d'Oer.

C'est au premier que se trouve aussi la galerie qui contenait autrefois des tableaux si célèbres.

Au-dessus, Schirmer occupe deux pièces avec Achenbach et ses autres élèves. Schadow a établi son atelier dans une pièce du premier qui se présente d'abord quand on monte par le grand escalier. Dans les pièces les plus rapprochées de l'atelier de Schadow sont installés Deger et Kœler, auxquels l'attachent les liens les plus tendres : le premier, comme nous le verrons plus tard, a eu l'occasion, si précieuse pour un ami, de fortifier et de consoler l'âme abattue du maître ; le second lui doit sa carrière d'artiste.

Tous ces artistes se consultent mutuellement et s'entr'aident ; jamais un conseil n'est demandé sans qu'il soit aussitôt accordé avec loyauté, bienveillance et discernement. La confiance la plus entière règne parmi ces jeunes gens, et c'est avec une égale bonhomie que Schadow donne des conseils à quiconque lui en demande, et en reçoit de tous ceux qu'il juge dignes d'être consultés. Il m'a paru que c'est de Hübner que Schadow prend conseil le plus souvent ; en effet, on ne saurait refuser à cet artiste une grande maturité de jugement et une grande puissance de réflexion.

Quand le soir les travaux ont cessé, que le bâtiment de l'Académie est devenu désert et silencieux, les artistes se cherchent encore et se rassemblent. Je me suis trouvé avec eux dans un des lieux qui leur servent le plus souvent de point de réunion, dans ce *Stockamchem* qu'aucun d'eux ne nomme jamais sans sourire.

C'est là que je les voyais vivre de cette vie d'artistes, qui, pour eux et pour l'Allemagne, est si riche en beaux résultats. Leurs femmes, leurs amis, souvent aussi le maître, viennent se joindre à eux. Les entretiens familiers, des discussions sans aigreur et sans envie, une promenade sous le berceau ou entre des couches de légumes, une pipe, un verre de bière, du lait caillé, le jeu de quilles, la course, suffisent à leurs goûts simples : la mode et le luxe n'ont pas encore fixé le prix de leurs tableaux. Les plus riches d'entre eux sont ceux à qui leur travail, au bout de l'année, a produit de trois à cinq mille francs : c'est assez pour vivre; ce n'est pas assez pour que la spéculation de l'art l'emporte sur l'art même, et pour que le plaisir de gagner de l'argent soit préféré au plaisir de bien faire. Combien une telle existence diffère de celle des peintres d'Italie au temps des Médicis, « lorsqu'on voyait Titien travailler le couteau au côté; Giorgione s'ar-« mer d'une cuirasse pour peindre dans un lieu public; Baroccio mourir em-« poisonné; le Dominiquin forcé de quitter Naples par suite des menaces de « l'Espagnolet et du Grec Bélisaire Lorenzo, alors véritable despote des arts, et « qu'on se rappelle la fin tragique de tant d'autres peintres, les haines et les « passions de tant d'artistes! » *

Dans beaucoup des plus beaux tableaux sortis de l'école de Dusseldorf il existe des parties plus ou moins importantes, qui sont l'ouvrage du pinceau d'un ami. Ainsi, notamment, la barbe de Jérémie est, je crois, l'ouvrage de Hübner, et dans beaucoup de tableaux historiques le paysage est de Lessing, de Schirmer, de Scheuren ou d'Achenbach. Les auteurs de ces tableaux sont rarement dans le cas de recourir à leurs amis par défiance d'eux-mêmes; le plus souvent c'est une fantaisie soudaine, une idée qui leur vient, et que font naître la confiance, l'intimité, la bonne humeur. Ainsi, dans les Pélerins, de Stilke, une partie du costume de la femme est de Deger, et Lessing a pris la peine de

---

* *Voyage en Italie*, par Valery.

poser pendant une journée entière pour la tête du chevalier. Dans la Mort de
Roland, le paysage tout entier est, si je ne me trompe, de Scheuren; dans plusieurs paysages, et nommément dans le Durchbruch d'Altenahr, de Schirmer,
et dans la vue d'Oberstein, de Lasinsky, les bestiaux sont de Simler, qui habite
Dusseldorf, mais ne fait pas partie de l'Académie. L'envie et la petitesse auraient
beau se saisir de ce fait pour en tirer des inductions malveillantes, personne n'y
verra l'insuffisance du talent, mais bien un indice de concorde, de modestie, de
bienveillance mutuelle. Le talent que ces qualités accompagnent a des ressources
qui doublent sa valeur : un artiste ne s'isole jamais impunément; l'orgueil et la
jalousie sont ennemis du progrès.

Ce qu'il y a de sûr, c'est que Lessing a exercé, comme nous le verrons plus
tard, une influence égale et sur les travaux des paysagistes de Dusseldorf, et
sur les productions historiques de cette école. Le Couple royal, le premier ouvrage important de ce jeune artiste, a été certainement pour beaucoup de
peintres une source féconde d'inspirations. Le caractère de tristesse dont en général ses ouvrages sont empreints, le deuil surtout qui règne dans son Couple
royal, et même les poses, l'ordonnance, le style des draperies, l'expression des
figures de ce tableau, se font apercevoir souvent dans les compositions historiques des artistes de Dusseldorf; mais quel est le pays, quelle est l'époque,
quelle est l'école où la supériorité morale, où le génie créateur n'aient point
exercé leur empire?

Ce qu'il y a d'admirable dans cette Académie, c'est qu'aucune des qualités
qui distinguent chacun des artistes n'est perdue pour les autres. Dusseldorf reconnaît dans Schadow son génie tutélaire; Lessing est le principe des inspirations mystérieuses et mélancoliques; Bendemann, le poète de l'Ancien-Testament, plein de vigueur, de jeunesse et d'enthousiasme, s'est placé à une grande
hauteur, et s'est constitué le gardien du style; Stilke a déployé l'oriflamme; la
palette de Hildebrandt fournit les couleurs les plus pures et les plus vraies, et il
donne toujours l'exemple du charme attaché à l'ingénuité et au naturel; enfin,
tandis que Hübner, critique judicieux, exerce le pouvoir modérateur qui se

fonde sur le goût et la réflexion, Sohn montre tout ce que le prestige du coloris et la grâce offrent d'avantages et de ressources.

Si l'on considère cette Académie dans son ensemble, on trouvera d'abord que, plus qu'aucune autre association d'artistes, elle présente le caractère d'une véritable école de peinture, et par école de peinture je n'entends pas seulement, comme dit Sulzer, une suite de peintres qui ont appris leur art d'après les principes et les règles d'un seul maître, et qui sont ses élèves immédiats ou les élèves de ses élèves *; mais encore j'adopte volontiers la définition attribuée aux amateurs. Je dirai donc avec ces amateurs que des peintres, vivant dans un même pays à une même époque, et ayant commencé leur carrière sous le même maître, ne constituent pas une école tant que certains faits caractéristiques n'ont pas pour double effet de signaler entre eux des analogies, et de les distinguer des réunions d'artistes formées dans d'autres lieux ou dans d'autres temps. La première définition n'a qu'un sens historique, et me paraît incomplète; la seconde comprend et embrasse l'art dans sa véritable essence.

Qu'il me soit permis encore de résumer en peu de mots les qualités distinctives de l'école de Dusseldorf considérée dans son ensemble, et d'en terminer ainsi le tableau : La sagesse, la modération du maître, son influence sur tous ses élèves, l'action que les élèves exercent les uns sur les autres, surtout l'ascendant de Lessing, ont produit un accord de principes, une homogénéité qui font distinguer à la première vue les ouvrages de Dusseldorf. Le coloris de cette école a un caractère particulier, plus harmonieux qu'éclatant, le plus souvent *sfumato*. On y découvre plus généralement et plus souvent la pureté et la profondeur du sentiment que la force et la grandeur; lorsque ces peintres se montrent forts et grands, ils le sont sans boursouflure et sans exagération républicaine ou théâtrale; ils se tiennent plus près de la nature que de l'antique : ils sont vrais, consciencieux, appliqués, jamais extravagans ou présomptueux; la sensibilité,

---

* Je rapporte cette opinion de Sulzer sur la foi de Detmold, dans sa Anleitung zur Kriegskennerschaft, Hanovre, 1834.

la rêverie, la mélancolie, les impressions profondes, font partout apercevoir les traces de leur influence : ce sont des *poètes* qu'inspirent des sentimens purs, et qui restent modestes au milieu de leurs succès.

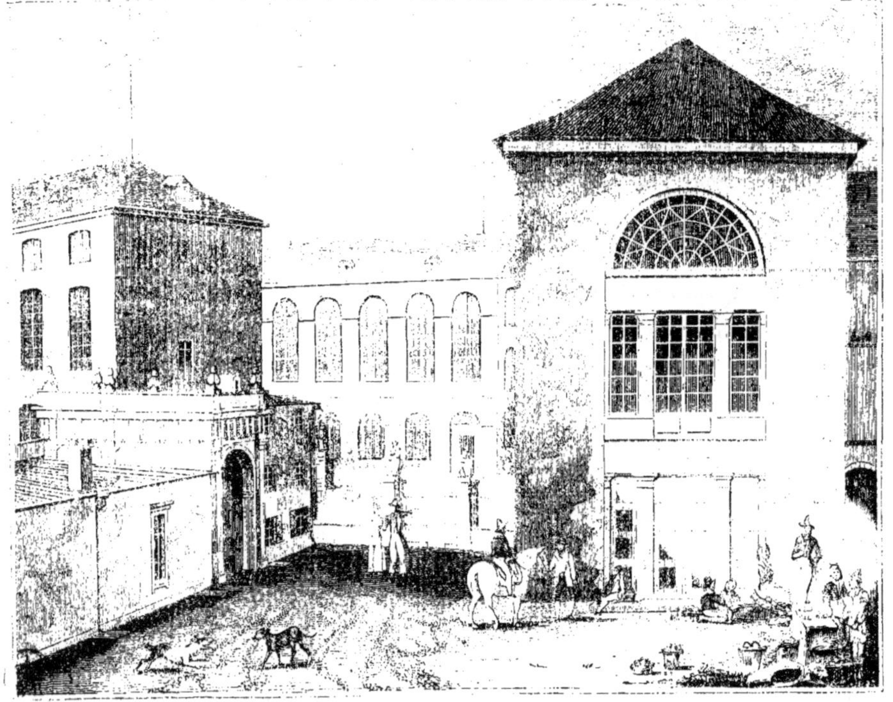

VUE DU BATIMENT DE L'ACADÉMIE.

Gravé à Londres.

CHAPITRE IV.

DUSSELDORF. — PEINTRES D'HISTOIRE.

C. F. LESSING DE WARTENBERG EN SILÉSIE, NÉ EN 1808.

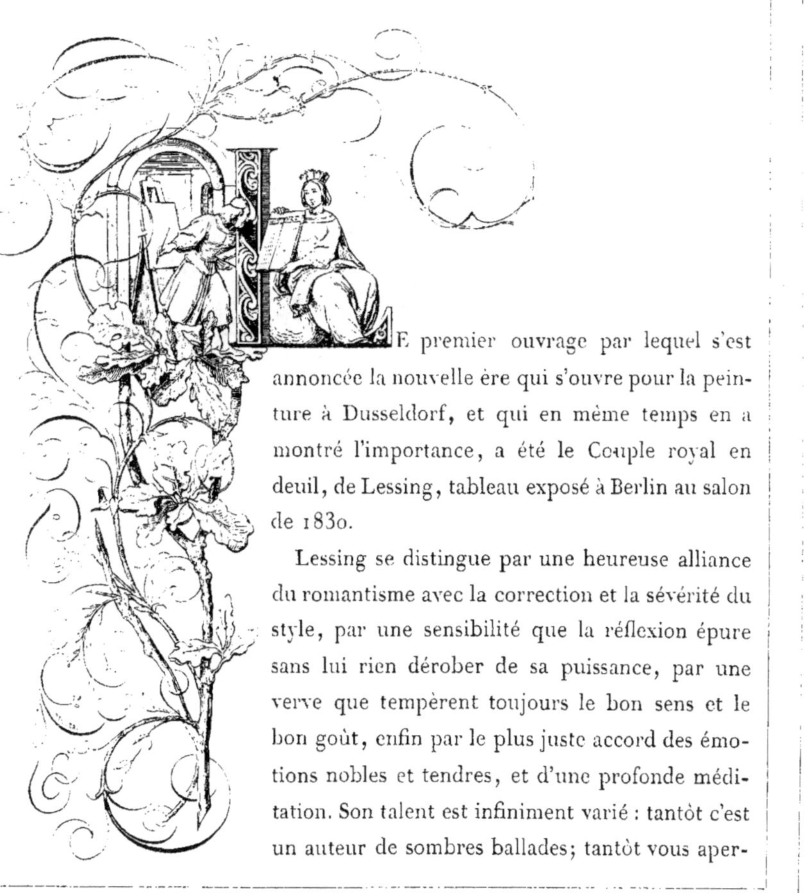

LE premier ouvrage par lequel s'est annoncée la nouvelle ère qui s'ouvre pour la peinture à Dusseldorf, et qui en même temps en a montré l'importance, a été le Couple royal en deuil, de Lessing, tableau exposé à Berlin au salon de 1830.

Lessing se distingue par une heureuse alliance du romantisme avec la correction et la sévérité du style, par une sensibilité que la réflexion épure sans lui rien dérober de sa puissance, par une verve que tempèrent toujours le bon sens et le bon goût, enfin par le plus juste accord des émotions nobles et tendres, et d'une profonde méditation. Son talent est infiniment varié : tantôt c'est un auteur de sombres ballades; tantôt vous apercevez des inspirations qui vous rappellent les *Stanze* de Raphaël; dans d'autres sujets vous lui trouvez de l'analogie avec Robert. Il s'est essayé avec succès dans la peinture à fresque, à la maison de campagne du comte Spée; il a composé des paysages de diverses grandeurs, et avec une perfection qu'aucun de ses contemporains n'a surpassée. Son Brigand dans un paysage est un tableau de genre charmant.

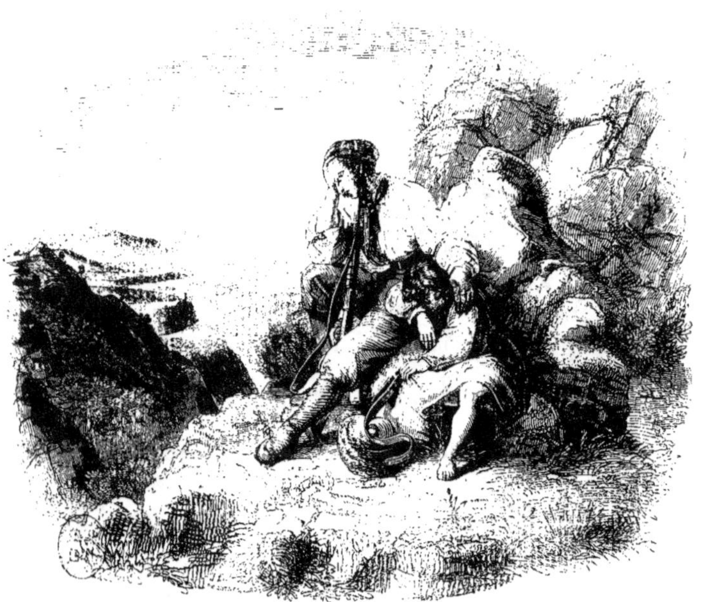

LE BRIGAND DE LESSING.
Gravé par Wright et Folkard, à Londres.

Dans son Couple royal, enfin, il s'est élevé, par la pureté du style et par la sévérité des poses et du dessin, à une grande hauteur. Ce tableau présente une particularité historiquement intéressante : c'est Schadow qui a servi de modèle pour la tête du roi. J'ai vu chez le graveur Lüdritz, à Berlin, l'étude au crayon pour laquelle Schadow a posé : combien un jour ce dessin aura de prix !

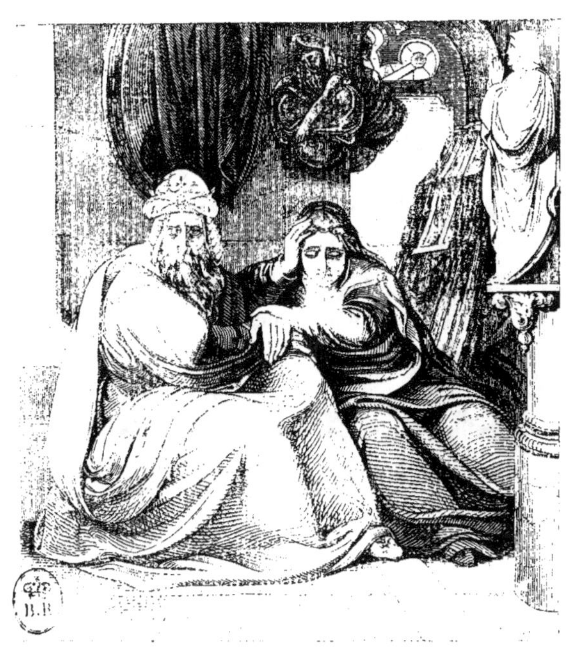

COUPLE ROYAL DE LESSING.
Gravé par Andrew, Best et Leloir, à Paris.

Quiconque passerait par Dusseldorf sans voir les dessins de Lessing, aurait manqué l'occasion de connaître d'une manière approfondie cet admirable talent, l'un de ceux qui honorent le plus la nouvelle école. Les dessins de cet artiste donnent une plus juste idée de son mérite que ne pourrait le faire le petit nombre de tableaux à l'huile qu'il a peints jusqu'à présent; ces tableaux se trouvent d'ailleurs dispersés. Parmi les productions du crayon de Lessing, je placerai en première ligne : Hus se défendant devant ses juges, le Sectaire fanatique

prêchant dans un bois, la Mort de Frédéric II Hohenstaufen *, deux dessins représentant Walter et Hildegunde, sujet tiré d'un ancien poëme allemand. Hus et
Frédéric II caractérisent surtout son talent, et indiquent la direction qu'il
devrait suivre pour acquérir, peut-être sans rival, une gloire immense. La
sphère la plus appropriée à son génie et à ses dispositions intimes me paraît
tracée par ces deux dessins et par le tableau du Couple royal en deuil. Je
m'arrêterai à Hus, comme présentant la plus vaste et la plus importante composition ; d'ailleurs, le jugement que le feuilleton de la *Gazette d'État* a porté
sur le Couple royal, et que j'ai cité plus haut, me dispense de revenir sur
ce sujet.

Hus, placé au milieu d'une salle, défend sa cause devant des cardinaux et des
évêques réunis; il paraît vouloir plutôt obtenir sa grâce par la ruse, que l'ar-
racher à la conviction. Sa physionomie n'est pas de celles qui, par une contrac-
tion conventionnelle, expriment une des émotions que le Dictionnaire rend en
un seul mot : c'est une lutte indéfinissable des passions; c'est l'âme malade, fa-
tiguée; c'est le fanatisme et le doute; c'est la crainte et l'obstination. Cette figure
produit sur nous l'effet que chacun dans la vie aura éprouvé à la vue d'un ancien coryphée de la Terreur : vous êtes incertain si vous devez plaindre ou condamner; car c'est le tumulte des passions qui donne à cette figure un aspect sinistre; mais ce qui vous frappe et se présente clairement à vos yeux, c'est que,
sous des traits contractés et flétris, l'orage exerce ses ravages : ce sont de grandes
aspérités que cache une écorce unie. Le concile produit une autre impression :
les juges sont à l'aise; l'équité paraît peu les occuper; mais ils sont attentifs; ils
écoutent bien; on devine que, libres d'appréhension et de remords, ils porteront

---

* Cette composition n'existe encore qu'en dessin, mais le tableau est commandé et Lessing
a pris l'engagement de l'exécuter dans de grandes dimensions. La gravure que je joins ici a été
faite par Keller, déjà connu avantageusement pour ses travaux d'après les fresques de Bonn;
il s'occupe maintenant du Roland de Hübner. Les artistes de Dusseldorf aiment le talent de Keller et estiment surtout la manière fidèle et consciencieuse avec laquelle son burin reproduit
les expressions des figures. C'est le banquier Frenkel qui possède le dessin de Frédéric II et
celui de Hus devant ses juges.

un jugement de sang; le sophisme ne les indigne pas; ils en voient le côté faible ou plaisant : le sarcasme est la logique de ces hommes qui défendent leur pouvoir et sont sûrs de vaincre. Cet ouvrage ne saurait se comprendre, si la conviction de l'artiste était favorable à l'Église romaine, et il aurait dit, selon moi, autre chose que ce qu'il aurait voulu dire, s'il était entré dans sa pensée de considérer les doctrines de Hus comme le premier pas vers une réforme salutaire. Lessing ne montre ici nul esprit de parti; son dessin ne révèle ni l'influence du zèle religieux ni celle des passions : j'ai cru y lire le fanatisme factieux brisé et l'impitoyable iniquité d'un tribunal tout-puissant.

Telle est l'impression produite sur moi par ce dessin; mais tel n'a peut-être pas été tout-à-fait le sentiment de Lessing, et l'on cite un mot de lui qui ferait croire qu'il accorde de grandes vertus à Hus; il aurait dit : « Ce sont des chrétiens qui m'empêchent de peindre un saint. » Pour faire comprendre le sens de ces paroles, il faut dire que Lessing a eu à se défendre contre des objections que les intentions exprimées dans ce dessin ont fait naître. On a cru y voir une attaque contre le tribunal et contre la religion catholique. En effet, dans cette composition le tribunal paraît être, selon l'intention de l'auteur, la vivante expression du catholicisme; c'est pour ne pas blesser ce sentiment que Lessing a abandonné le projet de faire de ce sujet un grand tableau.

Le repos qui règne dans les poses contraste avec l'action de l'esprit et les vives impressions qui se peignent sur les figures; toutes les physionomies sont senties avec finesse et profondeur. Les ouvrages de Lessing n'annoncent pas la fastueuse prétention d'imposer par force des jugemens et des émotions; mais ils les font naître, ils font qu'on y est entraîné et qu'on s'y livre avec passion. Il ne grave pas, si je puis m'exprimer ainsi, des points d'exclamation sur les fronts, dans des bouches ouvertes et dans des yeux étincelans; chez lui, les impressions ont un autre langage que celui des manifestations académiques, et l'effet en est plus sûr. Vous ne vous rendez pas compte du tumulte qu'il a excité en vous; cependant vous ne pouvez vous défendre de chérir l'auteur, d'admirer ses ouvrages. La composition qui nous occupe en ce moment indique dans Lessing un peintre d'histoire dans la plus stricte acception de ce mot; elle peut être considérée comme le type du genre et du style historiques dans toute leur grandeur et dans toute leur pureté; elle saisit, pour ainsi dire, vos regards et votre attention, et plus vous vous identifiez avec le sujet, plus vous y découvrez de beautés. Le sentiment religieux n'est pas en général ce qui frappe le plus dans les ouvrages de Lessing, et, à cet égard, le jugement de Hus ne fait point exception, et pourtant ses émotions paraissent si profondes, si énergiques, si intimes!...... Qui peut dire d'où le génie tire sa source? quelles en sont les conditions? jusqu'où peut aller sa puissance?

Après avoir vu les productions de cet artiste, il est impossible de ne pas s'intéresser à l'homme; j'aurais voulu lire dans son âme; mais j'y ai trouvé du mystère et des énigmes, comme dans ses ouvrages. Lessing est un grand et beau jeune homme; sa chevelure blonde, son regard voilé, son teint délicat, répandent sur sa figure un charme tout particulier; il a l'air timide, défiant, rêveur et mélancolique; la tristesse paraît empreinte sur ses traits, mais son sourire a beaucoup de douceur; il est peu communicatif, et même quelquefois taciturne. Il entend porter les jugemens les plus opposés à ses opinions sans paraître y prendre part : il reste impassible; mais ses joues se colorent; l'âme a reçu la secousse; l'impression ne sera pas passagère : Lessing n'est calme qu'à la superficie. Son attitude n'est pas fière; mais la fierté en lui ne perd pas ses droits. Tout ce que Lessing entreprend, il le fait avec ardeur, et sa vivacité ne porte pas seulement sur la peinture; elle se fait encore apercevoir au même degré dans chacune de ses actions : il en a fourni une preuve bien caractéristique pendant son année de service militaire; placé dans la cavalerie, il se sentit saisi d'un intérêt si vif pour son cheval, qu'il fut se loger tout près des casernes, pour pouvoir le visiter à chaque instant du jour et pour lui donner les soins les plus assidus.

Tout, dans la position de Lessing, semble présager bonheur et gloire : il est estimé et chéri du maître; tous les artistes de Dusseldorf l'entourent d'amour et de considération; son nom est une illustration pour le pays. Bien des gens ne voient dans les arts personne au-dessus de lui, et je me range volontiers à cette opinion. L'avenir qui s'ouvre devant lui est magnifique, et pourtant à l'horizon de cette vie on croit voir s'élever des nuages.

Lessing est né à Wartemberg, en Silésie, vers l'an 1808. Il est petit-neveu du grand poète du même nom, de l'auteur de *Nathan-le-Sage*. Ses parens vivent dans l'aisance, et son père occupe une place distinguée dans la magistrature. Un frère plus jeune que lui s'est déjà fait un nom dans la botanique.

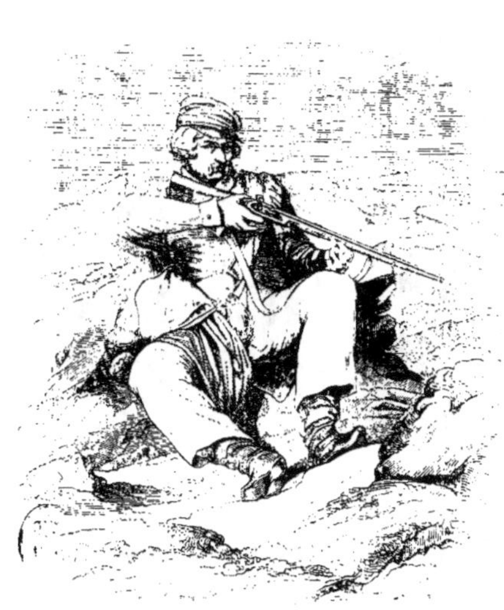

LESSING A LA CHASSE.
Gravé par Porret, à Paris.

Lessing a le goût de la chasse; seul, avec un fusil sur le dos, il parcourt souvent le matin les champs. Il n'est pas toujours disposé au travail; cependant, quand il s'y livre, il est diligent et appliqué; ce qu'il déteste le plus, c'est la gêne. On l'accable de commandes, et, s'il n'en écartait beaucoup, il en aurait plus qu'il n'en pourrait exécuter, lors même que sa carrière dépasserait celle de la vie ordinaire de l'homme. Dans ses rapports avec ses collègues, il se montre toujours bienveillant, et c'est avec une grande bonté de cœur qu'il assiste de son talent ceux qui ont recours à lui.

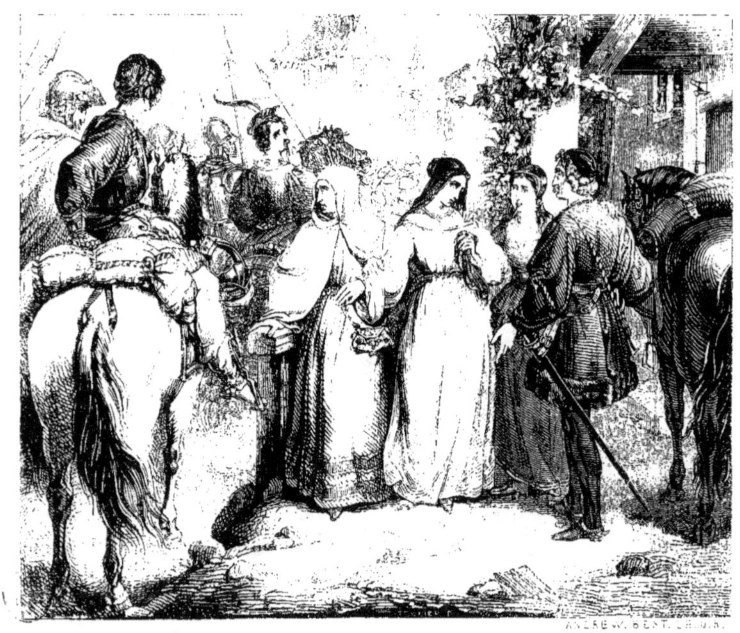

LÉONORE.

Gravé par Andrew, Best et Leloir, à Paris.

Voici l'énumération des ouvrages de Lessing dans leur ordre chronologique : A l'exposition de 1828, on a vu de lui un Cimetière en ruines. Ce tableau, dès qu'il parut, attira l'attention des artistes. Même année, un carton représentant le jeune Tobie; en 1830, le superbe tableau du Couple royal en deuil (*das trauernde Königs-Paar*). Vers cette même époque, la fresque du Château du comte Spée, représentant la bataille d'Iconium, figures un peu moins grandes que nature *. En 1832, Léonore, tiré du poème de Bürger, appartenant au prince royal de Prusse, figures un tiers de grandeur naturelle; il existe de ce dernier tableau une très belle lithographie.

. Même année, le Brigand. C'est le peintre Sohn qui possède ce charmant ouvrage; il a été lithographié. Lessing l'a répété pour le banquier Frenkel à Berlin; il est occupé à peindre maintenant, pour le prince royal, le Sectaire fanatique prèchant dans un bois : c'est une composition à grand mouvement; les passions y sont plus clairement énoncées que dans Hus; mais je ne sais si l'impression qu'elle produit est plus profonde. Le prix de ce tableau est fixé à 1,400 écus.

Dans le compte rendu de la gestion des fonds de la Société des Amis des arts de Dusseldorf, je vois les tableaux suivans de Lessing, cités parmi ceux qui ont été achetés pour le compte de cette Société : En 1829 : l'Empereur Frédéric à la bataille d'Iconium, appartenant à MM. Frings frères, négocians à Nerdingen, acheté pour le prix de 230 écus; la Cour du couvent, effet de neige, appartenant au comte Spiegel, archevèque de Cologne. Ce tableau est un de ceux qui ont produit le plus d'effet sur le public.

En 1830 un paysage d'hiver, acheté pour le prix de 150 écus; un Château sur le bord de la mer, acheté 180 écus. Lessing vient de terminer, pour le consul Wagner à Berlin, un grand et beau paysage qui cependant, à mon avis, ne caractérise pas complètement la puissance du talent de l'artiste. Les effets de lumière y sont vrais; il y a poésie, pensée profonde, et, pour ainsi dire, le reflet d'émotions inconnues et nouvelles; mais en le voyant je ne pouvais cependant m'empècher de regretter que Lessing n'eût pas employé ce temps à peindre ses dessins de Hus, et de Walter et Hildegunde; d'ailleurs, ce paysage me semble avoir un grand défaut, c'est que les objets du premier plan ne s'ac-

---

* C'est à cette fresque que je trouve de l'an. ɔgie avec les *stanze* de Raphaël, et nommément avec Héliodore ou avec la bataille de Constantin. Le jugement de Hus est pensé comme l'École d'Athènes.

cordent pas entre eux pour la grandeur, et paraissent avoir été faits d'après des échelles différentes; ainsi, par exemple, les arbres n'ont que trois fois la hauteur de l'homme à cheval, quoiqu'ils soient sur le même plan.

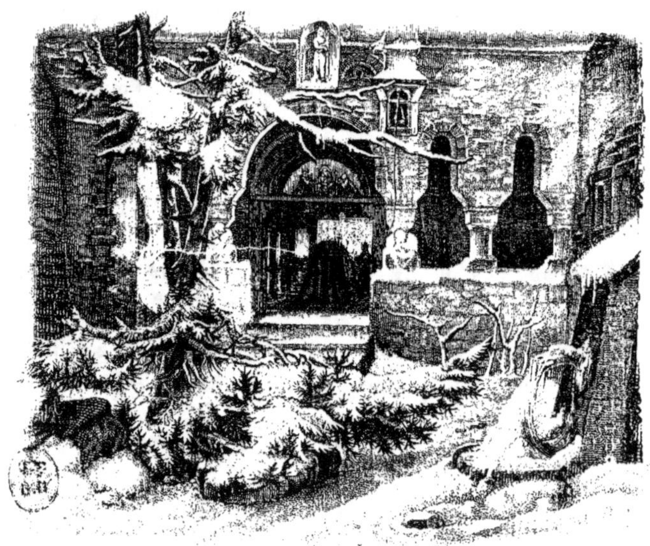

LA COUR DU COUVENT.
Gravé par Unzelmann, à Berlin.

Les paysages dessinés de Lessing sont, aussi, pleins de poésie; mais je ne souhaite pas les voir passer sur la toile; les siècles à venir auraient droit de s'en plaindre, le temps d'un tel maître ne devant être consacré qu'aux grandes choses. L'exposition de 1834 n'a pas pu affaiblir en moi cette impression; cependant je dois convenir que, quand je m'étais déjà lassé de revoir la plupart des productions du même genre, je découvrais chaque jour un charme nouveau à celles de Lessing. Il faut que ce soit la pensée secrète, la pensée mystérieuse qui en fasse le principal mérite; car on ne peut pas bien s'expliquer ce qui attire l'attention d'une manière si irrésistible. On a peine à se détacher de ce soleil couchant, et surtout de cette chapelle que couvre la neige. Que de tristesse!... Il m'est également difficile et même pénible de me détacher de l'homme; je croirai toujours n'avoir exprimé ni assez bien ni assez complètement ce que j'éprouve, et il me semble que ce que j'omets est ce qui pourrait le mieux caractériser son immense talent, le mieux faire comprendre combien noble est l'organisation morale de ce jeune artiste.

II.

ÉDOUARD BENDEMAN, NÉ A BERLIN EN 1811.

A la dernière exposition, Bendeman s'est fait connaître par ses Juifs en exil, et ce premier tableau lui a mérité tout aussitôt une grande réputation. C'est une composition d'une sagesse parfaite, d'un style grandiose et d'une expression profondément sentie. Les Juifs ont été le morceau capital de cette exposition, comme le Couple royal, de Lessing, l'avait été de l'exposition de 1830.

Bendeman vient de prendre un nouvel essor : son Jérémie est peut-être la production de l'art la plus empreinte de grandeur et de majesté que la nouvelle époque nous présente : j'en donne la gravure. On pourrait dire de ce tableau, en se servant d'une expression de Lamartine, qu'*il rend des sons justes, puissans et pleins.* Le talent de Bendeman est d'une haute portée, et s'exerce dans une sphère qui lui est propre; aussi serais-je étonné qu'il connût des rivaux et des envieux. Je lui ai entendu reprocher de vouloir ressembler à Michel-Ange; mais je ne sache pas qu'aucun homme supérieur ait jamais, de propos délibéré, entrepris de ressembler au Dante, à Byron; il y aurait une égale puérilité à vouloir reproduire les sublimes inspirations de Michel-Ange, et l'on sait que Vasari, qui en a fait l'essai, n'a nullement réussi. Ce qu'il faut dire, c'est que les dispositions naturelles de Bendeman le poussent vers des compositions grandioses, et sur ce terrain on peut bien rencontrer le Buonarotti. Quoi qu'il en soit, je doute fort qu'on puisse trouver dans les plus belles époques de l'art un peintre qui ait fait à vingt-et-un ans un tableau comme les Juifs, et à vingt-trois un tableau comme Jérémie.

Voici comment se sont succédé les ouvrages de Bendeman. La composition des Juifs en exil (son premier ouvrage important, ainsi que nous venons de le dire) a neuf pieds sur cinq; elle est inspirée par ces paroles de la Bible, tirées

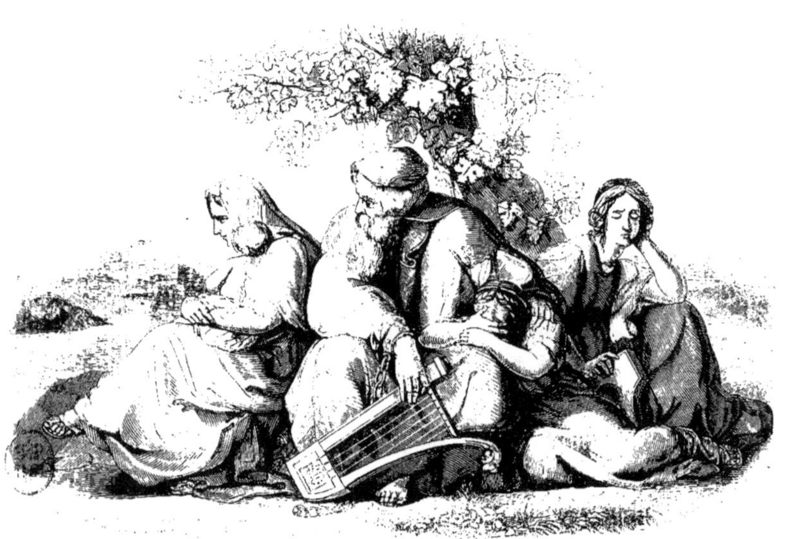

LES JUIFS EN EXIL.
Gravé par Wright et Folkard, à Londres.

du 137e psaume : « Nous étions assis auprès du fleuve, et nous versions des « larmes au souvenir de Sion. » La Société des arts pour les provinces Rhénanes a fait l'acquisition de ce tableau, et l'a destiné au Musée de Cologne. Il a été terminé en 1832 à Dusseldorf, et gravé par Ruschweyh pour les membres de la Société des arts.

Le second tableau, fait en 1833, représente Deux jeunes Filles auprès d'un puits (six pieds sur quatre); les figures expriment deux caractères opposés : la gaîté et la tristesse. Ce tableau a été acheté par la Société des arts à Dusseldorf, et il est échu en partage, par tirage au sort, à la veuve Moll, à Cologne. Felsing, de Darmstadt, en a fait une fort belle gravure.

Le tableau représentant Jérémie sur les ruines de Babylone a été commandé par le roi, et il a été donné au prince royal.

Bendeman se complaît dans les sujets tirés de l'Ancien-Testament : c'est ce qui a peut-être le plus contribué à faire dire qu'il veut ressembler au Buonarotti. La grande et puissante poésie de la Bible l'émeut fortement; les situations graves et même tragiques sont celles qui paraissent le plus en harmonie avec la nature de son talent. Cependant, comme on l'a vu par ses deux jeunes Filles auprès d'un puits, et par une quantité de beaux dessins, il n'y a chez lui ni parti pris ni préférence exclusive; ses ouvrages montrent au contraire que, dans les sujets gracieux exprimant des sentimens doux et tendres, il saura aussi obtenir de grands succès.

On a vu de lui à Berlin, à l'exposition de 1834, le portrait de madame Frankel; il est d'une grande ressemblance, mais moins satisfaisant sous le rapport du coloris. La petite esquisse qui représente une Bergère et un Berger assis sur une colline et entourés de brebis est une charmante idylle. Au milieu du tableau, sur le devant, le petit agneau à tête ronde, à physionomie si jeune et si bien moutone, attire et repose le regard. Ce seul petit agneau me ferait trouver le tableau délicieux.

Bendeman est le fils d'un banquier de Berlin, qui jouit d'une très grande aisance. Son éducation a été soignée. Il fait le bonheur et la gloire de ses parens. Sa physionomie heureuse plaît dès le premier abord; ses yeux trahissent la vive intelligence que sa modestie semblerait vouloir cacher; ce regard est pourtant bien doux : c'est que la douceur et la bonté s'allient très bien à l'esprit.

III.

JULES HUBNER, NÉ A OELS, EN SILÉSIE, EN 1806.

Voici les ouvrages principaux de cet artiste : Booz et Ruth dans un champ auprès des moissonneurs; figures demi-grandeur naturelle; tableau peint en 1826, appartenant au roi.

Le jeune Pêcheur et la Nymphe, d'après Gœthe; figures de grandeur naturelle; peint en 1828, appartenant au roi.

Roland délivrant la princesse Isabelle de Galice de la caverne des brigands;

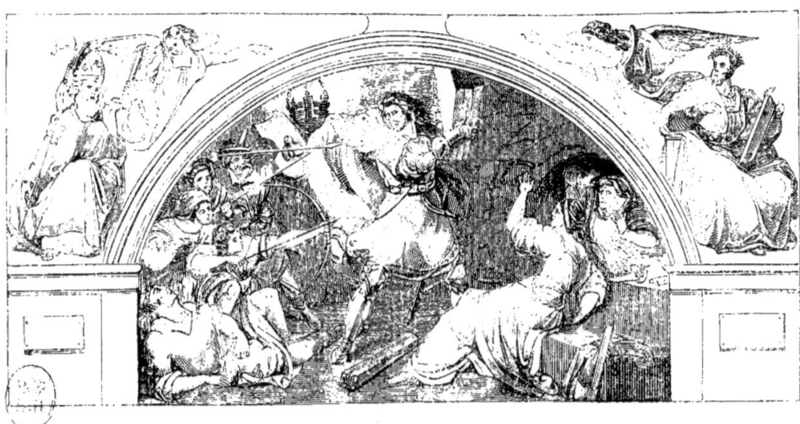

ROLAND.

Gravé à Londres.

quatre pieds sur deux, appartenant au prince Frédéric de Prusse. Cette scène représente le moment où Roland saisit une lourde table et la tient élevée, comme s'il allait la lancer sur la multitude serrée des brigands. Le sujet est tiré de l'Arioste, chant xiv. Les coins supérieurs du tableau représentent des sujets symboliques. A gauche l'évèque Turpin remet au génie de l'histoire son manuscrit : *Vita Caroli magni et Rolandi* ; à droite le génie de la poésie est prêt à recevoir ce manuscrit pour le remettre à l'Arioste, qui est assis à côté de lui. Les figures sont hautes de seize à dix-huit pouces.

La gravure que nous plaçons ici ne donne qu'une idée très imparfaite de ce tableau, qui a reçu une double et inévitable atteinte en passant par les mains du dessinateur et du graveur.

Ruth accompagnant sa belle-mère Noémi à l'étranger; figures demi-grandeur naturelle. Ruth reste auprès de sa belle-mère, malgré l'ordre réitéré de la quitter; Aspa, l'autre jeune fille, a déjà pris en pleurant le parti de retourner à la maison. Ce tableau a été peint à Rome en 1830; il appartient au prince royal.

Samson au moment de faire écrouler les colonnes; près de lui, l'enfant qui le guide; figures de grandeur naturelle. Peint pour la Société des arts à Berlin en 1832; appartenant au conseiller Albrecht.

Le Christ porté sur un nuage; au-dessous les quatre évangélistes; figures de grandeur naturelle. Ce tableau n'était pas achevé lorsque je le vis pour la première fois. Il a été commandé par un marchand de la ville de Meseritz, pour une église qui y a été nouvellement bâtie. J'en donne la gravure.

Le Roland, malgré la petitesse des figures, porte au plus haut degré le cachet d'un tableau historique. Les figures y sont caractérisées avec force; la couleur en est brillante; la lumière des torches jette un éclat rougeâtre sur cette scène de terreur, au milieu de laquelle le seul Roland, animé par la colère, présente l'image d'un courage aveugle et d'une force à laquelle rien ne résiste. Ce tableau est éminemment poétique, et réunit au même degré la beauté du style et la pureté du dessin. Il est terminé avec le plus grand soin jusque dans ses plus petits détails, sans que l'effet général en souffre en aucune façon: plus on le contemple, et plus on en apprécie le mérite. Je ne pense pas qu'aucun autre des ouvrages de Hübner puisse mieux le signaler comme grand artiste.

« Le Christ, quoique beau de style et composé avec noblesse, offre moins d'intérêt : c'est un de ces sujets dont la pensée semble être un problème; si la réflexion, si des connaissances approfondies pouvaient le résoudre, il aurait été résolu par Hübner. Je suis loin de nier le mérite de cet ouvrage, mais je dois avouer qu'il m'a laissé froid; cependant il faut bien reconnaître que les impressions que nous éprouvons devant un tableau trouvent souvent leur source en nous-mêmes : une grande pensée n'est pas toujours comprise; un sentiment profond n'est pas toujours apprécié. » Telle est l'opinion que j'émis sur le Christ, après un premier aperçu; je la laisse subsister, comme une note de la sensation que ce tableau fit naître en moi quand je le vis non achevé. Je l'ai revu au mois d'avril 1835 à Berlin, où il a été exposé avant d'être placé définitivement dans l'égilse de Meseritz, et voici le jugement que ce second examen m'a arraché : « Ce magnifique tableau peut être placé à côté des meilleurs ouvrages anciens, sans que ceux-ci lui fassent du tort. Il est classique sans être monotone; le style en est grand sans affectation. Dans les figures des apôtres, l'artiste a été fidèle aux types traditionnels, sans que cependant l'expression et la pensée de ces figures manquent d'originalité. » Suis-je enthousiaste à présent? étais-je aveugle alors? — Je ne sais; mais toujours est-il qu'il ne faut pas juger les ouvrages avant qu'ils ne soient achevés; souvent j'ai trouvé qu'ils ne tenaient pas toutes les promesses de l'esquisse ou de l'ébauche; mais d'autres fois aussi j'ai dû avouer que ces promesses étaient dépassées de beaucoup.

Les éloges et les critiques ont été prodigués au Christ de Hübner : les draperies, dit-on, sont défectueuses; entre la figure du Christ et celles des apôtres il règne beaucoup de désaccord, et il semblerait que tout le tableau n'a pas été composé par le même artiste. Sous ce dernier rapport je crois que la critique n'est pas tout-à-fait dénuée de fondement. La tête du Christ est d'une plus petite proportion que celles des apôtres, et les formes de la principale figure sont trop effilées.

Les deux sujets allégoriques dont je donne ici la gravure achèveront de caractériser le talent de Hübner, et de nous montrer la direction de ses idées;
l'un est tiré de la Bible, l'autre représente l'Âge d'or.

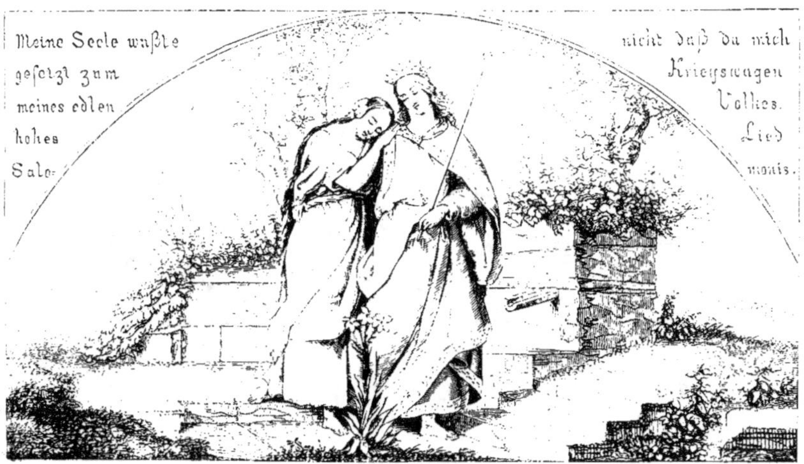

SUJET BIBLIQUE.
Gravé par Bonner, à Londres.

Je n'hésiterai pas à compter parmi les plus gracieuses productions de l'artiste
qui nous occupe en ce moment le portrait de son enfant, qui était exposé à
Berlin au salon de 1834. On ne peut rien voir de plus vrai, de plus naïf, de
mieux dessiné, de mieux peint.

Hübner paraît avoir une noble organisation : sa physionomie annonce de la
pénétration; il est calme et réfléchi; son esprit est cultivé. Il saura, j'en ai la
confiance, éviter ce qui ressemblerait même de loin à la présomption et au
pédantisme, défauts redoutables qui ont ruiné plus d'un beau talent, terni plus
d'une grande renommée.

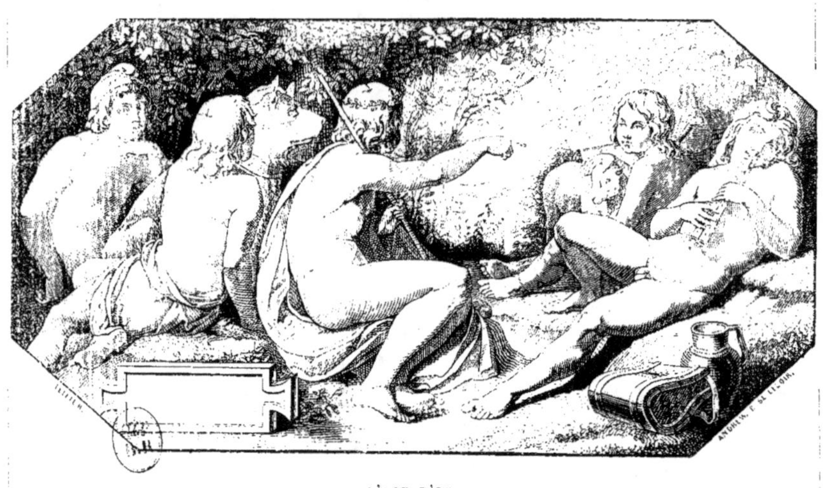

L'AGE D'OR.

Gravé par Andrew, Best et Leloir, à Paris.

IV.

CHARLES SOHN DE BERLIN.

Sohn est un des plus anciens écoliers de Schadow, et il est compté parmi les plus habiles artistes de Dusseldorf. Le premier tableau qui a fondé sa réputation est Renaud et Armide, exposé en 1828, et appartenant au prince Frédéric de Prusse; les figures sont de grandeur naturelle. Hylas enlevé par les Nymphes, figures de grandeur naturelle, a été peint en 1830 : c'est un des plus beaux ornemens d'une des salles du palais du roi. A l'exposition de cette même année, il attira tous les regards, et fut accueilli avec enthousiasme. On serait tenté de croire que cette composition a été inspirée par le Pêcheur, de Hübner; c'est l'ouvrage qui a le plus contribué à fonder la renommée de Charles Sohn; j'en donne la gravure.

Les portraits de la comtesse Trips et du comte Spée, ainsi qu'un autre plus important, celui de madame Decker, ont obtenu d'honorables suffrages : en faisant madame Decker ressemblante, il l'a faite belle et gracieuse. Il y a encore du même artiste un très joli portrait de madame Stilke, auquel ont aussi travaillé Lessing, Hildebrandt et Schirmer; la tête est de Sohn.

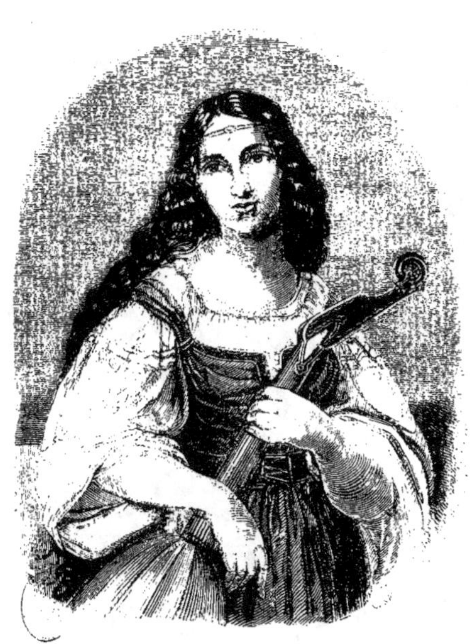

LA JOUEUSE DE LUTH.

Gravé par Wright et Folkard, à Londres.

Une femme italienne tenant en main un luth, appartenant à M. Wagner (figure jusqu'aux genoux, grandeur naturelle), est, à mon sens, un des meilleurs ouvrages de Sohn; c'est celui qui m'a le plus charmé. Il est profondément senti, et le soin avec lequel il est rendu, loin de détruire les traces de l'inspiration en rend l'effet plus visible. Ce tableau, dont les teintes sombres ont quelque uniformité, rappelle les portraits lombards ou florentins de l'époque de Léonard de Vinci. On le connait sous le nom de Lauten-Spielerin. Il en existe une belle lithographie.

A la dernière exposition, celle de 1834, l'artiste qui nous occupe en ce

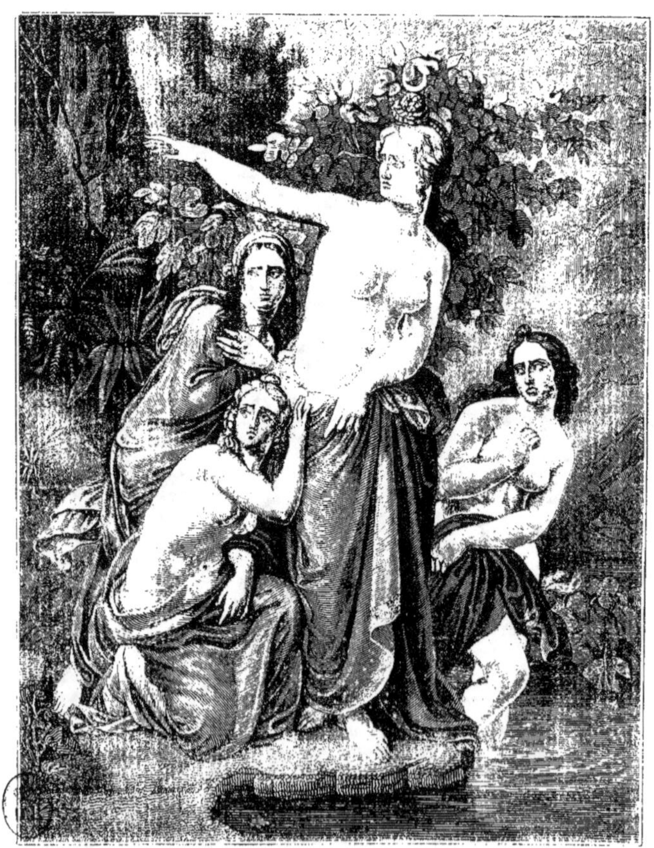

DIANE.

Gravé à Londres.

moment a soumis au public son tableau de Diane surprise par Actéon. Trois nymphes se groupent autour de la déesse, dont le geste et le regard expriment la colère. Dans cet ouvrage les chairs sont admirablement peintes; les têtes des nymphes sont pleines de charme; la blonde du premier plan est surtout d'une beauté ravissante; cependant l'ensemble de la composition ne m'a point satisfait. Faute de me rappeler avec précision plusieurs observations savantes que j'ai entendu développer à cet égard, je dirai, d'après mes propres impressions, que Diane m'a paru être dans une attitude maniérée; il semblerait que c'est de l'Apollon du Belvédère qu'elle a appris à être fière et à se fâcher; elle est trop statue antique. J'aurais voulu pouvoir jeter un regard hors de ce massif de rochers et de verdure : enfin je cherchais vainement Actéon, personnage assurément essentiel dans un pareil sujet. Le peintre avait d'abord fait figurer sur un plan un peu éloigné ce chasseur audacieux; mais il paraît que, sur l'observation qu'il n'était pas convenablement placé à cette distance, Sohn se décida à l'effacer; mauvaise résolution, car s'il pouvait être raisonnable de rapprocher Actéon, rien ne peut justifier sa disparition totale. Des critiques suscitées par le tableau de Diane, la plus difficile à réfuter, parce qu'elle est toute d'impression, est celle-ci : Comment se fait-il qu'on se sente à l'étroit dans cette grotte?.. qu'on en veuille sortir?... on y est en si bonne et en si belle compagnie!...

Un autre tableau de la même exposition représente Deux figures de jeunes femmes, une blonde et une brune; c'est ainsi que ce tableau est désigné par l'auteur. Cette composition sage et en même temps gracieuse est remarquable par le repos et la simplicité qui y règnent; cependant elle manque peut-être d'un sens précis, d'un intérêt saisissant : on s'en détache facilement, quoique l'on y revienne avec plaisir. Inspirée par le Tasso de Gœthe, elle a d'abord porté le titre des Deux Léonore; il n'y avait nul inconvénient à lui conserver ce titre que je rétablis.

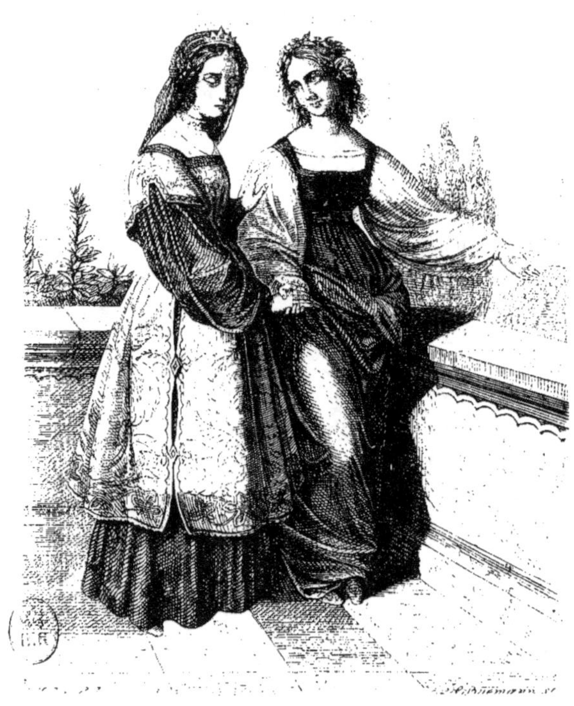

LES DEUX LÉONORE.
Gravé par Buemann, à Vienne.

Je trouve à Sohn de l'analogie avec l'Albane et avec Cignani; il me semble que c'est la même tournure d'idées. Son coloris, dans Renaud et Armide et dans Hylas, a le poli de Carlo Dolce. Ce peintre tout aimable serait peut-être porté par la nature de son talent à outrer la grâce, à donner à ses figures des attitudes que rejetterait le rigorisme d'un style sévère et d'un goût toujours pur; mais son tact et son jugement le rameneront à temps dans la bonne voie; et la rectitude de son esprit, si susceptible de profiter de toute influence salutaire, ne lui permettra pas de s'égarer.

En somme, Sohn est un artiste très distingué, il est digne d'atteindre à une haute réputation et il mérite toute celle dont il jouit déjà. De tous les peintres de Dusseldorf on le cite comme celui qui travaille avec le plus de facilité.

V.

HERMANN STILKE, DE BERLIN.

C'est à l'académie de Berlin que cet artiste a fait ses premières études. Il fut ensuite admis dans l'atelier du professeur Kolbe, après quoi il passa à Munich où il a travaillé pendant les années 1822 et 1823, dans la Glyptothèque, sous la direction de Cornélius dont il est un des élèves les plus estimés. En 1826 il a peint à fresque, dans une des arcades à Munich, le Couronnement de Louis de Bavière; à Berlin, en 1827, Saint Georges terrassant le dragon, appartenant au prince Frédéric. A Coblentz, dans la salle de la Cour d'assises, on voit de lui le Jugement dernier, peinture à fresque terminée en 1825. Il a exécuté à Rome de 1829 à 1830 l'Enfant Jésus porté par trois anges, appartenant au conseiller Sotzmann à Berlin. A Dusseldorf il a fait en 1832 Renaud et Armide. Ce tableau se trouve à présent à Duisbourg; il a été admiré, mais il a aussi rencontré des critiques sévères. Le comte Redern, à Berlin, possède de Stilke un tableau représentant saint Georges avec un ange. Son dernier ouvrage, les Pélerins dans le désert, a été signalé parmi les tableaux purement historiques de l'exposition de 1834 comme celui qui réunissait les plus grandes beautés. La gravure que je joins ici fera connaître jusqu'à un certain point le mérite de cette composition, qui se distingue surtout par l'expression des figures.

Une des plus heureuses productions de Stilke est la charmante esquisse qui représente Trois Croisés en vedette. Deux de ces guerriers sont endormis, le

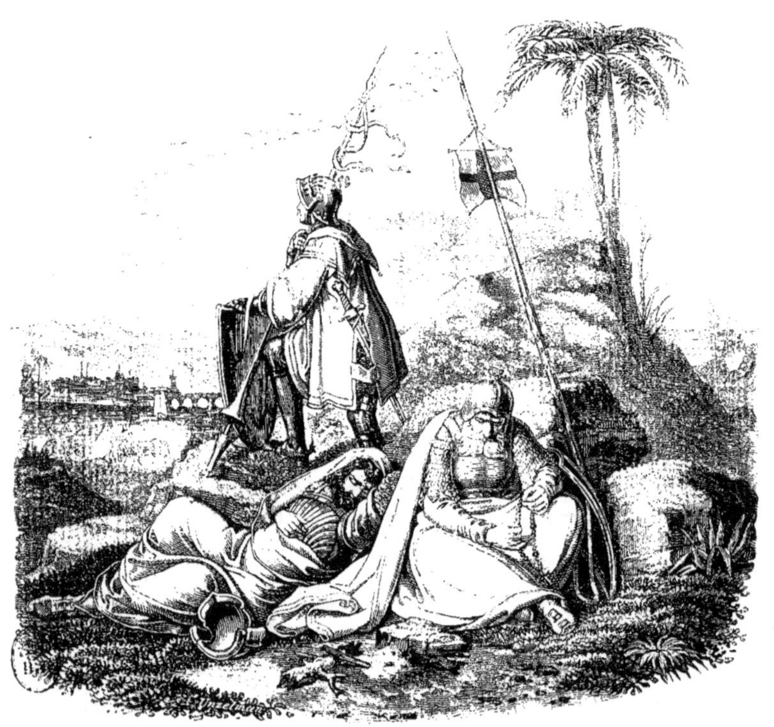

LES TROIS CROISÉS EN VEDETTE.
Gravé par Unzelmann, à Berlin.

troisième est debout, le regard fixé sur une longue file d'oiseaux de passage qui serpente dans les airs. On ne saurait se méprendre sur la pensée du peintre : ces oiseaux se dirigent vers la patrie du pauvre soldat; la vue de Jérusalem, qu'on aperçoit au loin, ne peut le distraire de sa triste rêverie. Il semble dire : « Ils « sont plus heureux que moi; quand reverrai-je les lieux de ma naissance? » Il y a quelque chose de doux et d'éloquent dans cette pensée simple. Il n'est pas possible de mieux exprimer le *Heimweh*, l'ennui et l'angoisse que l'éloignement fait éprouver, ce sentiment si profond, si généreux, si connu de toutes les nations et pour lequel cependant il n'y a, que je sache, de mot que dans la langue allemande.

Stilke se complaît dans les sujets tirés des croisades; il aime mieux représenter des situations que tel ou tel fait historique. C'est un artiste consciencieux dont les succès dans la peinture à l'huile eussent été peut-être plus généraux et plus grands s'il n'avait consacré beaucoup de temps à la peinture à fresque. La sphère dans laquelle il s'est placé maintenant paraît tout-à-fait appropriée à la nature de son talent. Toujours il est cité parmi les sujets les plus distingués de l'académie de Dusseldorf, et il n'y a pas à craindre qu'il puisse déchoir; persévérant dans ses efforts pour se soutenir à la hauteur de ses concurrens, il ne connaît ni l'envie, ni l'orgueil; aussi, les plus honorables suffrages ne lui ont jamais manqué. Il aime les arts avec passion et s'y livre avec un zèle extrême. Affectueux, impressionnable, il est, je crois, susceptible de se laisser abattre, de s'irriter; mais dans toutes ses émotions on voit percer une naïveté et une bonté de cœur qui rendent aimables les agitations auxquelles parfois il s'abandonne.

J'osais lui donner un conseil, je l'engagerais à ne pas quitter Dusseldorf. Le contact de Schadow et des grands peintres qui font partie de cette académie lui a été utile et ne cessera pas de l'être. Il faut qu'il se mette en garde contre l'intérêt qu'il sait si bien inspirer, beaucoup plus que contre la concurrence et la critique : l'un est souvent inconsidéré, imprévoyant, aveugle; la critique au contraire, telle que j'ai appris à la connaître à Dusseldorf, ne peut qu'être profitable à celui qui en est l'objet.

VI.

HENRI MÜCKE, DE BRESLAU.

Il appartient exclusivement à l'école de Schadow. Ses premiers ouvrages, Narcisse, sainte Geneviève, Eginhardt et Emma, déjà remarquables par la vivacité du coloris et le charme des figures, n'ont pourtant pas paru aux yeux de beaucoup de personnes annoncer le talent éminent qu'il a déployé plus tard dans ses fresques du château du comte Spée à Heltorf, près de Dusseldorf. Ces sujets représentent : la Soumission des Milanais et celle de Henri-le-Lion vaincu par Barberousse. Le tableau de Barberousse laisse peut-être quelque chose à desirer sous le rapport de l'ordonnance, mais quant au style et à l'expression il n'a nulle comparaison à redouter ; pour le coloris, aucune peinture à fresque n'a peut-être rien offert de si éclatant ; celles de la cathédrale de Sienne, par le Pinturicchio, me semblent les seules qui approchent de cette vivacité de coloris, mais ce ne sont point de véritables fresques. Nous joignons ici la gravure de ce bel ouvrage, qui assure à Mücke une gloire incontestable.

Mücke a fait tout nouvellement quelque séjour à Rome ; à son retour il a reçu d'importantes commandes ; c'est un homme à la fleur de l'âge. L'expression de sa physionomie, exempte de toute timidité, annonce une vivacité extrême ; on lit dans ses yeux la conscience qu'il a de ses succès déjà obtenus, la foi qu'il a dans son avenir. Il est un de ceux qui font le plus d'honneur à l'école de Schadow.

C'est ici le lieu de parler des superbes fresques qui ornent le château de Heltorf, et parmi lesquelles Henri-le-Lion occupe à mon sens la première place. C'est au comte Spée que je dois la petite notice suivante.

« Stürmer de Berlin, élève du directeur Cornélius, a commencé en 1825 le « premier tableau et l'a achevé en 1826 ; ce tableau représente la Réconciliation

« de l'empereur Frédéric Barberousse avec le pape Alexandre sur la place Saint-
« Marc à Venise. *

« Mücke, de Breslau, élève du directeur Schadow, a peint en 1829 la Soumis-
« sion de Henri-le-Lion à la diète d'Erfurth; il a achevé ce tableau en 1830.

« Lessing, de Wartenberg en Silésie, a commencé en 1830 la Bataille d'Ico-
« nium, et l'a achevée en 1831.

« Mücke a fait en 1832 la Soumission des Milanais, et a achevé ce tableau
« en automne, l'année 1833.

« Trois tableaux manquent encore; Lessing s'est chargé d'en exécuter deux :
« la Prise d'Iconium et la Mort de l'Empereur. Alors il ne restera plus à faire que
« le Couronnement. »

VII.

CHARLES KOELER, DE WERBEN, AGÉ DE 23 ANS.

Kœler était, il y a peu d'années encore, occupé de soins bien au-dessous de ceux
auxquels son heureuse organisation morale le rendait propre. C'est une impé-
rieuse attraction vers les arts, c'est la sympathie pour le beau, c'est la tendance
secrète de son organisation morale qui l'ont poussé dans cette noble carrière. L'œil
exercé du chef de l'école de Dusseldorf n'eut pas de peine à reconnaître en lui de
précieuses dispositions; il lui accorda secours, protection, conseils, et depuis
lors chaque jour a vu son talent s'accroître et ses aimables qualités se développer.
Schadow jouit de son ouvrage : le jeune Kœler se livre avec une égale joie à la
reconnaissance et au travail. Admis depuis peu d'années dans le sein de l'Académie de Dusseldorf, il en augmente déjà l'éclat par son talent distingué. Il était
occupé, lorsque j'étais à Dusseldorf, à terminer son petit Moïse tiré des flots.

* Les autres tableaux font tort à celui-ci et l'éclipsent; il est pourtant bien dessiné, mais les
figures ont de la froideur et le coloris manque d'éclat.

C'est le second tableau important qu'il ait fait. Il y règne une grande fraîcheur de coloris; les figures, les poses sont gracieuses et naïves tout à-la-fois; il n'y a pas une physionomie dans ce tableau qui ne porte l'empreinte d'un cœur aimant, bon, honnête, que la nature a traité avec prédilection.

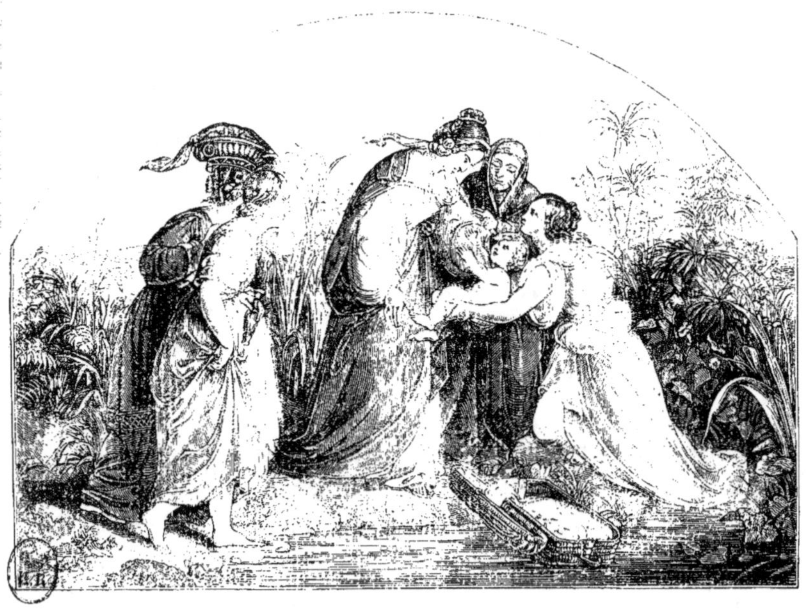

MOÏSE, DE KOELER.

Gravé à Londres.

VIII.

ERNEST DEGER, DE BOCKENEM, PRÈS DE HILDESHEIM, NÉ EN 1809.

Deger a peint en 1831 un Christ mis au tombeau, appartenant au libraire Dumont Schauberg, à Cologne; en 1832, un Christ portant sa croix, appartenant à la princesse Frédéric, à Dusseldorf; dans la même année, Marie et l'Enfant-Jésus, appartenant au peintre Hübner, à Dusseldorf.

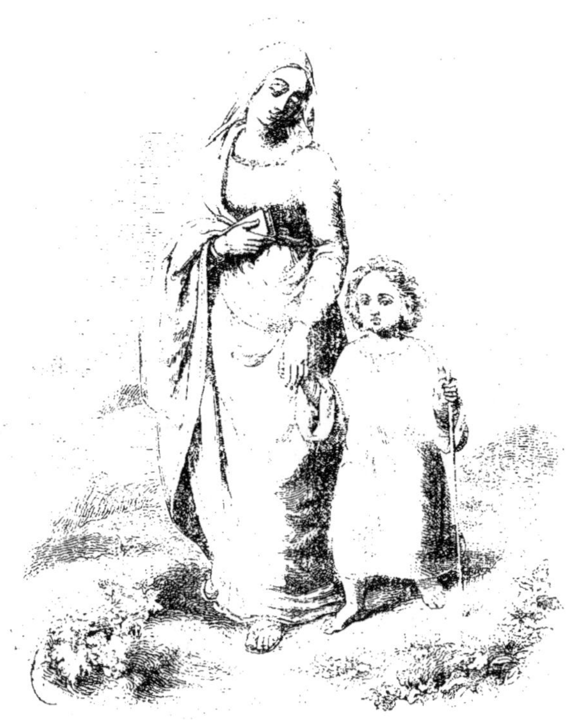

LA VIERGE ET L'ENFANT-JÉSUS.
Gravé par Lacoste, à Paris.

La Résurrection, tableau peint par Deger en 1834, est destinée à l'église d'Arnsberg. La haute piété et la moralité de ce jeune artiste lui concilient l'estime générale, et font de lui un modèle de charité chrétienne; la pureté de ses mœurs, la douceur, la bienveillance qu'il apporte dans ses rapports sociaux, sa tolérance, son humeur égale, le font aimer de tous ses collègues. Le maître se sent plus particulièrement attiré vers lui par la direction de ses propres pensées et par l'analogie de ses sentimens les plus intimes avec ceux de son jeune élève. Une circonstance est venue augmenter cette intimité. Il y a trois ans, Schadow se voyait menacé de cécité; son âme succombait sous le chagrin de sentir sa vue s'affaiblir, et d'être enlevé aux arts, qui ont toujours fait le charme de sa vie. L'influence, les soins, les paroles consolatrices de Deger ont puissamment contribué à fortifier l'âme du maître, à lui rendre le courage qui était prêt à l'abandonner; la reconnaissance qu'il en a éprouvée est le plus beau témoignage et la plus noble récompense d'un si précieux service.

Deger travaille dans le même atelier que Stilke; j'ai été témoin de l'accord, de l'aimable intimité qui règnent entre ces deux artistes; j'ai vu comme Stilke s'amusait à faire un nuage dans la Résurrection du Christ de Deger, tandis que celui-ci travaillait à la chaussure de la jeune femme des Pélerins dans le désert. Peut-être aurai-je, par ces détails, fourni aux envieux et aux pauvres d'esprit quelque grave sujet d'accusation; du moins devra-t-on me louer d'avoir trouvé par là le moyen de plaire à beaucoup de monde. Ces exemples, d'ailleurs, ne sont pas les seuls de l'union qui, j'en suis sûr, a la part la plus grande aux succès de l'Académie de Dusseldorf.

Deger réussit principalement dans les sujets qui expriment l'amour religieux et des sentimens tendres, surtout dans les madones. Il ne tire ses sujets que de l'Évangile. Son dernier tableau, la Résurrection, a beaucoup de mérite.

IX.

RETHEL, DES ENVIRONS D'AIX-LA-CHAPELLE, NÉ EN 1812.

Le peintre Bastiné, à Aix-la-Chapelle, m'a dit qu'il avait été le premier à découvrir dans Rethel d'heureuses dispositions pour les arts; c'est chez Bastiné que j'ai vu un des premiers ouvrages de ce jeune homme : une demi-figure, moins grande que nature, dont l'attitude et la tête rappellent les inspirations de Salvator Rosa.

Rethel se distingue par une verve abondante, par beaucoup d'originalité et par une extrême facilité de pinceau. Tous les artistes de Dusseldorf, et Schadow

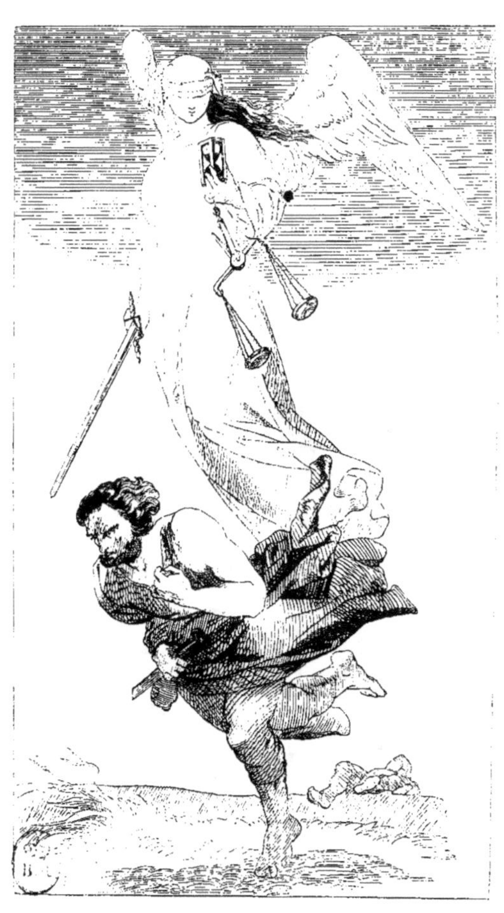

LE CRIME ET LA JUSTICE, PAR RETHEL.
Gravé à Paris.

l'un des premiers, lui reconnaissent sous ce rapport un talent éminent. Ses compositions sont recherchées des éditeurs, et il reçoit beaucoup de commandes pour l'ornement des frontispices de livres de luxe ou pour l'explication du texte.

Le tableau représentant saint Boniface prêchant près d'un chêne abattu, est le sujet du premier grand tableau à l'huile qu'il ait peint. Ce tableau répond tout-à-fait à la bonne opinion que ses dessins ont fait concevoir de son talent.

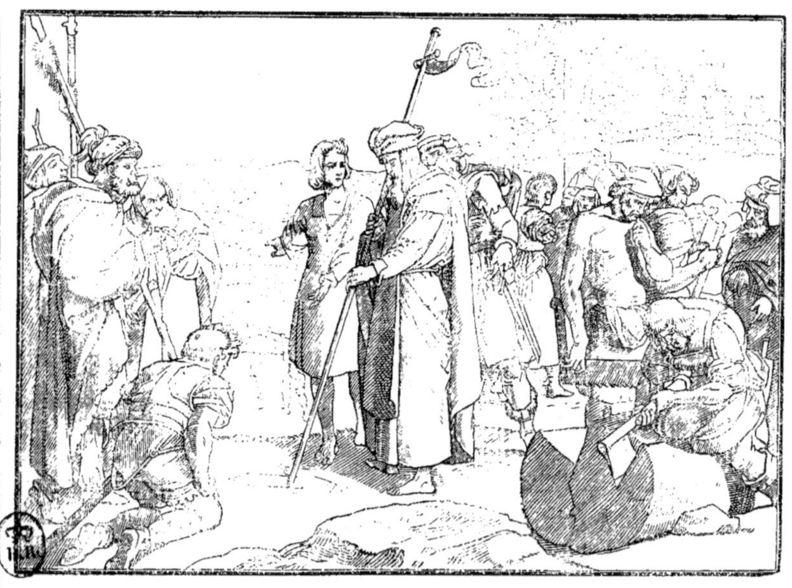

SAINT BONIFACE.
Gravé par Loedel, à Gottingen.

Le style d'un écrivain n'est pas toujours d'accord avec ses qualités personnelles; il en est de même des peintres; je ne connais pas beaucoup Rethel, mais j'aimerais à le juger par ses ouvrages. Les encouragemens dont il est l'objet de la part du maître, et les succès qu'il obtient chez les éditeurs d'Allemagne, autant peut-être que ses dispositions naturelles, le préserveront toujours du besoin et d'une timidité capable d'arrêter son élan.

X.

HERMANN PLÜDDEMANN, DE COLBERG, AGÉ DE 23 ANS.

Le tableau de Plüddemann, représentant La mort de Roland, est bien pensé, et l'impression qu'il a produite sur moi est de celles qui ne s'effacent jamais. Le talent de ce jeune artiste paraît s'y annoncer d'une manière brillante; il a retracé le moment où Charlemagne, après la bataille de Roncevaux, aperçoit le corps de Roland gisant sur la terre. La figure de l'archevêque Turpin, dans ce tableau, exprime avec majesté la puissance, la sagesse et la force d'un prince de l'Église. L'ensemble de la composition indique de la vigueur; on y remarque une forte tendance au romantisme; l'*Altdeutsch* s'y trouve sans avoir été cherché.

XI.

PIERRE GÖTTING, D'AIX-LA-CHAPELLE.

Götting a fait ses premiers essais d'artiste dans la sculpture; il n'y a que peu de temps qu'il s'est associé aux peintres de Dusseldorf comme élève de l'Académie. Il a exposé à Berlin, au salon de 1834, un grand tableau qui représente saint Pierre s'enfonçant dans les flots d'où il est retiré par le Christ. Les figures sont de grandeur naturelle. Cet ouvrage, composé sagement, et satisfaisant sous le rapport de la couleur et du dessin, annonce, sinon encore de puissantes facultés, du moins un esprit sérieux et réfléchi, une consciencieuse application.

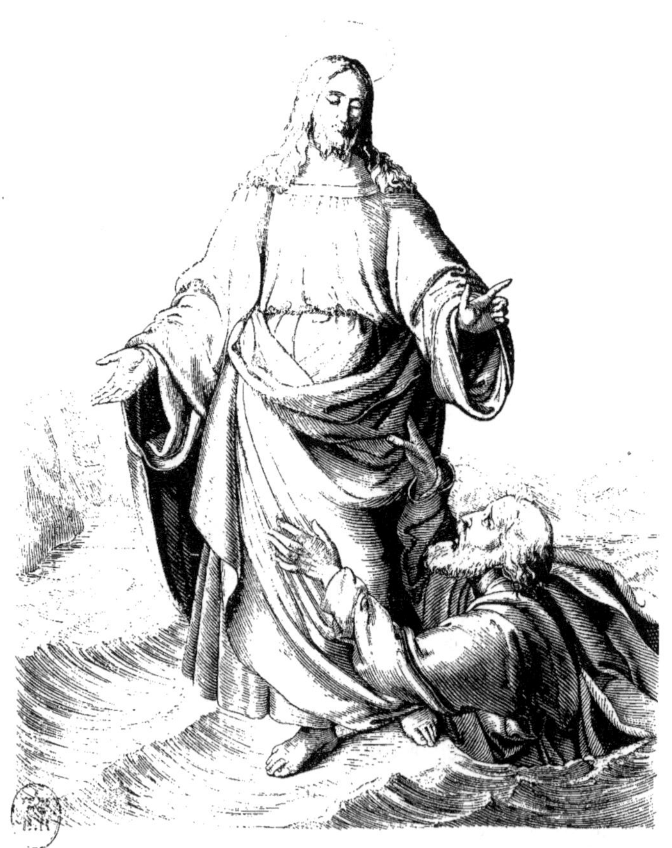

SAINT PIERRE.

Gravé par Gubitz, à Berlin.

XII.

REINICK (ROBERT), DE DANTZIG, AGÉ DE 22 ANS.

Rachel amène Jacob devant son père Laban, tel est le sujet du tableau que Reinick a exposé en 1834 à Berlin. On y découvre d'heureuses dispositions et

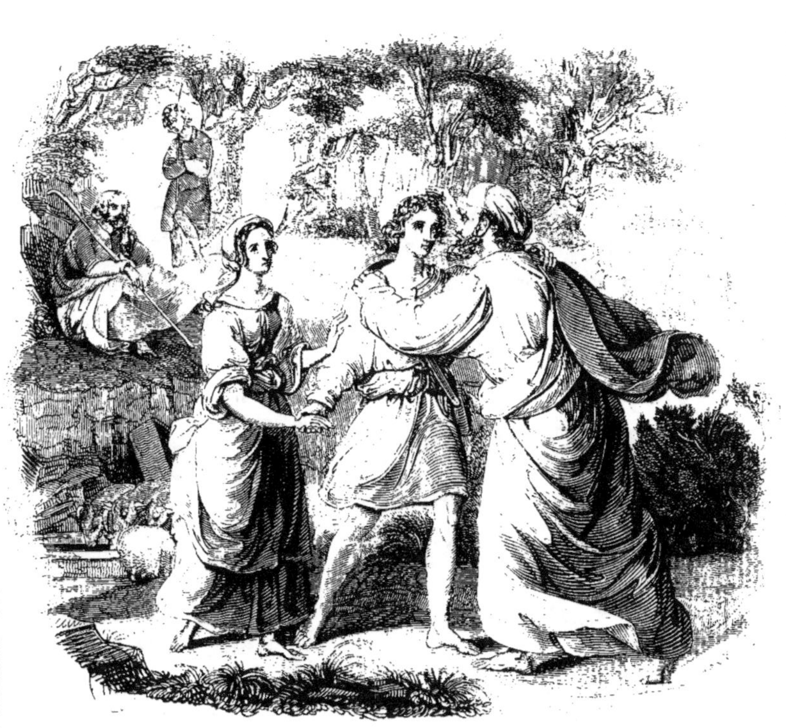

Grand C. Laplace.

un talent poétique. Ce tableau a du style et de l'agrément. Reinick paraît être un jeune homme méditatif et qui ne donne rien au hasard; aussi ne travaille-t-il pas vite ni avec facilité, mais ce qu'il produit porte le cachet d'une heureuse organisation morale. Les figures, dans ce tableau, sont deux tiers de grandeur naturelle; le coloris en est plutôt harmonieux que brillant.

XIII.

CHARLES DUNKER, DE BERLIN.

Rebecca près du puits; deux tiers de grandeur naturelle. C'est une composition dans le genre de Rachel, par Reinick; cependant l'œuvre de Dunker est moins profondément sentie. On serait tenté de croire que le Poussin aurait composé ces deux sujets, tant on retrouve de sa manière dans les poses et dans l'ordonnance générale; mais on comprend que je n'entends pas pour cela comparer ces deux artistes au Poussin. La Rebecca de Dunker porte l'empreinte de Dusseldorf, comme en général tout ce qui prend naissance dans cette école a un caractère qui le rend éminemment reconnaissable; c'est le seul ouvrage de ce peintre dont j'ai eu connaissance.

XIV.

MAURICE BERENDT, DE BERLIN.

Son Prophète Elie, figure de grandeur naturelle, est une composition sage sur laquelle l'exemple de Bendemann me paraît avoir exercé quelque influence : on y découvre encore d'autres réminiscences; ainsi, par exemple, l'Ange semblerait avoir été inspiré par le souvenir de quelque ouvrage d'Overbeck : le désert ressemble à celui des pélerins de Stilke.

Je n'ai pas parlé de tous les élèves de l'académie faisant partie de la classe purement historique, cependant je n'ai pas fait d'omission volontaire; il y en a que je n'ai pas eu l'occasion de connaître, d'autres peut-être dont le talent s'annonce par un premier succès au moment même où cet ouvrage se publie. J'aurai à revenir sur ceux dont les travaux constituent en quelque sorte la transition de l'Histoire au Genre, plusieurs de leurs ouvrages offrant un caractère éminemment historique.

CHAPITRE V.

DUSSELDORF. — PASSAGE DE LA PEINTURE HISTORIQUE AU GENRE.

I.

PLUS que jamais je suis frappé de ce qu'il y a d'arbitraire dans la démarcation bien tranchée qu'on voudrait établir entre la Peinture Historique et le Genre. Beaucoup d'ouvrages d'artistes français ont déjà fait naître en moi, à cet égard, une indécision qui s'est renouvelée et même accrue à Dusseldorf. S'il est embarrassant de déterminer à quelle classe appartiennent la plupart des productions de Schnetz et quelques-unes de celles de Vernet, s'il est impossible de méconnaître que, dans plusieurs tableaux de Robert et surtout dans ses Moissonneurs (sujet de genre évidemment), l'expression et le style sont éminemment historiques; il n'est pas moins difficile de fixer la dénomination qui convient à quelques-unes des productions de plusieurs des artistes les plus distingués de Dusseldorf, et je n'en excepte pas Lessing. La manière dont Hildebrandt traite ses sujets en général semble lui rendre inapplicable la

qualification de peintre de genre; cependant ses compositions sont le plus souvent tirées de la vie privée. Nous reviendrons sur cette distinction.

J'aurais peine à rendre compte de la direction des idées de Hildebrandt et de la
manière qui lui est propre, si je n'avais recours à des comparaisons et à des rap-
prochemens; peut-être lui trouverais-je de l'analogie avec Rembrandt et Ferdi-
nand Bol, si ses effets de couleur et de lumière avaient la même prétention au
contraste et à l'éclat, et si, comme eux, il avait adopté des costumes de convention ou des affublemens bizarres; je lui trouverais aussi de la ressemblance avec
le Caravage, s'il n'était moins aventureux et plus réfléchi que ce peintre, et si
le sentiment qui le domine ne dénotait une organisation morale plus noble et
plus délicate. Je connais cependant un tableau du Caravage où l'on peut trouver le type spécial à la plupart des productions de Hildebrandt : ce sont les
Joueurs, de la galerie Sciarra-Colonna; le Sixte V, de Schnetz, peut aussi être
rangé dans la même catégorie. La manière dont les chairs sont traitées par
Hildebrandt tient quelquefois du faire de van Dyck, comme dans son Vieux
Guerrier, appartenant au consul Wagner. Dans ce tableau, la figure de l'enfant a
une finesse et une richesse de tons qui rappellent tout-à-fait ce célèbre coloriste.
Hildebrandt, qui paraît avoir à cœur de mériter cette comparaison, est celui
des artistes de Dusseldorf qui a peut-être le moins d'analogie avec les peintres
de l'époque de Raphaël; mais je n'en connais pas qui reproduise la nature avec
plus de vérité et plus de grâce. De toute l'école de Dusseldorf, il est peut-être
aussi le plus particulièrement doué, entre tous les peintres de son école, de
cette précieuse qualité de la couleur; il sait allier la fidélité de l'imitation à la
fraîcheur des teintes, la vivacité au charme et à l'harmonie.

La physionomie heureuse et ouverte de Hildebrandt, son caractère bienveillant, ses manières simples et dégagées d'embarras, son humeur aimable, sont
bien d'accord avec le genre de talent qui lui est propre. Dès le premier abord
vous vous sentez attiré vers lui, et le témoignage de ceux qui le connaissent
particulièrement rend plus vif encore l'attrait que la première impression fait
naître. C'est le peintre de la vérité et de la nature; c'est la naïveté dans toute sa

grâce; c'est l'homme heureusement né, dans toute l'acception du mot. Rien n'indique mieux ses préférences et ses prédilections en peinture que ce mot de lui : « Bien des artistes tombent dans l'exagération, faute de pouvoir atteindre à la vérité »; et il m'a cité avec une conviction intime ces paroles d'Hamlet : « Il ne faut pas être plus ingénu que la nature. » (Man muß die Bescheidenheit der Natur nicht überschreiten wollen`. Je répète la citation telle qu'il me l'a faite, sans examiner si elle est rigoureusement conforme au texte, car c'est la pensée de Hildebrandt et non celle de Shakespeare qu'il nous importe ici de connaître.

Voici les ouvrages les plus remarquables de cet artiste :

En 1824, Faust et Méphistophélès dans la grotte; figures un tiers de grandeur naturelle; appartenant à M. de Frescow, de Friedrichsfelde, près de Berlin.

En 1827, Roméo et Juliette; dimension, cinq pieds sur quatre; appartenant au prince Frédéric de Prusse.

En 1828, Tancrède et Clorinde; trois pieds et demi sur trois; appartenant au docteur Heilbronn, à Minden.

En 1830, Judith et Holopherne; effet de nuit; six pieds sur cinq; appartenant à M. Van Rath, à Duisburg.

En 1832, un Guerrier avec son fils; demi-figures; grandeur naturelle; appartenant au consul Wagner, à Berlin.

En 1833, le Magistrat malade (der kranke Rathsherr); grandeur naturelle, figures jusqu'aux genoux; acheté par la Société des Amis des arts, à Berlin.

En 1834, l'Assassinat des enfans d'Édouard; figures de grandeur naturelle. Cette composition est pleine d'intérêt et bien conçue; l'expression des figures est profondément sentie : c'est un des ouvrages les plus importans de Hildebrandt; j'en donne la gravure.

Beaucoup de portraits exécutés par le même artiste sont cités comme ayant le double mérite d'une ressemblance parfaite et d'un coloris harmonieux : je n'en connais que deux, celui du comte Trips et celui de M. Förster, officier de hussards. Aucun des deux n'est idéalisé, mais tous deux ont le cachet d'une vérité saisissante, et sont admirablement peints. Le second a fait partie de l'exposition de Berlin en 1834.

Je dois remarquer encore que ce peintre ne cesse d'être en voie de progrès : son Magistrat malade et les Enfans d'Édouard en fournissent la preuve. Quand

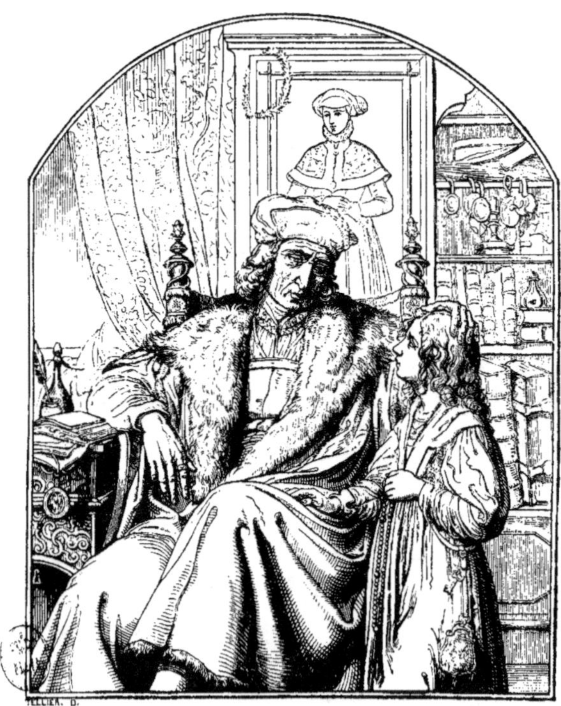

LE MAGISTRAT MALADE.
Gravé par Andrew, Best et Leloir, à Paris.

on compare ces deux tableaux à Roméo et Juliette, on a peine à comprendre qu'ils soient l'œuvre de la même main, et l'on ne peut qu'applaudir à ces transformations, précieux fruit du temps et de l'étude. Un peintre qui s'arrête est bien près de déchoir ; c'est un danger que Hildebrandt n'a nullement à craindre. Si, dans Roméo et Juliette, le coloris manquait de fermeté et de hardiesse, si les figures, gracieuses sans doute, ne l'étaient du moins qu'avec effort et affectation, les ouvrages postérieurs de l'artiste ne laissent plus apercevoir aucune trace de ces défauts.

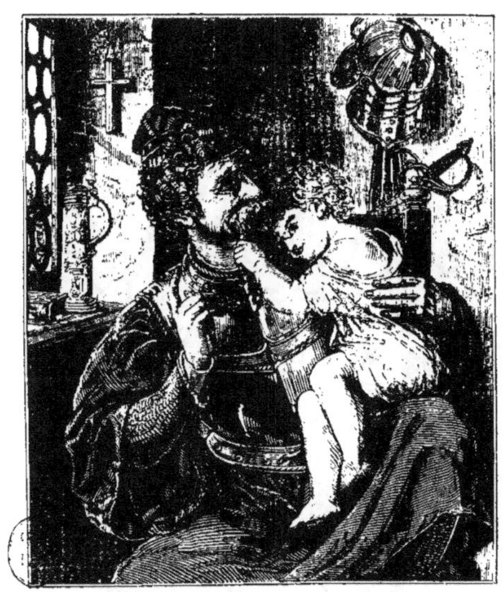

LE GUERRIER ET SON FILS.
Gravé à Londres.

Je ne saurais placer mieux qu'ici mes observations sur le passage de la peinture historique au genre, car chez nul peintre je ne vois se confondre ces deux classifications plus que chez Hildebrandt. Recherchons en peu de mots quelle est l'essence spéciale de chacune de ces deux divisions de l'art.

L'idéal est la sphère où la peinture historique puise ses inspirations : le sublime est le but qu'elle doit chercher à atteindre. Les sujets graves et sérieux constituent spécialement son domaine; toutefois elle n'exclut ni l'enjoûment ni la grâce contenus dans les bornes du goût, de la réserve et des sentimens à-la-fois délicats et nobles; c'est ce qu'attestent l'Aurore du Guide et la Galathée de Raphaël. L'une des qualités les plus nécessaires d'un tableau historique, c'est le style, et par le style j'entends la majesté jointe à la simplicité et à la grandeur. *

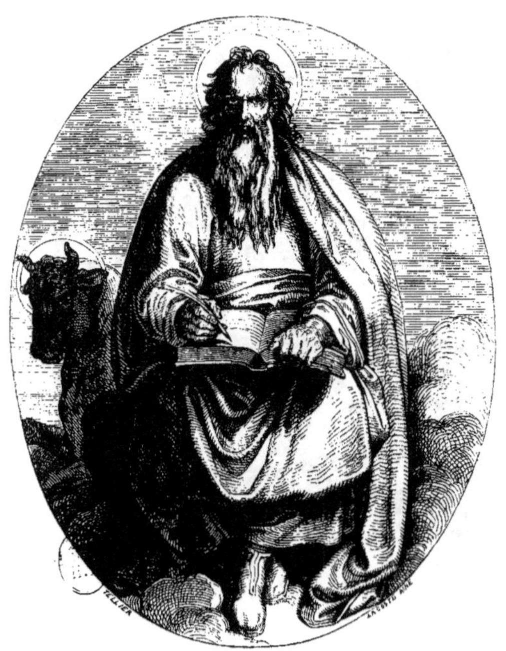

EXEMPLE DU STYLE. — SAINT LUC.

Gravé par Lacoste, à Paris.

* Ce mot de style a reçu de l'usage une autre acception encore; ainsi, quand il est accompagné d'une épithète telle que raphaélesque, byzantin, etc., il signifie *manière de faire*; mais je voudrais qu'en tous cas il ne fût jamais employé qu'à exprimer des qualités empreintes d'une certaine noblesse.

La composition et l'exécution, le sujet et toutes les parties du tableau, doivent présenter une harmonie et une homogénéité parfaites. L'exagération de la force, qui est toujours une caricature, et l'exagération de la grâce, qui est toujours de la minauderie, sont également à éviter; car, lors même que le sujet n'est qu'une fiction, une allégorie, un mystère, la pensée du peintre d'histoire ne doit jamais cesser d'être vraie, élevée, soumise à la réflexion, et profondément sentie. Le peintre de chaque époque appartient à toutes les époques aussi bien qu'à la sienne; il est indépendant de la mode, il la domine comme le font les passions et les grandes vertus.

Le Genre prend la nature sur le fait; la naïveté, l'ingénuité, le trait, l'esprit, dans le sens que les Français attachent communément à ce mot, les caprices de la mode, le goût du public, voilà les conditions et les soutiens du Genre. C'est dans la vie privée qu'il puise ses sujets, ou s'il représente des faits qui rentrent dans le domaine de l'Histoire, il les considère sous un point de vue moins élevé, plus en harmonie avec les dispositions peu poétiques qui se rencontrent toujours dans la très grande majorité du public et avec les exigences du goût dominant; ce sera toujours un récit familier et spirituel.

Cette définition fera comprendre combien il doit être souvent difficile de déterminer la catégorie dans laquelle un tableau doit être rangé. Toutes les fois qu'un peintre d'histoire s'écarte des conditions de la peinture historique pour emprunter celles du Genre, son tableau prend un caractère incertain; toutes les fois que le Genre, sous le rapport de l'inspiration ou de l'exécution, s'élève dans des régions plus hautes, il acquiert aussitôt plus ou moins d'analogie avec la peinture historique. Jamais il n'est permis à l'Histoire d'être triviale ou grotesque, et le Genre doit surtout se garder d'être froid et ennuyeux.

Finalement, le Genre et l'Histoire, pour une infinité de cas, sont et resteront distincts; mais, dans beaucoup de cas aussi, on les verra se confondre. Tout se lie dans la nature, et lors même que les anneaux extrêmes de cette chaîne seraient les plus dissemblans, ceux qui forment le milieu embarrassent toujours l'œil le plus exercé, l'attention la plus appliquée.

Sans appartenir à une très vaste sphère, les travaux de Hildebrandt ont le sérieux de l'histoire. Ce n'est pas un peintre de telle époque ou de tel moment : ses tableaux ne sauraient passer de mode. Il ne paraît chercher ambitieusement ni l'idéal ni le sublime ; et d'une autre part on ne rencontre pas chez lui cette tendance à égayer, à intéresser par les détails, par le récit sans apprêt d'une situation simple. Il n'est point pathétique, mais il est au-dessus du familier ; il n'est ni romantique ni poète, à ce que je crois, mais il conte à merveille ; je ne puis que le répéter encore ; c'est le peintre de la vérité.

Au surplus, cette subdivision, d'une nature mixte et indécise, qui vient de

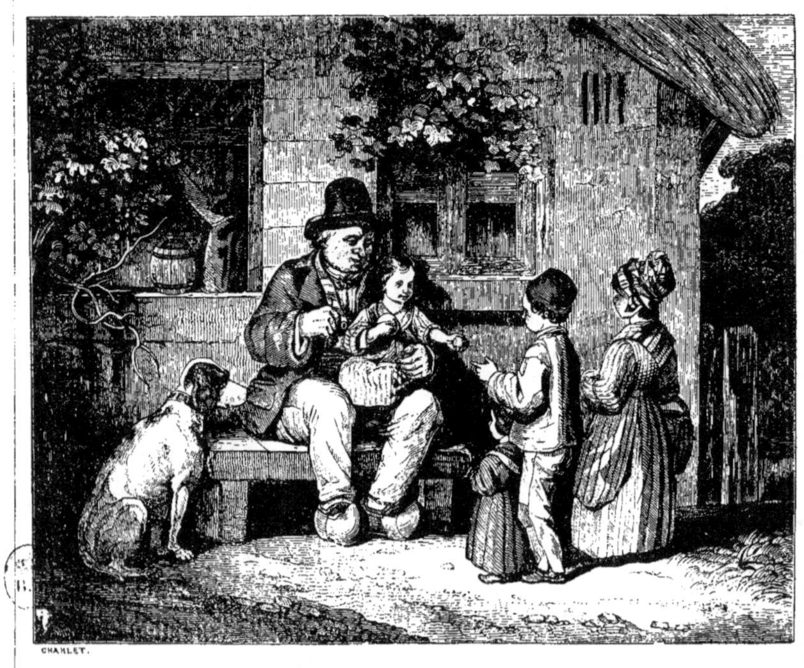

EXEMPLE DU GENRE (D'APRÈS CHARLET).

Gravé à Paris.

nous occuper, ne peut manquer d'obtenir une classification, car elle forme une catégorie de tableaux très nombreuse, dans laquelle beaucoup de peintres français et allemands consentiraient sans doute à ranger leurs ouvrages; ne pourrait-on pas dire *demi-historique* ou *demi-genre?* Le tableau de Schnetz, dont on voit ici la gravure, et qui représente Sixte V enfant, me paraît en être un bon spécimen; il tient, selon moi, plus de l'Histoire que du Genre, mais incontestablement de tous deux.

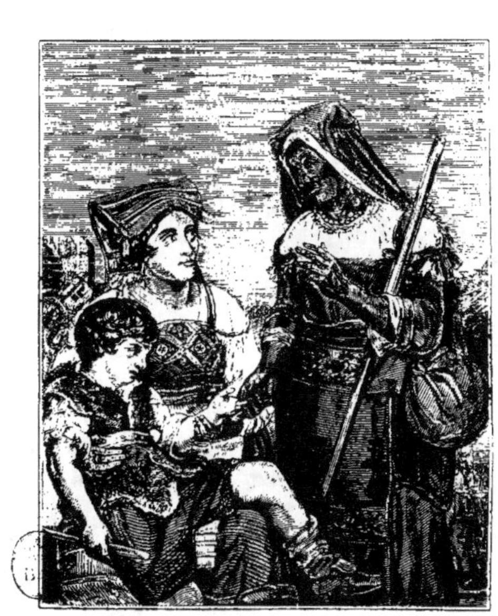

EXEMPLE DU GENRE MIXTE. — SIXTE V ENFANT (D'APRÈS SCHNETZ).
Gravé à Londres.

II.

CHARLES FIELGRAF, DE BERLIN, AGÉ DE 23 ANS.

La Femme malade recevant d'un prêtre les secours religieux, est une composition pleine de sensibilité, et qui fait beaucoup d'honneur à Fielgraf. On ne peut sans émotion considérer les traits de cette jeune et belle femme que les souffrances ont épuisée, que la résignation rend calme. La tristesse empreinte sur

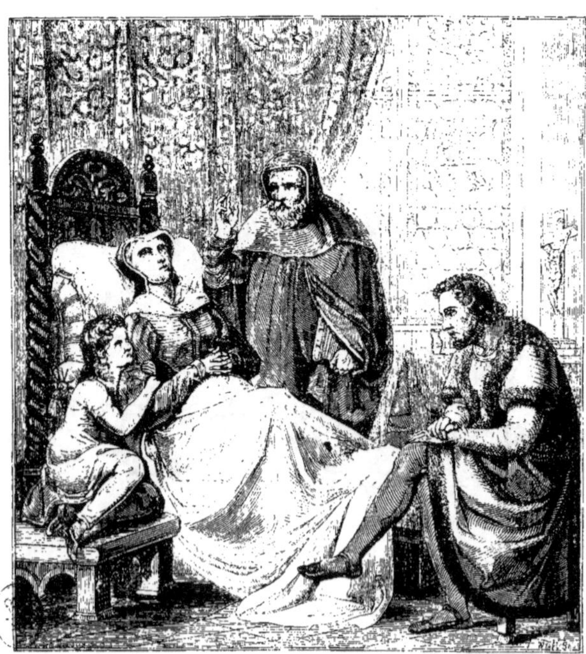

LA FEMME MALADE.
Gravé par Wright et Folkard, à Londres.

son visage est plus expressive encore que la pâleur mortelle qui le couvre. Les figures de ce tableau n'ont guère plus de quinze pouces.

Élisabeth, comtesse (Landgräfin) de Thuringe, chassée de sa maison et trouvant un asile chez un prêtre, tel est le sujet d'un autre tableau exposé par Fielgraf en 1834; les figures sont de demi-grandeur naturelle. Cette composition présente, plus que la précédente, les caractères de la peinture historique, mais toutefois sans sortir absolument des conditions du Genre. On devrait hésiter à

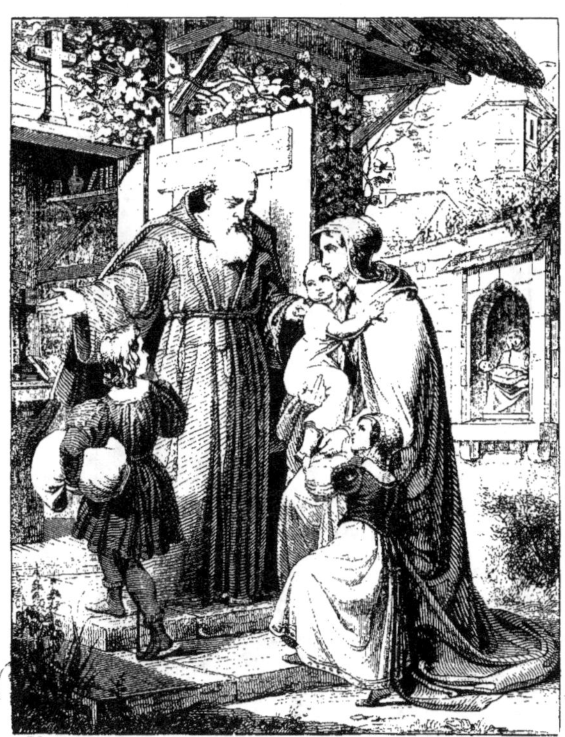

ÉLISABETH, COMTESSE DE THURINGE.
Gravé par Andrew, Best et Leloir, à Paris.

la citer comme un modèle de style; mais elle séduit incontestablement par la grâce des détails et l'intérêt du sujet.

III.

HENRI WITTICH, DE BERLIN, AGÉ DE 20 ANS.

Son Page en costume du moyen âge, portant un fusil sur le dos, a eu beaucoup de succès à l'exposition de 1834, succès mérité sous plusieurs rapports. On pourrait reprocher à cette figure un caractère trop féminin; cependant, ce qui vous frappe surtout, c'est qu'elle est bien jeune, bien douce et pleine de charme : on est incertain si c'est un enfant ou déjà un jeune homme. La pose et le mouve-

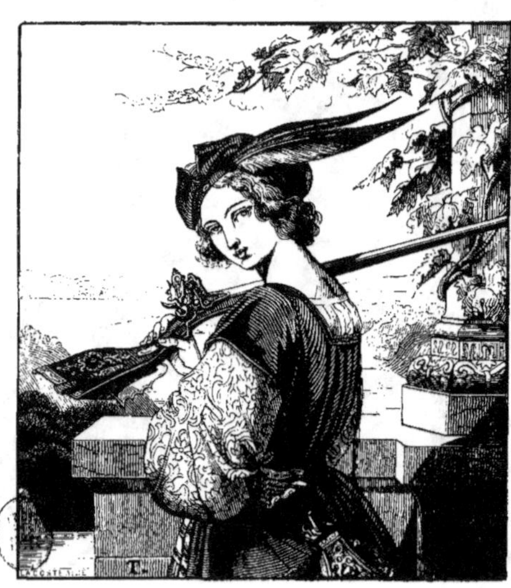

LE PAGE.
Gravé par Lacoste, à Paris.

ment sont gracieux, le coloris harmonieux et vif à-la-fois, les accessoires peints avec soin; l'ensemble de ce tableau produit l'effet le plus agréable : c'est une figure deux tiers du corps et de grandeur naturelle. Le talent de Wittich semble annoncer plus de grâce que de force; mais ce serait se presser trop que d'arrêter sur lui dès à présent un jugement définitif.

IV.

LOUIS BLANC, DE BERLIN, AGÉ DE 21 ANS.

Louis Blanc a exposé en 1834 un tableau représentant une Jeune Fille en

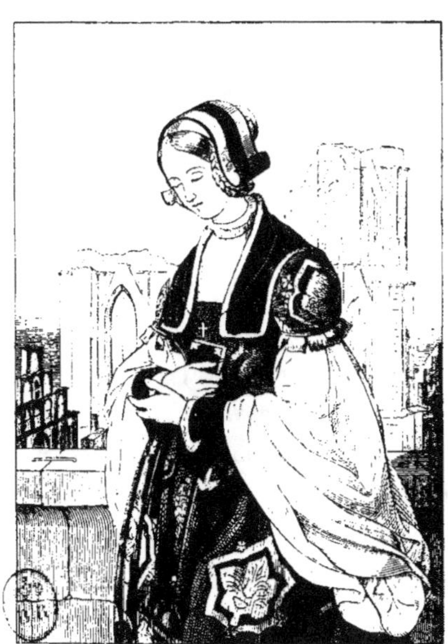

LA JEUNE FILLE SE RENDANT A L'ÉGLISE.
Gravé par Porret, à Paris.

costume *Altdeutsch* allant à l'église ; c'était en quelque sorte le pendant du Page de Wittich : un même sentiment paraît avoir inspiré ces deux artistes. Cependant, chez Blanc, c'est la sensibilité qui domine ; chez Wittich c'est la grâce : le premier s'adresse au cœur, le second au goût, mais sans qu'aucun des deux soit privé de ce qui distingue l'autre. La figure de la jeune fille exprime d'une manière touchante la piété, l'innocence et le recueillement.

V.

ADOLPHE SCHMIDT, DE BERLIN.

Il vient d'abandonner l'Académie de Dusseldorf, pour se faire peintre de portraits à Berlin. Son Ange, de l'exposition, annonce de l'étude, et permet d'espérer qu'il aura des succès dans la nouvelle direction qu'il veut suivre.

VI.

THÉOBALD VON OER, DE MUNSTER.

Ce jeune homme, sourd-muet de naissance, est très intéressant par le soin et la persévérance qu'il apporte dans ses ouvrages ; chaque succès dont ses efforts sont couronnés est un bienfait du ciel et une faveur, réputée justice par tous ceux qui connaissent son application et son infortune. Il a un talent agréable, et déjà plusieurs de ses tableaux ont été goûtés du public. Celui qu'il a exposé dernièrement représente Jean Sax ; il est d'un effet satisfaisant. La figure principale est un peu au-dessous de grandeur naturelle.

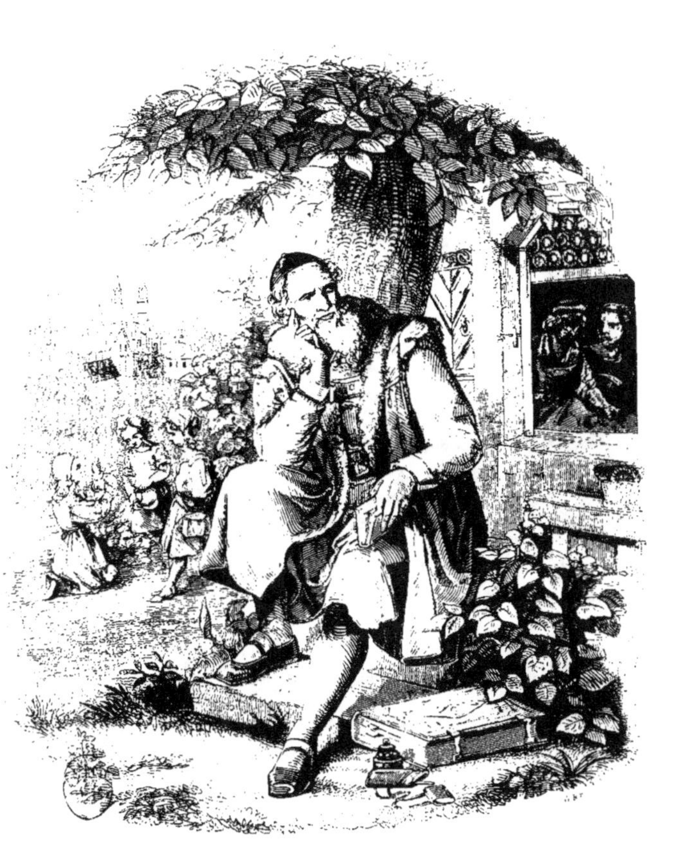

JEAN SAX.

Gravé par Wright et Folkard, à Londres.

VII.

JEAN FLUCK, DE DUSSELDORF, AGÉ DE 16 ANS.

Nous avons vu de lui deux têtes exécutées d'après nature, où se peignent la candeur, l'innocence, la douceur. Cette manière de saisir le caractère des figures annonce d'heureuses dispositions. Les premiers essais d'Overbeck ont dû ressembler à ce tableau.

VIII.

ÉDOUARD STEINBRUCK, DE MAGDEBOURG.

Ce peintre s'éloigne jusqu'à un certain point, par la nature de son inspiration et de son talent, des autres artistes qui constituent la transition de l'Histoire au Genre; cependant c'est dans la même catégorie que je crois devoir le ranger. Quoiqu'il soit disposé à idéaliser ses sujets, ce n'est point par l'énergie ou la force que se distinguent ses ouvrages, mais bien plutôt par la grâce et l'ingénuité, ou par le sentiment religieux. Plusieurs de ses tableaux sont de véritables idylles; d'autres semblent faire entendre des sons qui ressemblent à une musique d'église; tous plairont toujours à quiconque sera doué d'une organisation délicate et choisie. Le premier tableau que cet artiste ait composé a été la Chute de nos premiers parens dans le paradis; figures demi-grandeur naturelle; peint à Berlin en 1825, sous la direction du professeur Wach; acheté en 1826 par la Société des Amis des arts, et gagné par M. Ebers fils, banquier à Berlin.

Je dois citer aussi un Ange qui ouvre les portes du ciel; figure de grandeur

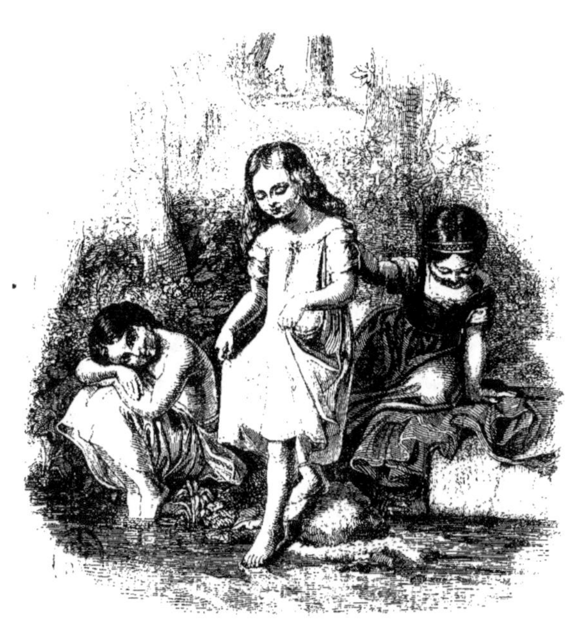

ENFANS QUI SE BAIGNENT , DE STEINBRÜCK.

Gravé par M. le comte Léon de Laborde ; terminé à Londres.

naturelle; composition inspirée par ces paroles de la Bible : « Frappez, et on vous ouvrira »; acheté par le prince Guillaume, fils du roi. L'artiste en fit une répétition dans les mêmes proportions, mais avec quelques changemens, pour le professeur Klenze, à Berlin.

A Dusseldorf, Steinbruck a composé Agar et son fils dans le désert; figures demi-grandeur naturelle; commandé par la Société des provinces rhénanes, et gagné par le conseiller Scheffer, à Münster.

A Rome, il a fait le portrait d'une Romaine représentée en nymphe chasseresse; grandeur naturelle. Ce tableau appartient à notre célèbre Schinkel, à Berlin. La Vierge et l'Enfant-Jésus à la porte de leur maison; un peu plus petit que nature; acheté par le roi. Une répétition de ce tableau, dans une dimension moins considérable, fut aussi commandée par la Société des Arts des provinces rhénanes. A Dusseldorf, en 1834, des Enfans qui se baignent; figures deux tiers de grandeur naturelle; commandé par le consul Wagner, à Berlin. Ce tableau a fait partie de l'exposition de 1834.

L'Ange ouvrant les portes du ciel est une composition heureuse, empreinte de pureté et de douceur, inspirée enfin par un sentiment religieux et poétique. La pose de l'Ange a de l'élégance et de la grâce. L'Agar a obtenu parmi les artistes plus de succès que l'Ange; et en effet, le mérite de ce tableau paraît plus indépendant d'une heureuse idée : on y reconnaît bien plus l'influence de la réflexion et la mise en œuvre de tous les moyens dont l'artiste dispose.

Les Enfans qui se baignent sont un badinage gracieux, sans minauderie et sans fadeur; il n'y a pas de mère qui, à la vue de ces enfans, ne sentît son cœur s'abandonner à une douce émotion.

Dans ce dernier tableau, Steinbruck est bien près du Genre, s'il n'appartient pas tout-à-fait à cette catégorie; il me semble même que, par goût, c'est vers des sujets pareils qu'il se sent surtout entraîné; cependant il a obtenu aussi des succès dans des compositions d'une nature plus élevée, et on ne refusera certainement pas à son Agar et à son Ange le nom d'œuvres historiques.

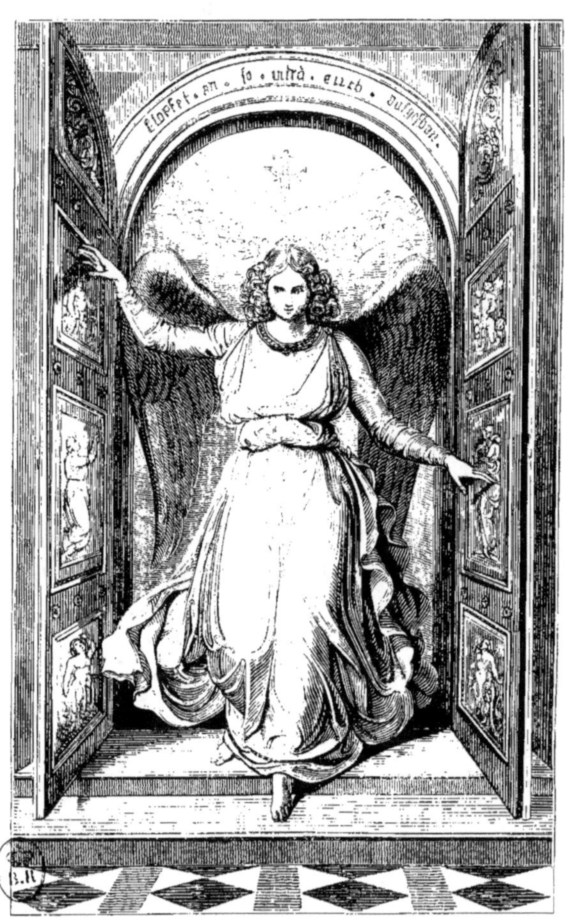

L'ANGE DE STEINBRUCK.

Gravé à Londres.

IX.

HERMANN KRETSCHMER, D'ANCLAM, AGÉ DE 22 ANS.

Son talent a beaucoup d'analogie avec celui de Steinbruck, tel qu'il s'est fait connaître dans les Enfans au bain, dont je viens de parler tout-à-l'heure. Kretschmer, dans son Chaperon Rouge, tableau appartenant au comte Redern, à Berlin, se montre aimable conteur de fabliaux.

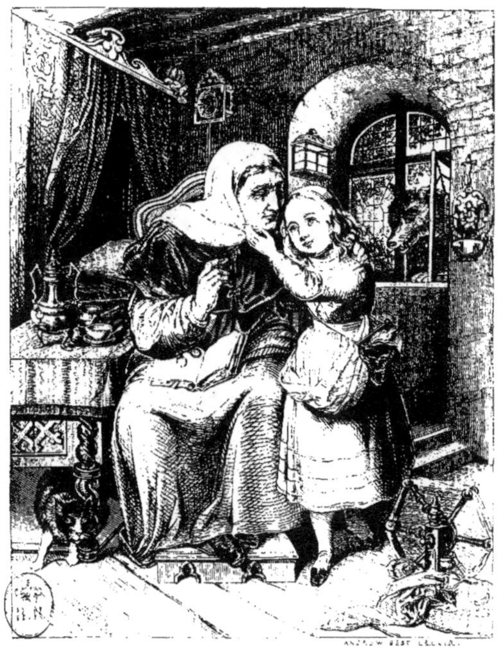

LE CHAPERON ROUGE.
Gravé par Andrew, Best et Leloir, à Paris.

Le portrait du jeune comte Hatzfeld avec un grand dogue a été inspiré par un sentiment *Altdeutsch*, et il l'a été d'une manière heureuse : c'est peut-être même une réminiscence; dans tous les cas, le tableau est agréable. Je crois que le Genre est la sphère qui a été indiquée à Kretschmer par la nature, et dans laquelle il serait le plus sûr d'obtenir des succès.

CHAPITRE VI.

DUSSELDORF. — GENRE.

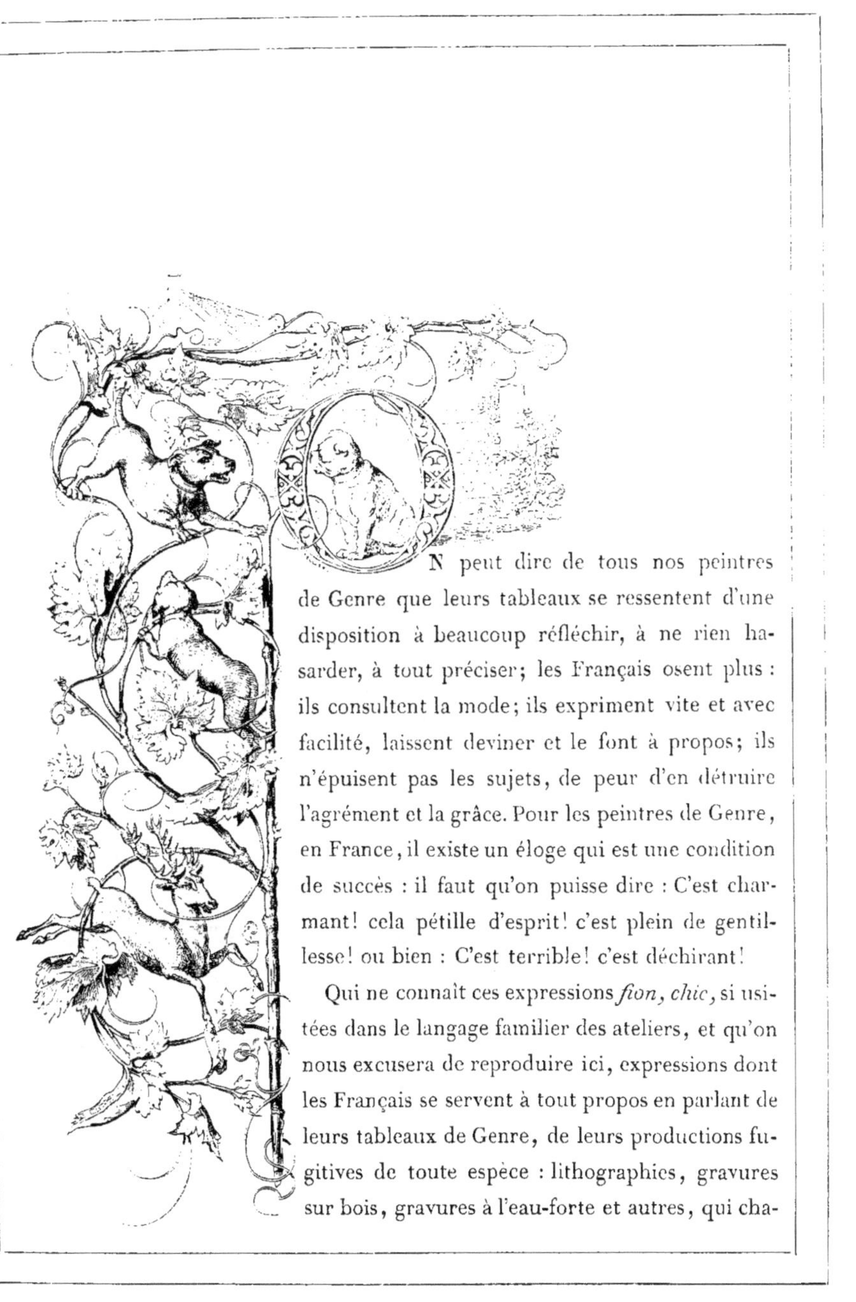

N peut dire de tous nos peintres
de Genre que leurs tableaux se ressentent d'une
disposition à beaucoup réfléchir, à ne rien ha-
sarder, à tout préciser; les Français osent plus :
ils consultent la mode; ils expriment vite et avec
facilité, laissent deviner et le font à propos; ils
n'épuisent pas les sujets, de peur d'en détruire
l'agrément et la grâce. Pour les peintres de Genre,
en France, il existe un éloge qui est une condition
de succès : il faut qu'on puisse dire : C'est charmant! cela pétille d'esprit! c'est plein de gentil-
lesse! ou bien : C'est terrible! c'est déchirant!

Qui ne connaît ces expressions *fion*, *chic*, si usi-
tées dans le langage familier des ateliers, et qu'on
nous excusera de reproduire ici, expressions dont
les Français se servent à tout propos en parlant de
leurs tableaux de Genre, de leurs productions fugitives de toute espèce : lithographies, gravures
sur bois, gravures à l'eau-forte et autres, qui cha-

que jour se multiplient avec tant de profusion en France? Ces mots ne seraient
que bien rarement applicables aux ouvrages des Allemands, et je ne sais si les
Allemands doivent s'en affliger; ce qui importe surtout à ces derniers, c'est de
savoir si une chose est conforme aux règles de l'esthétique *, si elle est profondément pensée et sentie, si elle est vraie, s'il y a eu inspiration poétique, si le
caractère en est *subjectif* ou *objectif* **, si le *moi* se reflète dans l'ouvrage. Les
Allemands sont disposés à s'appesantir, à creuser; cependant le *humour* des
Anglais ne leur est pas étranger, et la naïveté dépourvue de grimace leur est naturelle. Les Français auraient droit de dire à nos Allemands, *ne pétille pas qui
veut;* les Allemands pourraient répliquer, *ce qui pétille passe.*

Je n'ai pas prétendu faire l'éloge ou la critique des uns ou des autres, et je l'ai
cherché si peu, qu'après avoir établi cette espèce de parallèle, je ne sais vraiment pas de quel côté se trouve l'avantage. Tout ce que je puis affirmer, c'est
que les artistes allemands, loin de méconnaître le mérite des productions françaises, s'expriment sur elles avec admiration. J'ai souvent entendu leurs excla-
mations de surprise devant de petites lithographies, fugitives inspirations d'un
ingénieux instinct, ou devant d'autres ouvrages plus importans; je leur ai entendu bien souvent dire : Das macht Jhnen Niemand nach; ungeheure Fertigkeit!
(On ne saurait les imiter; inconcevable facilité!) Devant le paysage à l'huile de
Watelet et devant son aquarelle, exposés à Berlin en 1834, les artistes allemands
semblaient presque éprouver du découragement, tant il leur paraissait difficile
d'atteindre à cette manière, tant ils étaient enchantés de ces deux ouvrages. La
Femme romaine, de Maes, qui a fait partie de l'exposition de 1834, a produit
une espèce de ravissement, et les artistes étaient les premiers à l'exprimer.

C'est en vain que les peintres allemands chercheraient à ressembler aux Français; ils ne ressemblent pas non plus tout-à-fait aux Hollandais, mais cependant

* *Esthétique*, vraie théorie de l'art fondé sur le sentiment.
** *Subjectif* ou *objectif*, termes de l'école philosophique allemande, dont la signification indique des sujets pris dans la nature intérieure de l'homme (le *moi* humain), ou dans les objets
extérieurs.

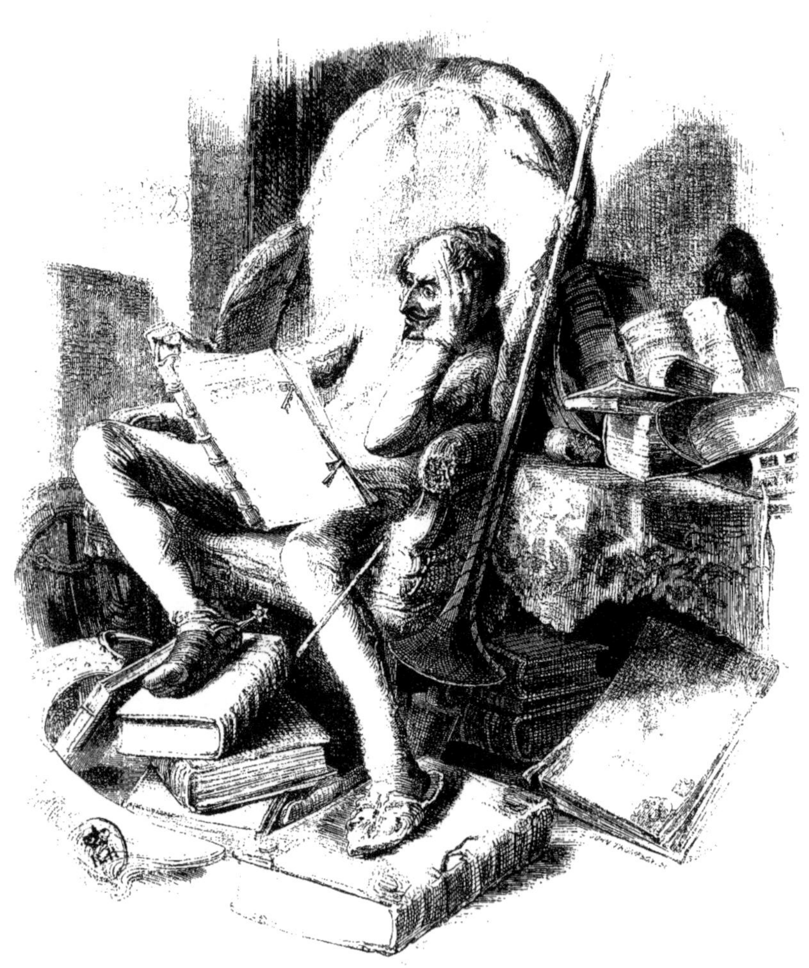

DON QUICHOTTE, PAR SCHROEDTER.

Gravé par Thompson, à Londres.

ils ont avec ceux-ci d'assez frappantes analogies. Les Hollandais savent tirer parti des traditions que leur ont laissées Téniers, Mieris, Netscher, Ostade, Terburg, etc., et j'ai vu des tableaux modernes de Koekkoek, Verboekhoven, Schelfhout, Schotel, Gustave Wappers de Bruxelles, Eckhaut de La Haye, Pinemann et Krusemann d'Amsterdam, qui me semblent n'avoir rien à craindre d'une comparaison avec leurs devanciers. Les Allemands n'ont point d'antécédens; ils créent leur genre. L'époque présente est celle d'un développement surprenant; mais ce n'est encore qu'un début.

C'est avec les Anglais que nos peintres de Genre me semblent avoir le plus de points de ressemblance. Wilkie, la plus grande notabilité du Genre en Angleterre, a une manière de saisir les objets et une tournure d'esprit dont nos artistes approchent souvent beaucoup. Parmi les talens qui se sont formés en France et en Italie, c'est Robert surtout que je recommanderai aux Allemands, comme un admirable modèle et comme montrant dans ses ouvrages une tournure d'esprit et une tendance qui ne sont nullement en désaccord avec notre nature; non que je voulusse conseiller une imitation mesquine et servile : je parle seulement de l'étude des moyens, des principes, de la tendance. Au surplus, les succès tous les jours croissans qu'obtiennent beaucoup de peintres de Genre de Dusseldorf et du reste de l'Allemagne, tels que Pierre Hess, Schrödter, Weller, Petzel et autres, sont propres à rassurer sur cette partie si intéressante de l'art, et à faire concevoir les plus belles espérances.

I.

ADOLPHE SCHRODTER, DE SCHWEDT, AGÉ DE 26 ANS.

Schrödter a de l'esprit, de la finesse, une conception vive et une facilité qui n'exclut pas la réflexion et la profondeur; il est plein de *humour* et de gaîté. Son Don Quichotte ne manque d'aucune des qualités qui font le mérite des ouvrages de

Genre les plus remarquables, de quelque époque et de quelque pays que ce soit. Don Quichotte est enfoncé dans la lecture d'*Amadis des Gaules*; le plus grand désordre règne autour de lui. Il est maigre, il est blème, il est déguenillé, il est sale, il est fou, il est comique, et pourtant il est en même temps touchant. C'est, parmi tous les tableaux de Genre de l'exposition de 1834, celui qui a obtenu le plus de suffrages. Il appartient au libraire Reimer, à Berlin.

Le tableau de Schrödter, représentant le Dégustateur de vin (die Weinprobe), appartenant au consul Wagner, à Berlin, passe pour un de ses meilleurs ouvrages, et, en effet, c'est un tableau plein de vérité. A l'exposition de 1834, j'ai vu de lui un tableau qui représentait des gens du peuple s'amusant à boire devant une auberge sur les bords du Rhin. La lumière, dans ce tableau, n'est pas d'un effet agréable; elle y est répandue avec trop de profusion; mais on y trouve ce qui est si éminemment propre à ce peintre : l'esprit, l'étude de la nature, un soin minutieux autant qu'intelligent. Ce tableau appartient aussi au consul Wagner. Pendant que j'étais à Dusseldorf, Schrödter était occupé à exécuter pour le prince Frédéric une Scène de chasse composée de beaucoup de figures, toutes portraits. C'est lui qui est l'auteur du frontispice qui se trouve en tête de ce volume.

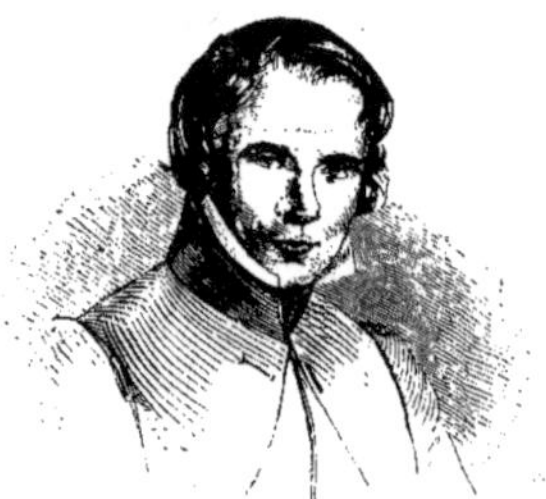

PORTRAIT DE SCHRÖDTER.
Gravé à Londres.

II.

EBERS, DE BRESLAU, NÉ EN 1808.

Il s'est fait connaître par les tableaux suivans :

Contrebandiers occupés à descendre à terre; tableau appartenant au consul Wagner, à Berlin; peint en 1830.

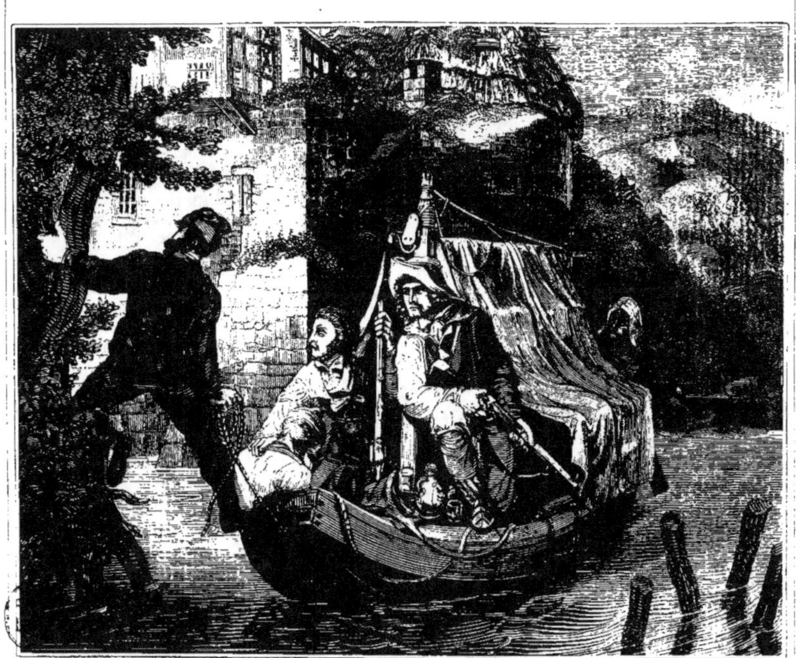

CONTREBANDIERS.

Gravé à Londres.

Contrebandiers aux prises avec des gendarmes; acheté par la Société des arts, à Berlin, et gagné par une personne de Halberstadt; peint en 1832.

Contrebandiers dans un cabaret; appartenant au comte Redern, à Berlin; peint en 1833.

Le Raccommodeur d'habits (petit tableau); acheté par la Société des Arts, à Breslau; gagné par M. Frank, à Breslau; peint en 1833.

Saint Goar au milieu des pêcheurs; peint en 1834; commandé par M. le consul Wagner, à Berlin. Cette composition se rapproche du style historique; elle est sage et agréable.

III.

RUDOLPHE JORDAN, DE BERLIN, AGÉ DE 24 ANS.

Pendant que j'étais à Dusseldorf, il finissait un très joli tableau qui a pour sujet un Paysan présentant sa fille, jeune et jolie, à un jeune homme qui paraît être le promis. Dans ce petit ouvrage sont réunis tous les genres du mérite : naïveté, vérité, grâce, esprit. Le père a l'air de dire à sa fille : Comment le trouves-tu? La fille ne répond rien, mais elle n'en pense pas moins. Le promis paraît fort content; mais ce contentement niais et la petite physionomie espiègle de la jeune fille donnent à penser. Ce tableau est venu augmenter la charmante collection du consul Wagner.

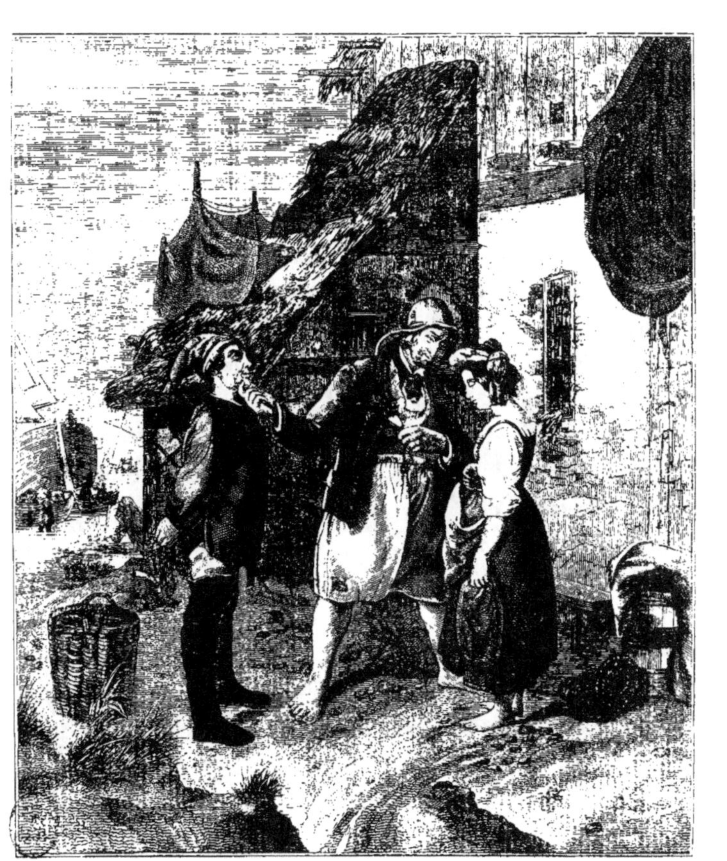

PROPOSITION DE MARIAGE.
Gravé par Gubitz, à Berlin.

IV.

JACQUES BECKER, DE WORMS, AGÉ DE 23 ANS.

J'ai vu de lui à Dusseldorf un Vieux Mendiant et sa fille cherchant un abri contre l'orage; et à Berlin, à l'exposition de 1834, un Chevalier et sa dame. Ces compositions, aussi bien que la plupart des autres ouvrages de Becker, appartiennent plutôt au Genre qu'à l'Histoire. Je rangerais Becker parmi les jeunes talens qui s'annoncent sous les plus heureux auspices. Dans la première des compositions que je viens d'indiquer, il y a réminiscence des lithographies et gravures françaises et anglaises qui retracent des sujets pareils; l'autre est *Altdeutsch*. Dans ce dernier tableau, les ombres paraissent trop noires; cependant l'effet général est chaud et agréable. On m'a dit que Becker dessinait bien sur la pierre; mais je regrette de ne pouvoir pas indiquer comme une justification de cet éloge sa lithographie du Brigand, de Lessing, dessin qui ne rend l'original que d'une manière bien imparfaite. Un portrait de l'artiste qui nous occupe a été fait par Schadow avec une supériorité qui a ravi tout le monde; la belle figure du modèle, et sa barbe qu'il laisse croître, y prêtaient, et Schadow en a su tirer un excellent parti; c'est le duc de Cambridge qui a fait l'acquisition de cet ouvrage. Becker excelle dans les aquarelles, et ses compositions en ce genre sont conçues avec esprit et touchées délicatement.

V.

GUILLAUME HERENZ, DE BERLIN.

Il a fait pour mademoiselle de Waldenburg quatre petits tableaux représentant des sujets tirés du poème de Uhland, *la Fille de l'Orfèvre*. Ces tableaux sont réunis dans le même cadre gothique. Rien de mieux pour orner le cabinet d'une dame allemande : c'est de la chevalerie, du romantique, de l'*Altdeutsch*, et tout cela exprimé d'une manière sentimentale, mélancolique, consciencieuse; l'exécution en est soignée, le coloris a de l'éclat.

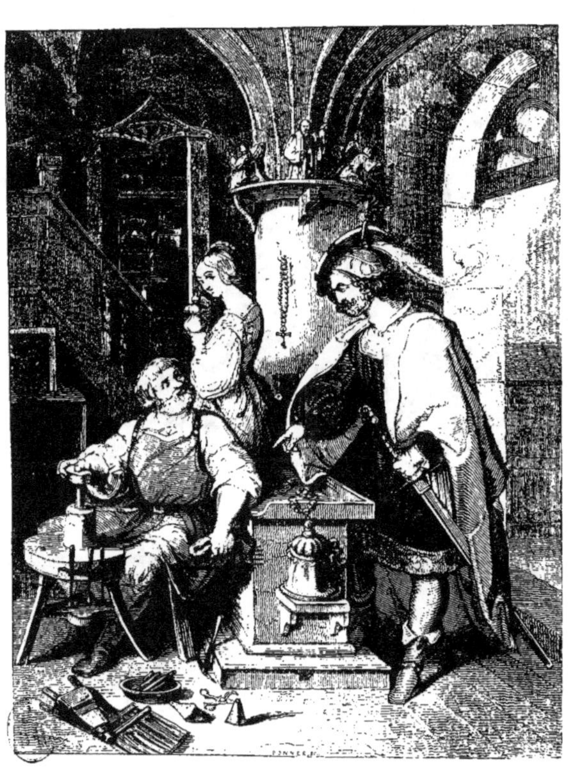

LA FILLE DE L'ORFÈVRE.
Gravé par Bonner, à Londres.

On a vu encore du même peintre, à l'exposition de 1834, plusieurs autres

tableaux, dont l'un, appartenant à M. Bendemann, est intitulé le Retour. J'en
donne ici la gravure.

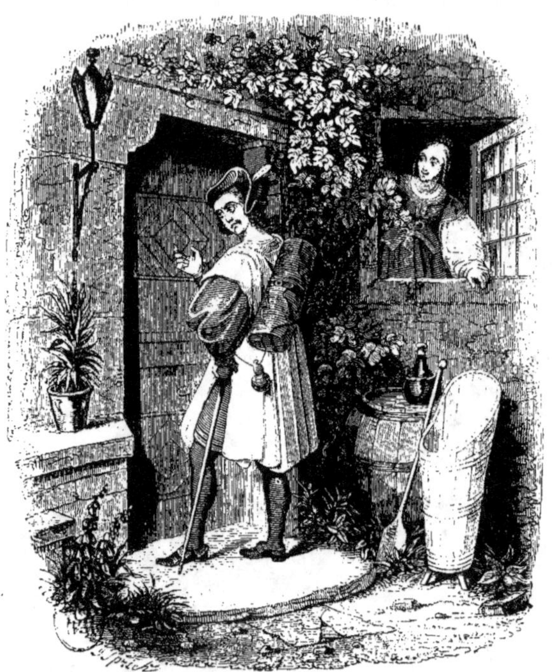

LE RETOUR.
Gravé par Wright et Folkard, à Londres.

VI.

SONDERLAND, DE DUSSELDORF.

Cet artiste est toujours mentionné avec éloge quand il est parlé des peintres
de Genre de Dusseldorf; nous l'avons déjà vu cité dans l'article de M. Gruppe,
dont un extrait se trouve au troisième chapitre de ce volume.

VII.

LE COMTE STENBOCK, DE REVAL.

Il a exposé une Famille de brigands, qui est terminée avec un soin minutieux, sans qu'on puisse pour cela reprocher au tableau ni dureté ni sécheresse. Le Brigand, de Lessing, ne me paraît pas avoir été sans influence sur cet ouvrage.

VIII.

FRÉDÉRIC BUSCH, DE DUSSELDORF.

Cet artiste s'est fait connaître d'une manière avantageuse par deux tableaux représentant des Enfans à une fenêtre, et un Pélerin qui se repose.

IX.

A. GUSTAVE LASINSKI, DE COBLENTZ, AGÉ DE 24 ANS.

Sa Mort de Tell n'est pas sans mérite.

X.

PIERRE VOGEL, DE FRANCFORT-SUR-LE-MEIN.

Son Göß von Berlichingen porte le cachet de l'École de Dusseldorf; cependant ce tableau n'est pas assez important pour autoriser un jugement sur le talent de l'auteur.

XI.

L. HOLTHAUSEN, DE UERDINGEN.

Le catalogue de l'exposition de 1834 cite trois tableaux de lui. Je regrette de ne pas avoir fait connaissance avec cet artiste à Dusseldorf, et de ne pas avoir remarqué les tableaux qu'il a exposés à Berlin.

Je n'ai pas fait connaissance non plus avec Küderich, Ridderlich, de Cologne, et Teicher, de Brunswick, qu'on m'a cités comme annonçant d'heureuses dispositions.

XII.

J. V. PREYER, DE ESCHWEILER.

Il est peintre de fleurs, de fruits et d'objets inanimés (Stillleben *). C'est un nain très bien proportionné, d'une figure agréable et d'une politesse qui ne laisse pas soupçonner le talent distingué dont il a été doué par la nature ; je ne pense pas que, dans ce genre ni quelque part que ce soit, l'on fasse mieux. Ce qu'il fait n'est pas seulement empreint de vérité, mais il y a charme, esprit et prestige dans des objets qui semblent exclure ces qualifications. Le consul Wagner possède plusieurs tableaux de lui, et en fait le plus grand cas. Celui qui représente un Verre dans lequel se réfléchit la figure de l'artiste est une des meilleures choses que j'ai vues dans ce genre. Son portrait, que je donne ici, est copié de ce tableau ; il est loin d'être flatté, et l'on peut même reprocher à la gravure de

---

* C'est ainsi que les Hollandais et à leur exemple les Allemands appellent les sujets représentant les intérieurs de cuisine, les tables couvertes de plats d'alimens, les fruits, les verres, les pots, vases, meubles, objets d'orfévrerie, etc.

fournir une ressemblance désavantageuse; cependant, tous ceux qui ont vu l'artiste n'auront pas de peine à le reconnaître.

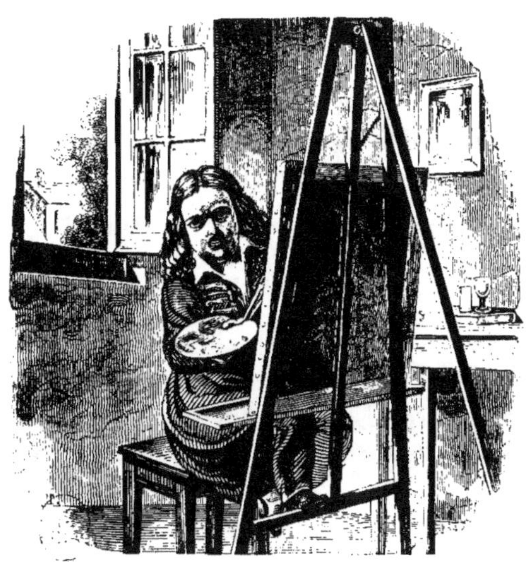

PORTRAIT DE PREYER.

Gravé par Lacoste, à Paris.

XIII.

JACQUES LEHNEN, DE HINTERWEILER.

Je dois encore citer parmi les peintres de genre, ou plutôt d'intérieurs et d'objets inanimés, Lehnen, aussi petit de taille que Preyer, et faisant avec beaucoup de soin et de vérité le gibier et autres sujets dans le genre de Venix.

XIV.

GÉRARD DE REUTERN.

Le baron Gérard de Reutern, Livonien, s'est rendu à Dusseldorf, en 1835, pour se familiariser avec la partie technique de l'art de la peinture à l'huile, et pour profiter des exemples que fournit cette école. Il a été long-temps militaire, et il a perdu le bras droit à la bataille de Leipzig. Il a appris depuis à se servir de la main gauche, et il le fait de manière à ne pas laisser soupçonner qu'il ait été si malheureusement mutilé. Comme dessinateur et peintre, il n'a pris de leçons que de la nature, et jamais élève n'a fait plus d'honneur au meilleur des maîtres.

En suivant cette direction, il a acquis un degré d'habileté et un genre de talent qui sont tout-à-fait indépendans des préceptes de toutes les écoles, de la mode, de l'esprit du siècle. Reutern eût été ce qu'il est, s'il avait vécu au temps de Raphaël ou des Carrache; dans le pays des Teniers ou dans celui des David; à Munich, où Cornélius donne à toute l'école une impulsion puissante, ou bien à Dusseldorf, où plusieurs grands talens réunissent leurs efforts sous l'influence bienfaisante de Schadow. Ce fut Gœthe qui, le premier, reconnut en lui un talent distingué; il n'a cessé jusqu'à sa mort de le conseiller et de lui témoigner de l'affection.

Le talent de Reutern participe de celui de Holbein. La manière dont celui-ci saisissait les objets était plus historique; mais, sous le rapport de la vérité, je ne pense pas que Reutern le cède à ce grand maître; il a moins de style, mais son dessin est plus facile et plus pittoresque; la manière, l'affectation, l'orgueil, l'exagération de la force ou de la grâce sont peut-être plus loin de lui que d'aucun peintre vivant : son talent a la naïveté et la grâce de l'enfance. Je n'ai vu de lui et il n'a fait jusqu'ici que des aquarelles; mais dans ce genre je ne connais rien de mieux, rien de si beau. La lithographie ci-jointe, qui a été copiée d'une aquarelle que possède la princesse royale de Prusse, fera mieux connaître la nature du talent de Reutern que ne pourrait le faire la description la plus détaillée. Son *album* est la chose la plus intéressante et la plus curieuse qu'on puisse voir. J'aime moins ses paysages; cependant, même dans ceux-ci, on découvre avec plaisir cette disposition intime qui fait naître des impressions profondes, lors même qu'elle ne satisfait pas tout-à-fait le goût. Reutern est peintre de genre; mais il l'est autrement que tous ceux de notre époque, à quelque pays qu'ils appartiennent.

Reutern ne saurait être considéré comme appartenant à l'école de Dusseldorf; mais il se trouve maintenant dans cette ville; il tient à la nationalité allemande par sa langue et son origine; je suis heureux de pouvoir le nommer ici sans dépasser les bornes que je me suis tracées; certainement il mérite d'être cité parmi ceux dont le talent honore le temps présent, parmi ceux qui prouvent le mieux que nous vivons pour ainsi dire dans une atmosphère où naissent et se développent les artistes, indépendamment des efforts des gouvernemens et de l'influence des institutions; fait caractéristique, et qui constitue une analogie remarquable entre notre époque et la deuxième moitié du xve siècle ou le commencement du xvie.

CHAPITRE VII.

N peut, je crois, admettre en principe
général que la peinture historique ne doit pas puiser ses inspirations dans le geste ou la physionomie d'un modèle mer-
cenaire, mais doit faire servir le modèle à exprimer les idées;
les sujets doivent naître de l'imagination; ils doivent être poétiques de leur nature; les expressions des figures doivent être
idéalisées. A ces seules conditions, le peintre d'histoire peut
se soutenir à la hauteur de cette partie de l'art, considérée
avec raison comme la plus noble. En effet, on ne fera jamais
naître des passions dans un modèle, on ne fera pas qu'un
portefaix en attitude devienne un Hercule, qu'un pauvre juif
venu des bords de la Vistule jusqu'à Dusseldorf, et que la mi-
sère fixe à des heures marquées sur la sellette, représente
dignement, si longue et si blanche que soit d'ailleurs sa barbe, un prophète ou
un apôtre. Mais n'est-il pas permis de douter que ces mêmes règles soient également applicables au paysage? Si j'osais là-dessus émettre une opinion, je dirais
qu'en principe général le paysagiste doit puiser ses inspirations uniquement dans
la nature, ou, en d'autres termes, dans le modèle, et que la nature doit égale-

ment présider seule à l'exécution des œuvres du paysagiste. Pour celui-ci, en effet, n'existe pas un ordre de difficultés qui arrête à chaque pas le peintre d'histoire. Les contours, dans un paysage, sont immobiles, et les effets de lumière se renouvellent ou se prolongent assez pour pouvoir, jusqu'à un certain point, être saisis et fixés par une rapide esquisse. L'imagination la plus active, le génie le plus élevé, ne sauraient concevoir des effets comparables à ceux que la nature produit avec tant de variété : le créateur ne connaît pas de rivaux pour la composition, et le soleil distribue dans ses vastes tableaux les clairs et les ombres dans une proportion toujours heureuse. Le paysagiste devrait donc, selon moi, borner son ambition à représenter la nature, et je crois que les paysages ne seront jamais plus beaux et plus vrais que lorsqu'ils seront l'image d'un objet et d'un instant donnés. Cette tâche, je le sais, n'est pas facile; car les effets de lumière, quoiqu'ils ne soient pas le plus souvent instantanés, sont rarement d'une durée assez longue pour qu'un paysage puisse être en quelque sorte calqué, dans tous ses détails lumineux, avec une parfaite précision; mais ici l'imagination, la mémoire, sont de puissans auxiliaires, et, au besoin, des études partielles faites dans d'autres momens ou même dans d'autres lieux, peuvent, quoique imparfaitement, suppléer à ce qui échappe à l'œil ou au souvenir; mais, dans tous les cas, il est à desirer que le peintre se laisse guider par sa mémoire plutôt que par son imagination. Si un tableau n'est pas le reflet fidele d'un site déterminé, s'il n'en rend pas exactement l'effet d'ensemble, et s'il néglige d'en combiner les diverses parties dans de justes rapports, enfin s'il ne représente pas un sujet et un instant donnés, j'ai peine à croire qu'il puisse être vrai, quelque grand que soit le génie du peintre. C'est à ces conditions seulement que les paysages peuvent atteindre le sublime de l'effet, uni à l'harmonie et à la vérité. En suivant ces principes, la part du talent est encore bien belle. Un esprit grossièrement organisé, un homme dont le goût n'a pu se développer, ne comprend pas les beautés de la nature; le talent du peintre, pour saisir le prestige et le reproduire, a besoin d'atteindre à une grande puissance; il n'est réservé qu'aux plus grands artistes de rendre avec force et avec grâce ce que la nature vous offre et vous enseigne en fait de reflets, de contrastes, d'aimables illusions de couleur, de dégradation de teintes, d'harmonie et d'effets brillans.

D'ailleurs, dans le paysage, ne pas tirer ses sujets de la nature c'est les priver d'un grand charme; l'attention du public proprement dit, celle des connaisseurs ou des acheteurs de tableaux, se porte souvent de préférence sur un nom, sur un souvenir historique ou particulier, sur des circonstances spécialement attachées à une localité. Non que je prétende exclure le talent poétique ni celui de l'invention, du domaine du paysagiste; assurément les artistes dont l'esprit est dirigé vers cette voie, ceux qui dans ce genre ont obtenu des succès, auraient tort d'y renoncer : la renommée des Claude Lorrain, des Swaneveld et de bien d'autres est là pour leur servir d'encouragement et d'exemple; il y a même des peintres pour qui cette tendance poétique est un devoir et une nécessité; j'entends ceux qui placent des actions historiques dans des paysages, comme le faisaient les Carrache, le Dominiquin, l'Albane, le Poussin, et même bien souvent Cima, Lucas de Leide, Raphaël lui-même et la plupart des grands maîtres anciens; ceux-là, essentiellement peintres d'histoire, ne peuvent abandonner l'idéal, et doivent approprier leurs paysages aux sujets, sous peine de produire un désaccord fâcheux; mais il me semble que cette direction ne devrait pas être présentée comme normale dans une école de paysage. Ruysdael, Hobbema, Gudin, Watelet, nous montrent des exemples que je préférerais indiquer aux efforts des jeunes artistes; il y en aura toujours assez qui abandonneront cette route pour suivre l'autre.

Ce que j'ai dit de l'accord qui doit régner entre le sujet et le paysage est tellement vrai que, quand une fois ce dernier est traité d'une manière historique, il devient nécessaire d'imprimer aux figures le même caractère. En 1834 je visitai avec le professeur Olivier, à Munich, l'atelier d'un paysagiste; celui-ci nous montra une belle composition idéale représentant une forêt et un torrent. Un cheval emporte dans sa course rapide l'infortuné Mazeppa; des loups sont à sa poursuite, avides de saisir leur proie. L'ensemble de cette composition, qui n'était encore qu'ébauchée, était d'un très grand intérêt. Le cheval, dessiné par une autre main exercée dans cette partie, était plein de vie et d'ardeur. Cependant ce cheval, selon le professeur Olivier, détruisait l'harmonie de la composition, et l'artiste en tomba d'accord; il annonça l'intention de le refaire, non qu'il prétendît l'exécuter aussi bien, mais il sentait qu'il fallait le mettre en rapport d'effet et de style avec le reste. Il est certain qu'en thèse générale un paysage idéalisé, lyrique, poussinesque, exige une manière de traiter les figures conforme à l'idée principale; à plus forte raison les sujets historiques exigent-ils, ainsi que je le disais tout-à-l'heure, un paysage historique ou idéal; mais je persiste à croire que le paysage, dans la direction la plus appropriée à son essence, ne demande pas à avoir ce caractère.

Sans examiner ici encore si l'école de Dusseldorf, qui s'honore d'un grand nombre de paysagistes distingués, penche plus vers l'un ou vers l'autre système, je tâcherai de rendre compte des talens que j'y ai observés, et qui m'ont paru le plus remarquables. Dans aucun cas cependant, je m'empresse de le dire, ce n'est l'exemple ni des Claude Lorrain ni des Poussin que suit l'école qui nous occupe : si elle penche vers l'idéal, cette tendance se reconnaît à des signes tout particuliers : c'est la pensée allemande exprimée par des couleurs, c'est le romantisme dans la meilleure acception de ce mot tant prodigué, c'est la personnification du travail le plus consciencieux, de l'étude la plus opiniâtre; en un mot, c'est *du Dusseldorf* ou *du Lessing.*

Jean-Guillaume Schirmer, de Juliers, né en 1807, est le chef de la section du paysage à l'Académie de Dusseldorf; il fit dans cette ville ses premières études, qui avaient pour objet la peinture historique. Les paysages de Lessing le décidèrent à s'essayer dans le même genre, et peu d'années après il avait déjà produit de beaux ouvrages. Au dire des artistes de Dusseldorf, ce sont les forêts et les lointains qu'il traite le mieux; il peint vite et avec facilité, et se montre habile coloriste. On voit se déployer sous sa direction une activité extrême, et se former beaucoup d'élèves destinés à un brillant avenir. Il a exécuté de nombreux tableaux d'après nature; il en a composé aussi plusieurs d'imagination.

Sa réputation est répandue dans toute l'Allemagne, et ses ouvrages sont très recherchés. Lui-même m'a cité parmi ses productions une Forêt avec des chasseurs, appartenant à M. Koch, à Cologne; la Religieuse, appartenant à M. Trost, à Elberfeld; un Paysage avec des pêcheurs, appartenant à M. Wagner, à Berlin; une Matinée de dimanche, appartenant au président Sack, à Berlin. J'en vois beaucoup d'autres indiqués dans les listes des tableaux dont la Société des arts, à Dusseldorf, a fait l'acquisition, pour en faire faire ensuite le tirage au sort. Les noms qui suivent sont ceux de ses élèves :

Henri Funk, de Herfort. Son talent est poétique, son coloris a de l'éclat; il est heureux dans l'exécution de ses idées; ses inspirations sont d'une nature élevée. Le comte Redern, à Berlin, possède de lui un tableau représentant un Cimetière au soleil couchant. Le Château en ruines, appartenant au docteur Wolter, à Dusseldorf, est pensé avec grandeur et originalité. Cette composition rappelle la nature des montagnes du Harz.

André Achenbach, de Dusseldorf. Parmi tous les élèves de Schirmer, c'est celui qui m'a paru annoncer le plus de dispositions innées, c'est celui à qui je voudrais surtout voir prendre la nature pour guide unique. Je lui trouve un talent tout-à-fait à la hauteur de cette direction; mais, si je ne me trompe, ses goûts le portent plutôt vers la composition et la poésie, et, quoique âgé seulement de dix-huit ans, il a produit déjà dans ce genre des ouvrages qui réunissent les suffrages des maîtres et de ses collègues. On peut compter parmi ses meilleurs tableaux une Vue des bords de l'Ahr, appartenant à M. Decker; une Vue de la ruine de Rolandseck, appartenant au comte de Stolberg, président de la régence de Dusseldorf; et un Paysage fait de souvenir, représentant un rivage rocailleux de la Finlande.

Frédéric Ehemant, de Francfort sur-le-Mein. Son premier tableau, représentant le Château d'Elz sur-la-Moselle, annonce un beau talent. On remarque dans ses ouvrages une grande facilité pour la composition.

Charles Dahl, de Berlin. La manière dont il a exprimé la course rapide d'un torrent dans un bois annonce une imagination poétique.

Léopold Schlösser, de Berlin, a donné une haute idée de son talent par son grand paysage avec deux loups sur le premier plan.

Guillaume Pose, de Dusseldorf. Il se complaît dans les sujets solitaires, mais rians, que lui fournissent les plaines qui bordent le Rhin aux environs de Dusseldorf. Il finit les détails avec tant de soin, et il fait apercevoir dans l'ensemble de ses ouvrages un intérêt si vif pour le sujet qu'il traite, que ses tableaux en obtiennent un charme tout particulier. On cite notamment de lui un Moulin au milieu des rochers, appartenant à M. Decker, à Berlin, et un Moulin dans une plaine, avec des figures représentant des pêcheurs; acheté en commission par M. Wagner.

A ces noms je joindrai encore ceux de : Frédéric Heunert de Soest, Henri Koch de Krefeld, Arnold Schulten de Dusseldorf, Charles Breslauer de Varsovie, Guillaume John de Berlin, et Kisling de Potsdam. Ces jeunes gens montrent d'heureuses dispositions, et ont déjà produit des œuvres dignes d'attention.

Deux artistes très distingués, ne faisant pas partie de l'école de Schirmer, mais qui sont doués de talens éminens, quoique bien divers, sont Adolphe Lasinski, de Coblentz, et Gaspard Scheuren, d'Aix-la-Chapelle. J'ai vu du premier de ces artistes, pendant mon court séjour à Dusseldorf, un paysage admirable, représentant le Bourg d'Oberstein sur-la-Nahe : c'est un ouvrage extrêmement précieux pour le fini du travail, pour la beauté des teintes et pour l'harmonie des couleurs.

Lasinski travaille avec une grande assiduité; il efface et corrige sans cesse; le desir de bien faire, la crainte de ne pas réussir, le rendent inquiet et chagrin; cependant, s'il se livrait à la confiance, s'il ne donnait pas accès à des impressions capables de troubler son repos, ses succès seraient proportionnés à la beauté de son talent. Son Château d'Elz, qui a été acheté par la Société des Amis des arts, à Francfort, a fait une vive impression sur le public.

Scheuren, d'Aix-la-Chapelle, est doué d'une facilité et d'une verve qui, si elles sont toujours dirigées par le bon goût et par une étude approfondie de la nature, produiront des résultats dont il est impossible de mesurer la grandeur. Ce jeune homme, plein de vivacité et d'assurance, se livrant à l'enivrement du succès avec une joie enfantine, est parfois disposé à laisser percer un amour-propre qui pourrait lui attirer des dégoûts; mais la mobilité de ses idées ne permet pas à ses impressions de prendre un développement capable de nuire à ses progrès.

Scheuren pourrait marcher sur les traces de Ruysdael, qui savait si bien prendre la nature sur le fait. J'ai vu de lui un paysage remarquable chez un doreur à Dusseldorf; s'il n'avait pas le défaut d'avoir deux horizons, de se composer de deux sujets rapportés, il serait, à mon goût, quelque chose de parfait dans le genre de ces tableaux de Ruysdael, si estimés en Hollande, qui représentent de vastes lointains d'une teinte douce, des pays plats, des atmosphères brumeuses ou répandant une faible clarté. C'est surtout dans sa partie supérieure que le tableau de Scheuren me paraît admirable. Le paysage que cet artiste vient de faire pour M. Wagner, à Berlin, est composé dans le style propre aux paysagistes de notre époque, à ceux surtout qui marchent sur les traces de Lessing : des montagnes et des rochers, une grande richesse de composition, une vaste conception, certaines formes reproduites fréquemment et avec une sorte de prédilection, une teinte générale harmonieuse. Scheuren compose avec une grande facilité; mais il lui serait utile, au point où son talent est parvenu, de peindre beaucoup d'après nature. Les figures qu'il place dans ses paysages sont traitées avec esprit; il réussirait sans nul doute à les faire plus grandes; je crois même qu'il pourrait, sous ce rapport, suivre avec succès les traces de Salvator Rosa, ou même de L. Robert, s'il lui était donné d'idéaliser ses sujets autant et d'une manière aussi noble que ce dernier. Ses aquarelles sont touchées spirituellement et d'une main hardie : on serait tenté de croire qu'il a connu la méthode des aquarélistes français et anglais; cependant c'est sans leur secours qu'il a acquis une si grande pratique.

Je ne pense pas que Dusseldorf soit le théâtre le mieux approprié à son talent. S'il veut rester fidèle au paysage, c'est en Hollande qu'il fera les plus fruc-

tueuses études. En Hollande le goût du public, moins poétique qu'en Allemagne, affectionne surtout les effets pittoresques, le faire large et facile,
l'exactitude à reproduire la nature; les Hollandais saisissent bien l'ensemble d'un
paysage et l'expriment avec intelligence et vérité, sans s'inquiéter beaucoup du
sujet. Si, au contraire, c'est vers le genre que Scheuren se sent entraîné, je crois
que c'est en Italie et dans les œuvres de Robert qu'il pourra trouver ses plus
heureuses inspirations. Il est difficile, encore jeune et vif comme il est, de le
juger et de prévoir son avenir; mais on ne saurait méconnaître que les premières années de sa carrière d'artiste font naître des espérances très légitimes;
une brillante renommée peut lui être réservée, et même elle paraît ne dépendre
que de lui, de son zèle et de sa persévérance.

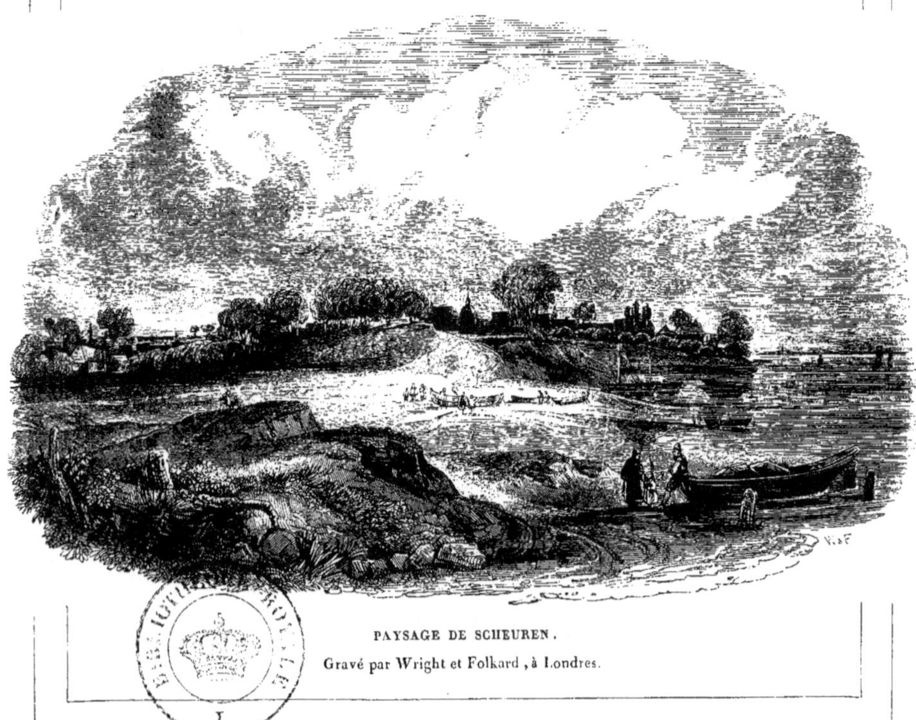

PAYSAGE DE SCHEUREN.
Gravé par Wright et Folkard, à Londres.

Quoique à peine âgé de vingt-trois ans, Scheuren a déjà fait un grand nombre de tableaux qui lui ont valu beaucoup de vogue. Ce qui prouve le mieux que son talent est apprécié, c'est qu'on s'arrache ses ouvrages. Il serait fâcheux que cette circonstance l'arrêtât dans ses progrès, car le jour où il cesserait d'en faire, il serait bien près de devenir maniéré.

Je me livre sans crainte et sans réserve à mes observations sur cet intéressant artiste, car il connaît les sentimens qui les dictent. D'ailleurs, ce n'est point un livre de maximes que je fais, et je n'entends imposer mes idées à personne; ma seule ambition serait d'attirer l'attention de l'étranger sur l'état des arts en Allemagne; si mes appréciations rencontrent des contradicteurs en France ou en Angleterre, j'aurai toujours à me féliciter d'avoir provoqué le public de ces deux pays à voir et à juger par lui-même.

Pour compléter l'analyse des travaux des paysagistes de Dusseldorf, et en montrer le caractère distinctif, je ferai ici quelques observations sur les paysages en grand nombre qu'a réunis l'exposition de Berlin de 1834. Placés si près les uns des autres, et se faisant mutuellement contraste, ces ouvrages ont pu me fournir la matière de comparaisons utiles.

Il y avait à cette exposition un paysage de Watelet, qu'on eût pu croire placé là tout exprès pour former une parfaite opposition avec ceux de Dusseldorf. Ce tableau, qui appartient au docteur Spiker, à Berlin, ne me paraît point exempt de défauts : le grand groupe d'arbres à droite, l'autre plus éloigné et une partie du lointain, ne me semblent pas avoir été suffisamment étudiés; mais Watelet a le mérite de ne pas trahir de prétention; il ne cherche pas à être poète; il ne se montre ni rêveur ni mélancolique; il n'a eu d'autre desir que de ressembler à la nature. L'eau est une étude, et c'est une des plus heureuses et des plus admirables qui aient jamais été faites; les bâtisses et les rochers sont également copiés sur la nature, et n'ont point l'ambition de valoir mieux qu'elle. La manière dont les sommets des montagnes se confondent avec les nuages est d'une grande vérité et d'un bel effet; mais les autres parties, moins dignes d'éloge, ont probablement été peintes de pratique. En somme, l'impression que ce tableau produit est éminemment satisfaisante. Devant ce paysage on se croit en présence de la vérité et de la franchise : il n'a pas été péniblement façonné; il a en quelque sorte pris soudainement naissance (nicht gemacht sondern entstanden). Ce déplaisir qu'inspirent les prétentions et que Gœthe a si bien exprimé : « Ich sehe Abficht und ich bin verstimmt », on est sûr de ne pas l'éprouver devant l'œuvre de Watelet, et cette composition se recommande par des qualités très distinguées.

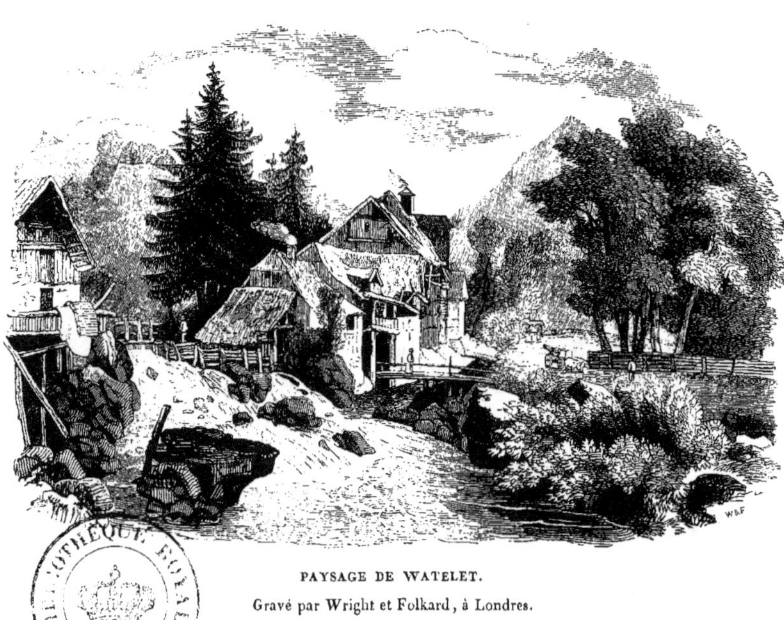

PAYSAGE DE WATELET.
Gravé par Wright et Folkard, à Londres.

Les paysages de Lessing, Pose, Achenbach, sont généralement exempts des imperfections que je viens de signaler dans le tableau de l'artiste français; mais ils sont loin d'en avoir la fraîcheur, la naiveté, la force, la vérité : c'est une nature idéalisée, une harmonie étudiée; les couleurs en sont, suivant l'expression italienne, *sfumate*, sorte de teinte générale, suave et mystérieuse qui offre un charme poétique et provoque la méditation. Le tableau de Watelet est une copie fidèle, vive et heureuse de la nature; ceux de Dusseldorf sont, si je puis m'exprimer ainsi, un compte-rendu d'impressions mélancoliques. Dans les tableaux de Dusseldorf il y a *effet de lumière; c'est *le jour* même qui anime celui de Watelet. A la vue des premiers, vous croyez presque entendre un chant plaintif; l'autre ne rend pas de sons, mais il est plein de vie. Les peintres de Dusseldorf traduisent sur la toile leurs émotions, leurs pensées; Watelet, avec son pinceau, se borne à redire ce qu'il voit, et il voit bien, et il dit bien.

Vous ne sauriez rester froid devant les ouvrages de Dusseldorf, mais vous éprouvez presque du malaise; cependant vous y revenez, vous vous y attachez. Tous ces tableaux, et surtout ceux de Lessing, semblent naître d'une disposition mélancolique, quelques-uns même d'une âme malade. J'admire les paysages de Lessing et ceux des peintres qui, dans le même système, obtiennent un succès mérité; mais, je l'ai déjà dit, j'ai peine à croire que cette direction doive être imposée aux élèves d'une académie : je ne pense pas que ce soit la meilleure. Le genre paysage a, je crois, de grands progrès à faire, peut-être plus d'une révolution à subir, avant qu'on soit d'accord sur ce qu'il doit réunir de conditions pour être réputé classique.

Voici les peintres qui me paraissent plus ou moins engagés dans la route tracée par Lessing, et dont les ouvrages ont paru à l'exposition de Berlin de 1834 :

Schirmer, à Dusseldorf. Dans plusieurs de ses tableaux il a été fidèle à la théorie de Lessing; mais, dans d'autres, il s'est écarté du coloris vague et du caractère mélancolique et mystérieux des paysages de cet artiste; toutefois, c'était pour s'abandonner à une pratique qui pourrait bien finir par le rendre maniéré. Dans son Coucher de soleil, il a été admirable, quoique l'effet de lumière, si vrai dans presque tout le tableau, ne le soit guère dans l'eau. J'aurai l'occasion tout-à-l'heure de revenir sur les productions de Schirmer, que je nomme ici le premier, parce qu'il dirige à Dusseldorf l'école de paysage.

Funk, à Dusseldorf. Un grand tableau de lui représente un pays aride avec des rochers qui bordent l'horizon; une seule petite fabrique au milieu du tableau, à une grande distance une charrette attelée de plusieurs chevaux à demi cachés dans un chemin creux; une large lumière se répand sur une grande partie de la toile. Ce paysage est très remarquable, et il caractérise le genre autant que ceux de Lessing. Ce même cachet, particulier à l'école de Dusseldorf, se reconnaît dans la composition de Lasinski, dont je publie ici la gravure d'après un dessin qui sera exécuté en peinture pour la Société des Arts à Berlin.

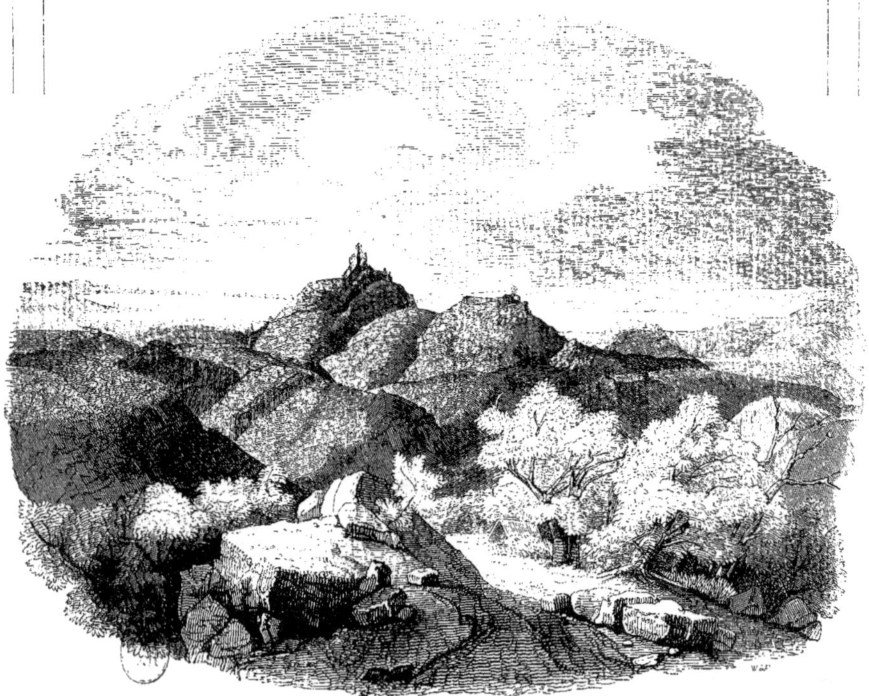

PAYSAGE DE LASINSKI.
Gravé par Wright et Folkard, à Londres.

Pose, à Dusseldorf. Il y avait de lui à cette exposition trois tableaux. Sa Cabane au bord d'un lac est un des plus beaux ouvrages de la nouvelle école, et tout-à-fait dans le style de Lessing : romantisme tempéré.

Achenbach, à Dusseldorf, a exposé plusieurs beaux tableaux; il annonce un grand talent.

Dahl, à Dusseldorf. Son torrent dans un bois après la pluie est digne d'éloge; il a une fraîcheur pleine de vérité.

Heunert, Schlösser, Happel, Breslauer, Koch, Jacobi, de Normann, Schulten, Ehemant, d'Abbema, font tous partie de l'Académie de Dusseldorf; tous montrent entre eux une très grande analogie, et paraissent suivre avec émulation les traces de Lessing.

Occupons-nous maintenant d'un autre genre, celui des artistes que j'appellerai praticiens.

Schirmer, à Dusseldorf, dans quelques-uns de ses tableaux s'est déjà écarté un peu de la manière de Lessing; il est plus positif; le passage des ombres aux éclats de lumière est chez lui plus rapide; il est plus brillant de teintes, plus hardi de touche et montre une très grande sûreté d'exécution; mais ses ouvrages n'ont pas le même charme : c'est de la facilité aux dépens de la profondeur; c'est une éloquence vive, mais peut-être un peu vide. Son grand tableau représentant une Ville aux bords d'un lac forme la transition du premier genre à celui que nous cherchons en ce moment à caractériser.

Schirmer, de Berlin, appartient décidément aux habiles praticiens; j'en juge par ses deux tableaux de cette exposition : il Monte-Serrato et la Villa d'Este. Nous devrons nous occuper de cet artiste distingué lorsque nous viendrons à parler de Berlin.

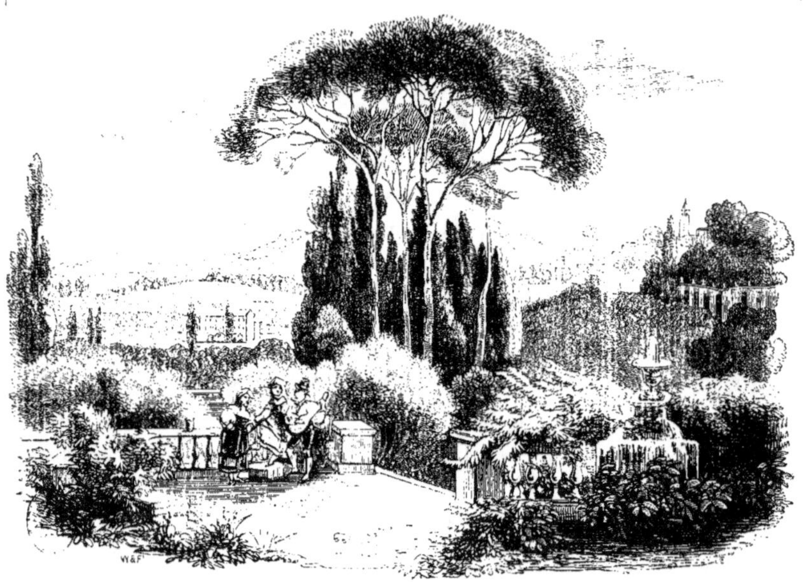

PAYSAGE DE SCHIRMER, DE BERLIN.
Gravé par Wright et Folkard, à Londres.

Simmler, à Dusseldorf, qui anime ses paysages en y plaçant des troupeaux, peut aussi prendre rang ici; il est élève de Wagenbauer à Munich. Je nommerai pareillement Nerli, le protégé du baron de Rumohr; depuis plusieurs années Nerli parcourt l'Italie, et ses études ont déjà beaucoup ajouté à sa grande facilité naturelle; il paraît chercher consciencieusement le vrai. Son coloris est peut-être trop violet et manque parfois de transparence.

Catel, dans ses deux tableaux exposés en 1834, a péché par l'excès contraire. il y a là plus de soleil qu'on n'en peut supporter; Catel est cependant un artiste fécond et habile; j'ai vu de lui des tableaux de genre où il a saisi la nature sur le fait, et l'a rendue avec vérité et avec esprit.

Kayser, de Munich, à en juger par son tableau de l'exposition, a grandement
à cœur de déterminer nettement chaque contour; il ne permet de doute sur rien;
il explique et précise toutes choses; cependant il peint avec hardiesse et d'une
main sûre. La teinte du paysage dont je parle est sombre et harmonieuse. Cet
ouvrage appartient à M. de Gröditzberg.

Biermann, à Berlin, mérite aussi de trouver place ici; il n'est peut-être point
d'artiste qui ressemble moins à Lessing. On dit que ses études d'après nature sont
fort belles : je ne saurais me joindre à cet éloge pour les trois paysages de lui
que possède le consul Wagner, à Berlin; il est juste de dire cependant qu'on y
découvre un soin d'exécution et une application estimables.

Krause, peintre de marine, est un de ceux pour qui la nature a le plus fait;
il a une verve et une facilité rares : quand il ne peut copier la nature, il la devine
ou la crée. Il est plus ou moins heureux, mais toujours fécond et facile. Le
voyage qu'il a fait en Hollande en 1834 lui a été très profitable; ses figures et
ses premiers plans sont dignes des meilleurs peintres flamands.

Dahl (le Norvégien), à Dresde. Son nom doit trouver place dans cette série,
de même que ceux de Pourtalès et d'Agricola. Au surplus, des deux catégories
que je viens d'établir la première seule présente un caractère bien déterminé;
l'autre offre autant de nuances et de subdivisions que j'ai cité d'artistes. Les
noms qui vont suivre présentent des variétés plus grandes encore et ne sauraient être classés.

Elsasser, dont cette exposition renfermait quatre grands tableaux, traite le
paysage comme l'ont fait les peintres d'histoire de l'époque des Carrache, comme
le Dominiquin, Claude Lorrain ou le Poussin, surtout comme Swaneveld : des
plans échelonnés, avec des massifs d'arbres disposés avec sagesse et méthode;
le lointain cendre d'outre-mer ou or; le premier plan très vert. En regar-
dant ces compositions si correctement étudiées, il semble que l'on entend quelques majestueuses poésies d'un auteur classique, de ces poésies dont on devine
parfois des phrases entières et la rime presque toujours; mais c'est néanmoins
noble, harmonieux et même vrai, car cela rappelle d'autres tableaux anciens

généralement admirés. C'est peut-être dans ses Marais-Pontins baignés par la mer que Elsasser a été le moins fidèle à la nature, et en même temps le plus original. Dans ce tableau, l'effet de lumière sur la mer est aussi hardi qu'heureux : c'était un des beaux paysages de l'exposition.

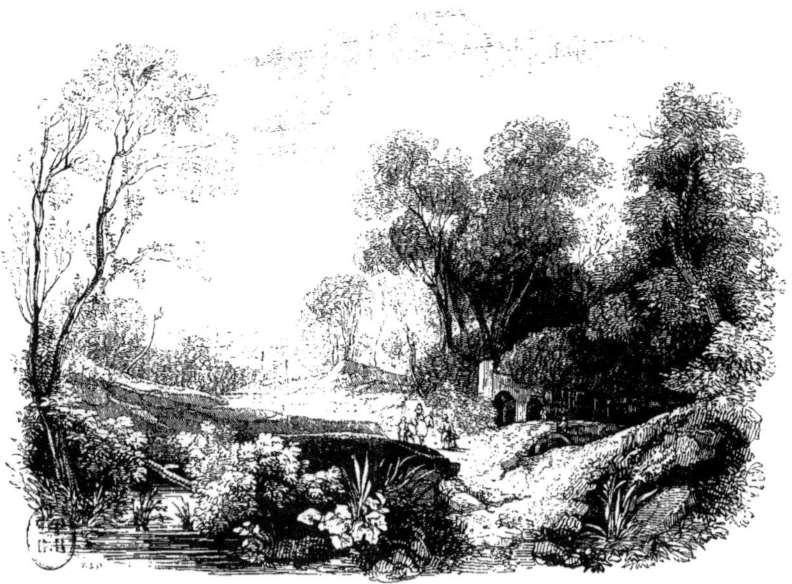

PAYSAGE DE ELSASSER.

Gravé par Wright et Folkard, à Londres.

Ahlborn, à Berlin. Son coloris s'écarte souvent du vrai; mais il le fait d'une manière qui charme la vue. J'aurais peine à rendre l'impression que produisent ses tableaux. Les couleurs dont se servent les Chinois pour peindre leurs oiseaux ne sont pas plus vives que le vert et le bleu de ses eaux et de ses feuillages. Ses paysages représentent les sites de différens pays, sites qui, sur ses toiles, ont tous entre eux des analogies frappantes, car il a vu la nature à travers un prisme qui en change le caractère. Une telle manière de peindre pourrait-elle devenir à la mode? Cela serait fâcheux; car c'est un écart. Dans plusieurs petits paysages Ahlborn a été heureux à rendre avec vérité les effets de la nature : son Hohen-salzburg mérite surtout cet éloge. Il a exposé la même année douze paysages. Celui dont je donne ici la gravure appartient au prince royal de Prusse; il représente Amalfi.

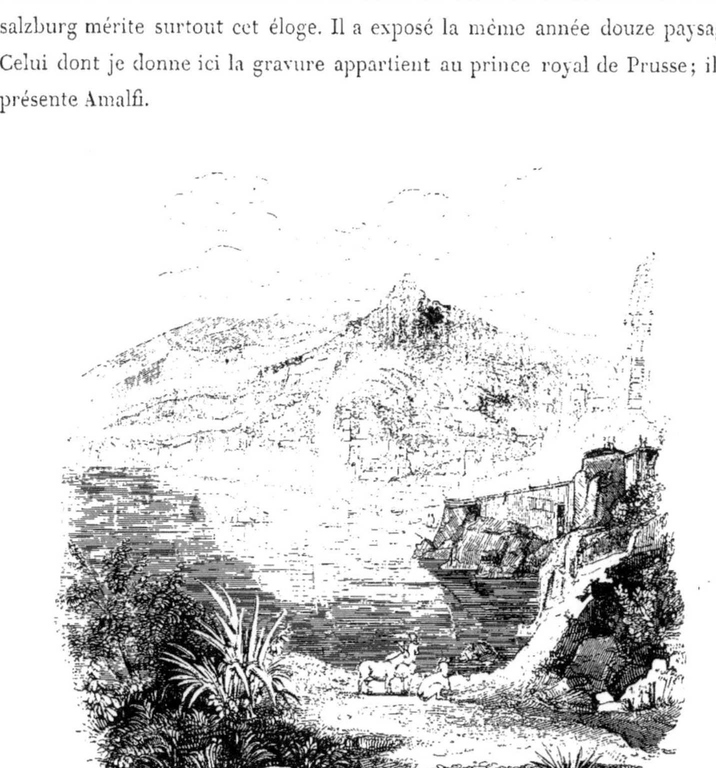

PAYSAGE DE AHLBORN.
Gravé par Wright et Folkard, à Londres.

Mademoiselle Linder, à Munich, possède un grand et fort beau tableau de cet artiste, composé sous le ciel de l'Italie et en présence de ses sites admirables. Cet ouvrage a un caractère grandiose, et il est d'une richesse dont on trouverait peu d'exemples. On y reconnaît l'influence de Koch le Tyrolien : c'est du romantisme allemand transplanté sur le sol italien.

Schenren nous a déjà assez occupés, et ce que j'aurais à dire au sujet des paysages qu'il a exposés cette même année ne serait qu'une répétition.

Koch le Tyrolien n'a envoyé à l'exposition de 1834 qu'un seul tableau, qui m'a fait peu de plaisir; cependant on y voit les traces du talent qui lui a valu une si grande renommée parmi les artistes allemands. Il en a été question ailleurs.

Je n'ai pas épuisé la matière; cependant je crois avoir tracé l'esquisse du genre *paysage* en Allemagne. En formant une première catégorie des paysages de Dusseldorf, j'ai signalé le caractère de ces productions inspirées par une imagination poétique et rêveuse; une seconde catégorie a réuni les noms d'habiles praticiens, et enfin j'ai cité en troisième lieu plusieurs autres peintres qui ne pouvaient être rangés ni dans l'une ni dans l'autre de mes divisions. Parmi ces derniers, je dois nommer encore Kopisch, Friedrich et Blechen. En parlant de Munich et de Berlin, j'aurai l'occasion de revenir sur ce sujet, et le complément que fourniront ces villes aura quelque étendue.

CHAPITRE VIII.

—

COLOGNE.

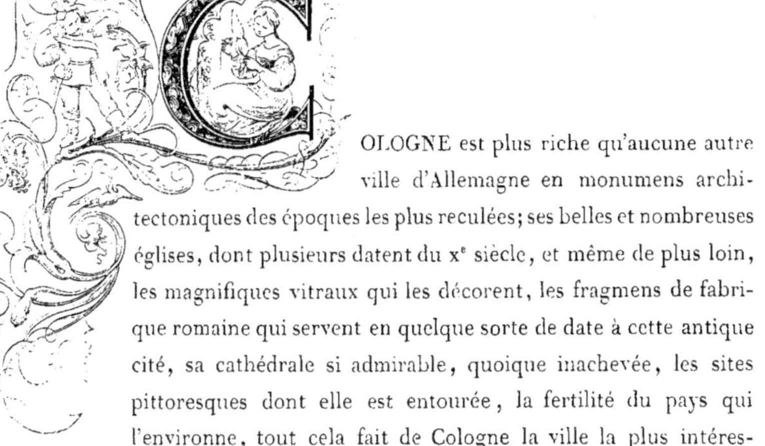

OLOGNE est plus riche qu'aucune autre
ville d'Allemagne en monumens archi-
tectoniques des époques les plus reculées; ses belles et nombreuses
églises, dont plusieurs datent du xᵉ siècle, et même de plus loin,
les magnifiques vitraux qui les décorent, les fragmens de fabrique romaine qui servent en quelque sorte de date à cette antique
cité, sa cathédrale si admirable, quoique inachevée, les sites
pittoresques dont elle est entourée, la fertilité du pays qui
l'environne, tout cela fait de Cologne la ville la plus intéressante de toutes celles qui bordent le Rhin; et les bords du Rhin sont, comme
on sait, plus beaux que tout le reste de l'Allemagne. Cologne est la capitale
de la terre classique du romantisme : c'est sur un des rochers si majestueux
et si pittoresques qui dominent le fleuve que se retrouverait sans doute le
Parnasse des anciens Germains. Cette découverte reste à faire; des recherches et même une polémique savante qui auraient ce but ne seraient pas
plus déraisonnables que tant d'autres investigations auxquelles on s'est livré
d'un grand sérieux. C'est aussi Cologne qui (déjà nous avons eu sujet de l'indiquer) a été le plus riche dépôt de tableaux, d'ornemens d'églises, etc.; car
si Cologne est illustre par l'ancienneté de son origine et par ses souvenirs
historiques, si elle l'est encore comme un témoignage vivant de l'éclat passé du

catholicisme en Allemagne, elle ne l'est pas moins par les arts. Beaucoup des monumens qu'elle nous avait conservés du goût et de la civilisation d'un autre âge ont été arrachés à cette ville et dispersés ; mais il lui reste néanmoins assez pour prouver qu'à la fin du xɪvᵉ siècle et au commencement du xvᵉ elle était le centre d'une école de peintres et de sculpteurs tout-à-fait remarquables. Réunis alors en un corps de métier, ces hommes laborieux et modestes devraient aujourd'hui, suivant nos notions et nos classifications nouvelles, revendiquer le titre d'artistes, et feraient honneur à ce nom, même en présence des productions de l'art moderne.

Différentes collections publiques et particulières prouvent que le goût des arts et l'intérêt pour les souvenirs nationaux se sont maintenus parmi les habitans de Cologne. Je ne m'y suis pas arrêté assez long-temps pour avoir pu juger par moi-même du mérite de ses artistes vivans ; mais je crois avoir trouvé sur ce sujet des notions intéressantes dans le *Provincial-Blatt* (année 1835, vol. I, p. 27), du docteur J. Nöggerath. En donnant de cet ouvrage l'extrait qu'on va lire, je ne me rends point garant de tous les jugemens qu'il contient.

« Dès le xvɪᵉ siècle, et au moment où l'art se développa en Allemagne, Cologne était célèbre en Europe par les monumens divers qui l'ornaient.

« L'œuvre gigantesque de l'architecture germanique, la cathédrale de Cologne, modèle le plus pur et le plus sublime du style gothique, prouve de quelle manière grandiose l'art s'était développé dans cette ville.

« Un poète de l'époque des Hohenstaufen nous vante déjà les peintres de Cologne, et des livres allemands postérieurs en font le plus grand éloge *. Ce furent surtout les peintres sur verre qui se distinguèrent parmi tous les artistes dans les pays germaniques, comme le témoignent encore quelques ouvrages épars qui nous restent ; mais leurs noms, ainsi que ceux des peintres de Cologne, ont été effacés par le temps.

« Les ciseleurs et les orfèvres de cette ville étaient déjà renommés vers le

---

* Chronique de Limbourg, 1830.

milieu du xiie siècle; leurs chefs-d'œuvre décoraient les églises, les couvens, et embellissaient les habitations des princes.

« Ce sont des artistes de l'école de Cologne qui travaillèrent aux dômes de Milan et de Burgos; l'achèvement de la tour de Strasbourg est aussi dû à l'un de ces maîtres.

« Dans le moyen âge, la vie sociale était plus développée à Cologne qu'en aucune ville d'Allemagne, excepté peut-être Nuremberg et Augsburg; mais, lorsque les formes antiques de la constitution de l'empire germanique tombèrent devant les progrès des armées révolutionnaires françaises, lorsque Cologne fut aussi occupée par les Français, et lorsque enfin, après la paix d'Amiens, les couvens furent supprimés, c'en était fait de la plus grande partie des trésors de l'art. Ce qu'un fanatisme aveugle n'avait pas détruit, ou ce qu'une basse cupidité n'avait pas volé ou converti en argent, fut, sous le masque d'un libéralisme patriotique, enlevé par les commissaires français. Le clergé, pour sauver du moins quelque chose, avait vendu les objets les plus rares des églises et des couvens; beaucoup de chefs-d'œuvre avaient été enlevés précédemment de plusieurs cloîtres pour ne jamais y revenir. Il y eut pendant quelque temps des ventes publiques dans lesquelles les tableaux étaient achetés la valeur du bois ou de la dorure.

« On ne saurait assez remercier le chanoine Walraf d'avoir conservé quelques débris de tant de trésors à sa ville natale avec le plus noble désintéressement. Quelques autres citoyens de Cologne ont suivi son exemple, et c'est ainsi qu'on trouve dans la collection de Lieversberg, dans celle du libraire G. Schmitz, etc., plusieurs monumens précieux.

« Quelques amateurs cherchaient cependant des trésors dans tous les coins, non pour les conserver à leur patrie, mais pour vendre aux Anglais à des prix énormes ce qu'ils auraient obtenu à vil prix. L'art, toujours indigène sur le Rhin, se raviva bientôt. L'Académie de Dusseldorf fut ouverte sous Cornélius, et elle fleurit aujourd'hui sous la direction de l'honorable Schadow.

« Parmi les peintres qui habitent actuellement Cologne, et qui cultivent leur

art avec zèle, il faut mettre en première ligne Simon Meister, de Coblentz, élève
du célèbre Horace Vernet. Le disciple s'est entièrement approprié la manière
vigoureuse du maître. Les batailles de Meister sont originales, hardies, et exécutées avec rapidité et sûreté; voici quels sont les sujets de ces grands tableaux :
Scènes de la dernière lutte entre les Grecs et les Turcs; l'Électeur Albert-
Achille dans le combat devant Nuremberg (maintenant dans l'école des Cadets à
Berlin *); la Mort d'Adolphe de Nassau; Kosciuszko fait prisonnier; Napoléon et
ses Maréchaux, etc. Je dois mentionner aussi le tableau qui représente en grandeur naturelle le Prince royal de Prusse, accompagné du général de Pfuel et du
colonel de la Lundt, revenant de la parade. Les portraits que fait Meister se
distinguent par une ressemblance exacte, autant que par la vivacité et la chaleur du coloris.

« Quoique son exécution ne soit pas aussi finie que paraît l'exiger le goût
moderne, il a néanmoins plusieurs fois fait preuve d'un grand talent d'exécution. Le prince royal lui a confié la représentation d'un trait de notre histoire
nationale, et lui fournira aussi les sujets d'une série d'autres ouvrages.

« Les portraits de M. Louis Krevel, également élève de l'école française, se
recommandent par la grâce, la délicatesse et la vérité. Ce peintre se distingue
par l'exécution des étoffes et des ajustemens; c'est surtout en petit qu'il obtient
dans des figures entières le plus agréable effet.

« M. Greven, de Cologne, élève de l'Académie de Dusseldorf, a déjà fourni,
comme peintre de portraits, d'excellens morceaux. On ne sait ce qu'on doit le
plus louer chez lui, du soin consciencieux avec lequel il peint ses têtes, ou de la
vérité dont elles portent le caractère. Entièrement exécutées dans le style de
l'école de Dusseldorf, c'est-à-dire avec délicatesse et application, ces têtes ont
en même temps le mérite d'être animées et vivantes. Les travaux de Mengelberg
sont connus; il serait difficile de le surpasser dans la peinture des étoffes de soie

---

* Ce tableau est le seul de cet artiste que je connaisse; il est plein de feu, de force et de vie,
et justifie pleinement la bonne opinion que M. Nöggerath exprime sur le talent de son auteur.

et de velours. M. Bourel, professeur de dessin au gymnase de Frédéric-Guillaume, est, comme peintre de portraits, un artiste habile; il s'adonne surtout à la miniature, et cherche le progrès avec une rare persévérance. M. Grein se distingue dans la peinture de fleurs, et se montre, dans ses paysages, fidèle aux principes des meilleurs peintres hollandais; il est à la tête d'une école de dessin. La réputation de M. Fuchs, comme restaurateur d'anciens tableaux et comme dessinateur des travaux de Boisserée dans la cathédrale, est faite depuis longtemps. Il est aussi décorateur; mais dans cette partie il faut avant tout faire mention de M. Michel Welter, de Cologne. Il a fait ses études à Paris et à Berlin, et il a prouvé, par la décoration du théâtre de Cologne, des édifices publics et de la maison de M. Engel, qu'il est maître dans l'art, et qu'il réunit à beaucoup de goût un sentiment exquis de la couleur. Ses aquarelles, soit de paysage, soit d'architecture, réunissent l'application allemande et la sûreté de main d'un Français. M. Odendall mérite d'être cité comme dessinateur modeste et fort capable. Le calligraphe J. Heinrigs est assez connu pour qu'ils nous suffise de le nommer.

« Pour propager le goût de l'étude, on a dessiné dans le *Wallrafianum* *, pendant les deux hivers qui viennent de s'écouler, et sous la direction de M. le conseiller de ville de Noël, des sujets d'après nature, qui ont été modelés par quelques artistes. Il est à regretter que ces exercices aient cessé. Cologne possède dans MM. Imhoff père et fils, et M. W. J. Imhoff, trois sculpteurs distingués, qui ont établi leur réputation par de nombreux travaux, tels que des bustes d'après nature et des figures en marbre. Cette ville peut encore citer M. Ch. Stephan comme un bon sculpteur en bois. M. Fr. Lenhardt se distingue par ses travaux en stuc, exécutés avec un goût parfait.

« Un certain nombre de jeunes gens ont formé une société qui s'assemble une fois par semaine, sous le nom de la Réunion des Artistes. On y discute les idées de chacun, et l'on se communique les opinions que l'on a sur les travaux

---

* La Collection de Wallraf est à la disposition de tous les artistes.

d'art de la patrie et de l'étranger. Cette association est composée de vingt-quatre membres, tant architectes que peintres, lithographes et dessinateurs. Il est à desirer qu'elle prospère et qu'elle atteigne le but louable qu'elle s'est proposé.

« Quant aux établissemens d'art que la ville de Cologne a vus naître dans les derniers temps, il faut d'abord faire mention de l'institut lithographique des frères Kehr et Niessen, entreprise importante, organisée sur une grande échelle, et qui nous impose d'entrer dans quelques détails.

« Les frères Kehr, fils du libraire Kehr, à Kreuznach, et dont le plus jeune est lui-même lithographe, ont pris, il y a environ trois ans, la résolution de fonder un établissement lithographique dans le genre de ceux qui existent à Munich. Ils avaient pour objet de faire connaître les plus beaux tableaux des provinces rhénanes, et ils choisirent particulièrement Cologne, comme siège et centre de leurs travaux, à raison des richesses artistiques contenues dans ses galeries publiques et privées.

« Des artistes qui, comme dessinateurs sur pierre, avaient acquis beaucoup de réputation, tant en Allemagne qu'en France et en Angleterre, furent enga-gés; ils se fixèrent à Cologne, où les vrais amis de l'art trouvent tant d'attraits. Ils travaillèrent sans bruit; le choix des sujets fut fait avec beaucoup de saga-cité, et ce choix fut encore plus riche lorsque les artistes de l'Académie de Dusseldorf, après avoir vu les productions de l'Institut naissant, lui communi-quèrent leurs tableaux pour être reproduits, ce qui permit de réunir dans un piquant contraste l'art ancien et l'art moderne. Les fondateurs poursuivirent leur entreprise avec persévérance; aucun sacrifice, aucune peine ne furent épar-gnés; il s'agissait de l'art, et Cologne devait fournir aux connaisseurs de tous les pays une collection digne de son ancienne gloire. Cologne devait produire dans cette partie ce que l'on n'avait pas encore vu dans la monarchie prussienne, à l'exception peut-être des travaux de l'Institut royal lithographique de Berlin. Un petit nombre d'amis étaient seuls initiés dans les travaux de Borum, de Schreiner, de Weiss, de Ph. Kehr. Ils avaient admiré en silence les produits de trois années, et, lorsque enfin les directeurs de l'Institut se crurent en état de se présenter avec les résultats de leurs travaux devant le public, ils annoncèrent une exposition.

« Elle eut lieu en effet; elle fut riche et variée. A. Borum et J. Schreiner se montrèrent de nouveau dans toute la plénitude de leur talent, et même plusieurs de leurs planches surpassèrent toutes celles qu'ils avaient exécutées jusqu'alors, et qui cependant étaient tellement distinguées qu'on les classait parmi les meilleures lithographies de l'Allemagne. Un établissement qui possède des hommes de réputation qui ont déjà fait leurs preuves, qui vivent entièrement pour leur art, et qui, par l'élévation de leurs appointemens (de 600 à 700 thalers par an), jouissent d'une complète indépendance, ne saurait produire des ouvrages médiocres. Quelques feuilles de J. Weiss et de Ph. Kehr n'étaient pas inférieures à celles dont nous venons de parler; en sorte que l'exposition offrait un ensemble que personne n'avait attendu, et qui promet à l'Institut le plus bel avenir. »

CHAPITRE IX.

FRANCFORT. — VEIT — L'INSTITUT DE STADEL — OBJETS D'ART.

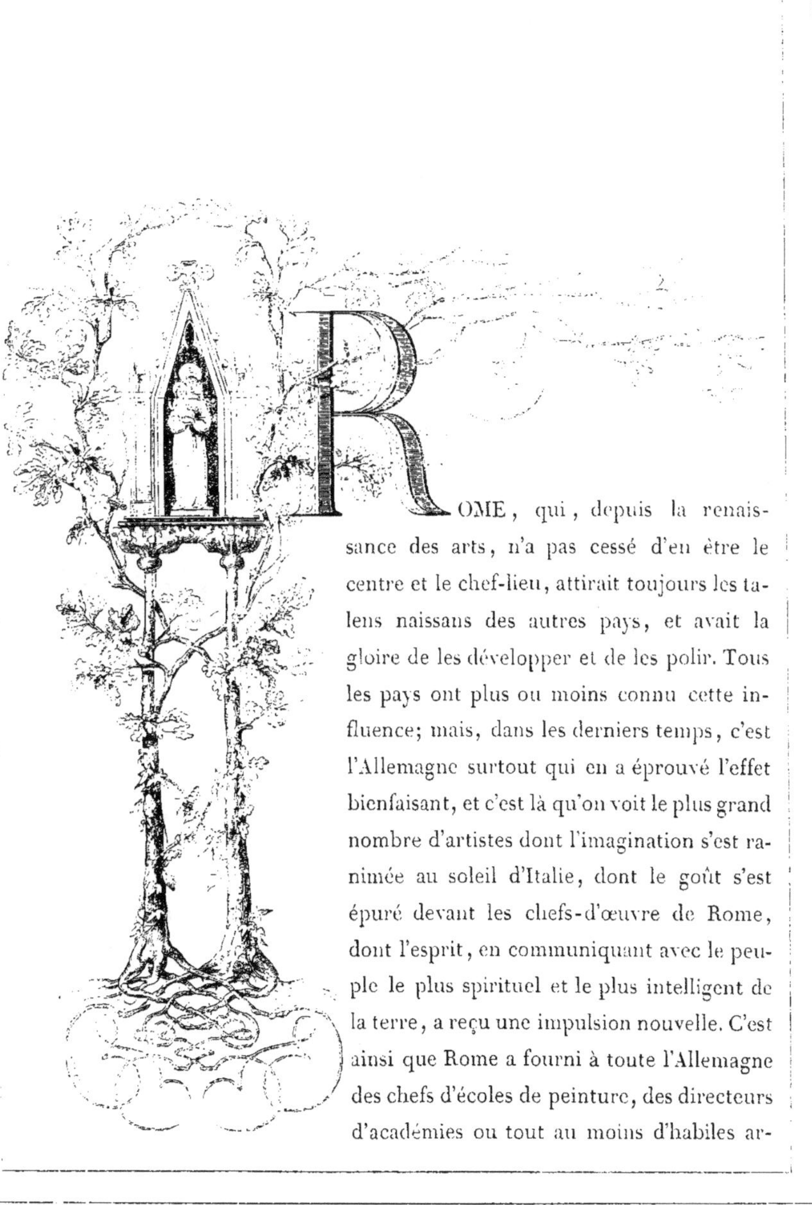

OME, qui, depuis la renaissance des arts, n'a pas cessé d'en être le centre et le chef-lieu, attirait toujours les talens naissans des autres pays, et avait la gloire de les développer et de les polir. Tous les pays ont plus ou moins connu cette influence; mais, dans les derniers temps, c'est l'Allemagne surtout qui en a éprouvé l'effet bienfaisant, et c'est là qu'on voit le plus grand nombre d'artistes dont l'imagination s'est ranimée au soleil d'Italie, dont le goût s'est épuré devant les chefs-d'œuvre de Rome, dont l'esprit, en communiquant avec le peuple le plus spirituel et le plus intelligent de la terre, a reçu une impulsion nouvelle. C'est ainsi que Rome a fourni à toute l'Allemagne des chefs d'écoles de peinture, des directeurs d'académies ou tout au moins d'habiles artistes; c'est à Rome que le talent de Veit a obtenu le développement auquel ce peintre a dû sa place de directeur de l'Institut des arts à Francfort.

Philippe Veit est né à Berlin; il est âgé d'environ quarante ans. Du côté maternel, il est le petit-fils du célèbre Moses Mendelssohn. Sa mère épousa en secondes noces le savant littérateur Frédéric Schlegel, circonstance qui n'a pas été sans influence sur l'avenir du jeune Veit, auquel déjà une éducation très soignée avait été donnée dans la maison paternelle.

C'est à Dresde, chez le professeur Mathaei, que Veit reçut les premières leçons dans l'art de la peinture. Il fit la guerre comme volontaire pendant les dernières années de la grande lutte que Napoléon eut à soutenir contre l'Europe, et il se rendit ensuite à Rome, où il s'associa aux travaux d'Overbeck, de Cornélius et de Schadow. Nous avons déjà vu qu'il fut un de ceux qui travaillèrent aux fresques de la salle Bartoldi; il y fit deux tableaux, dont l'un surtout, les Années grasses, peut être considéré comme un des plus beaux de cette salle; on en voit le carton dans le musée de Francfort. Il a peint ensuite, dans un des cintres de la longue galerie du Vatican, une figure allégorique représentant la Religion triomphante, qui est comptée parmi ses meilleurs ouvrages.

On voit aussi de lui, dans la villa Massimi, des sujets tirés de *la Divina Comedia* du Dante; enfin, l'église de la Trinité-du-Mont renferme son beau tableau d'autel représentant l'Assomption de la Vierge.

Il a fait pour l'Allemagne plusieurs tableaux de chevalet qui datent à-peu-près de la même époque. Dans la cathédrale de Nauemburg on voit de lui le Christ sur la montagne des Oliviers; chez M. de Zuandt, à Dresde, une Judith; chez madame Nies, à Francfort, une Présentation au Temple. Il a fait aussi deux beaux portraits, celui d'une des filles du baron de Stein, et celui de l'abbé Martin de Noirlieu, maintenant évêque d'Alger.

Après qu'il se fut établi à Francfort, il fit pour l'église de Bensheim un tableau d'autel représentant saint Georges; plus tard, lorsque le nouvel Institut des arts eut été fondé, il exécuta plusieurs cartons pour servir à la décoration des plafonds de ce bâtiment. L'ensemble de cette décoration, qui est d'un très

bon goût, a été composé par le professeur Hessemer. Un dessin que fit Veit du
Bouclier d'Achille a eu la même destination. Ce sujet a été déjà traité en Angleterre et en France; mais j'ai entendu soutenir qu'il ne l'a jamais été d'une
manière aussi heureuse : c'est une assertion que je n'ai pas été en position de
vérifier. Veit est maintenant occupé d'un ouvrage plus important : il a été
chargé d'orner de fresques l'une des salles de l'Institut, et l'influence de la religion chrétienne sur les arts est ce qu'il a entrepris d'exprimer. Dans le tableau
du milieu, on verra un grand cortège formé par des figures allégoriques représentant les différens arts libéraux; dans deux autres figures placées aux côtés
du grand tableau seront personnifiées l'Allemagne et l'Italie.

Pour caractériser le talent de Veit et ses productions, il faudrait, je crois,
dire que, dans ses compositions, il montre de la grandeur, un sentiment profond
et beaucoup d'âme (ce dont, avec raison, l'a loué Cornélius ; mais que, dans
l'exécution, c'est la douceur qui domine, que son coloris est plutôt harmonieux
et délicat que vigoureux, et qu'en général le goût et la sagesse l'emportent
peut-être encore chez lui sur le génie et l'élan de l'imagination. J'ai vu à mon
passage par Francfort, en 1834, plusieurs de ses ouvrages, et je vais succincte-
ment analyser plusieurs de ceux que j'ai déjà cités. Son Bouclier d'Achille, composé d'après la traduction de Voss, est un dessin d'environ deux pieds de dia-
mètre, exécuté sur papier brun, les clairs rehaussés d'or. Le style de cette composition étudiée et savante est approprié au sujet, et participe du bas-relief antique. L'ordonnance générale en est digne d'éloges; cependant c'est un de ces ouvrages qui ont besoin d'interminables commentaires. Or, il est difficile qu'une impression vive naisse et se soutienne en présence d'une idée si longuement *dévidée,*
si je puis m'exprimer ainsi. Je me rappelle que mon intelligence s'est toujours
refusée à monter en spirale de la base au sommet de la colonne Trajane ou de
celle de la place Vendôme : les sujets multiples, et qui forment des cycles ou
des séries, produisent presque infailliblement la fatigue. Sous ce rapport, ils
ont quelque analogie avec les collections que l'intrépide voyageur veut examiner
en un jour et d'un bout à l'autre. J'ai éprouvé un sentiment bien différent et un

plaisir bien plus réel à la vue du portrait admirable de l'abbé Martin de Noirlieu; cependant ce n'est qu'un buste moins grand que nature. Ce portrait se
trouve à la galerie de Städel; on y découvre quelque rapport avec les ouvrages
de l'époque antérieure à Raphaël; mais cette similitude n'est pas l'effet de l'imitation : c'est un indice d'impressions semblables à celles qu'éprouvaient les peintres de ces temps reculés; c'est-à-dire d'un sentiment pur, tendre, intime, d'une
application et d'un soin qui se complaisent dans le sujet traité, enfin d'un amour
chaleureux pour l'art. Ce sentiment s'explique ici par les relations d'amitié qui
ont existé entre M. de Noirlieu et les artistes allemands, relations qui remontent
à l'époque où plusieurs d'entre eux, et Veit dans le nombre, se firent catholiques. Il n'existe pas de portrait qui m'ait fait une impression plus profonde et
plus spontanée. Quoique fini très précieusement, il ne présente aucun des défauts
que j'ai signalés ailleurs : on ne voit pas que la surface ait été polie sans discernement et d'une manière en quelque sorte mécanique; rien n'y est donné au
hasard, et je dirai, en m'exposant peut-être au reproche d'exagération, que le
dernier coup de pinceau y est aussi bien l'expression d'une idée ou d'une impression que le premier : ce portrait suffirait seul pour fonder une renommée.

Dans les cartons représentant les deux figures allégoriques dont j'ai parlé plus
haut, la nature du talent de l'artiste se montre à découvert. Il y a dans ces dessins
plus de noblesse que de vigueur, plus de sagesse que d'élan; cependant je n'ose-
rais pas dire que les qualités qui y dominent excluent les autres.

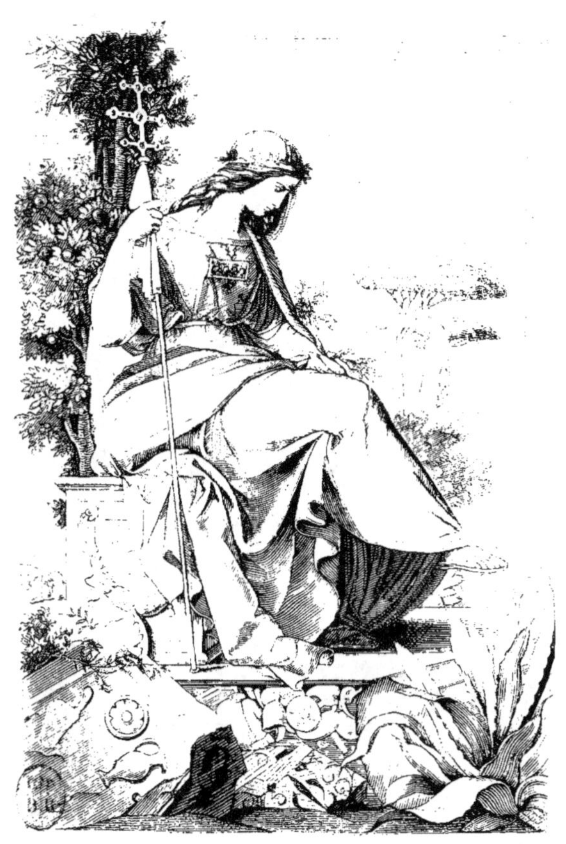

ITALIA.

Gravé par Gubitz, à Berlin

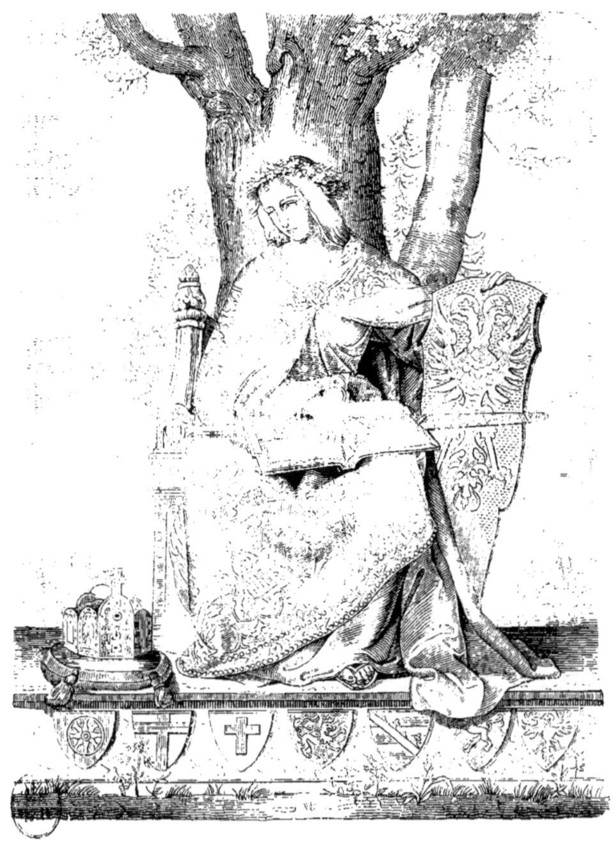

GERMANIA.

Gravé par Andrew, Best et Leloir, à Paris.

Il y aurait, je crois, le même jugement à porter sur la Présentation au temple. Ce dernier tableau m'a semblé inspiré par le souvenir des ouvrages de Fra Bartolomeo; l'analogie est même si grande, que peu d'heures après avoir vu le tableau, en ayant aperçu dans un autre endroit un dessin, je crus voir une lithographie d'après le Frate. Le coloris de la Présentation au temple a de la sua-

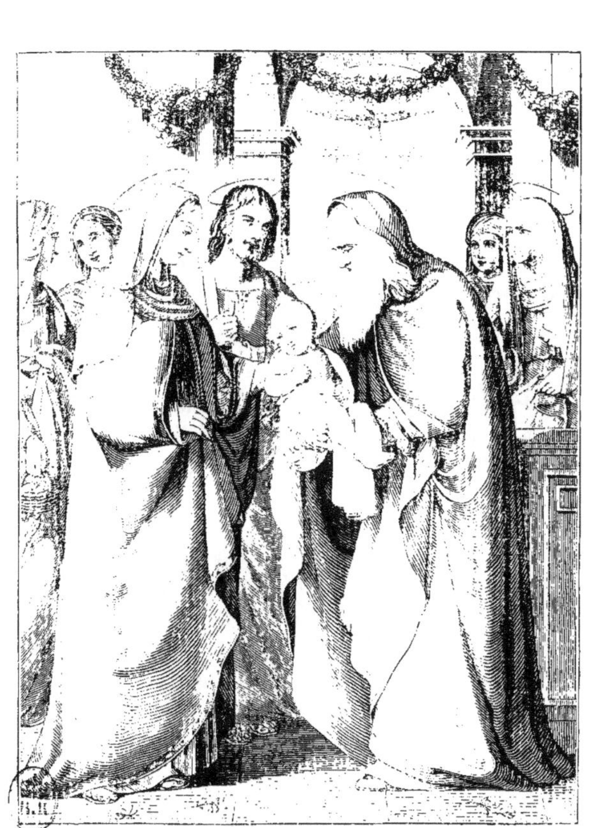

PRÉSENTATION AU TEMPLE.

Gravé par Andrew, Best et Leloir, à Paris.

vité et de l'harmonie; mais les figures et les draperies paraissent manquer de solidité : toute cette peinture a l'air d'un faible glacis dans lequel on a trop ménagé les couleurs et prodigué l'huile. Du reste, ce tableau est loin d'être sans mérite, et il se distingue par une simplicité, par un calme qui intéressent. Dire que ce tableau ressemble à un ouvrage du Frate, c'est assez dire qu'il a du style.

De tous les ouvrages que j'ai vus de Veit, le plus capital, sans contredit, est sa fresque de la salle Bartoldi. Dans cette peinture on reconnaît, plus que dans aucune autre, combien l'artiste est réfléchi, combien il a de tact et de goût, combien son dessin est correct et élégant.

Quoique l'abord de Veit soit froid, son extérieur cependant prévient en sa faveur; ses traits sont beaux, sa physionomie est douce et pleine de dignité; si elle n'exprime pas l'abandon et ne provoque peut-être pas au premier abord une vive sympathie, cette indifférence apparente disparaît bientôt pour qui le connaît mieux; ses manières sont aussi nobles que sa figure, et tout en lui annonce des habitudes de bonne compagnie.

J'ai fait connaissance à Francfort avec le peintre Maurice Oppenheim, qui est plein de zèle pour les arts et qui est en même temps doué de goût et de talent, qualités auxquelles il joint une urbanité peu commune. Il est peintre d'histoire; cependant ses ouvrages participent du genre sous plusieurs rapports. Il existe de lui à Francfort un grand tableau d'histoire dont j'ai été peu satisfait; mais j'ai éprouvé beaucoup de plaisir à voir chez lui plusieurs de ses ouvrages de moindre dimension, ainsi que des esquisses et divers dessins. Je donne à sa Suzanne au bain la préférence sur tous les ouvrages que je connais de lui; cependant il y a beaucoup de mérite aussi dans le tableau qu'il a exposé à Berlin au salon de 1834, et qui représente un Jeune Juif en uniforme de hussard, revenu au milieu de sa famille après la campagne de France. Tout dans ce tableau doit rappeler les mœurs juives. Oppenheim appartient à cette religion, et il paraît y être fort attaché. Ce sentiment se peint dans son ouvrage, et il a voulu le montrer. Le petit garçon placé dans un coin du tableau, qui a l'air de craindre de toucher au sabre du guerrier, serait de la part de tout autre un lieu commun et une mauvaise plaisanterie; mais de la part d'Oppenheim, et dans ce tableau, en présence du guerrier dont la cicatrice atteste les services militaires, ce petit épisode me paraît ingénieux : c'est un juste reproche adressé à tous ceux pour qui une plaisanterie souvent répétée ne cesse d'avoir de l'attrait, et qui se joignent

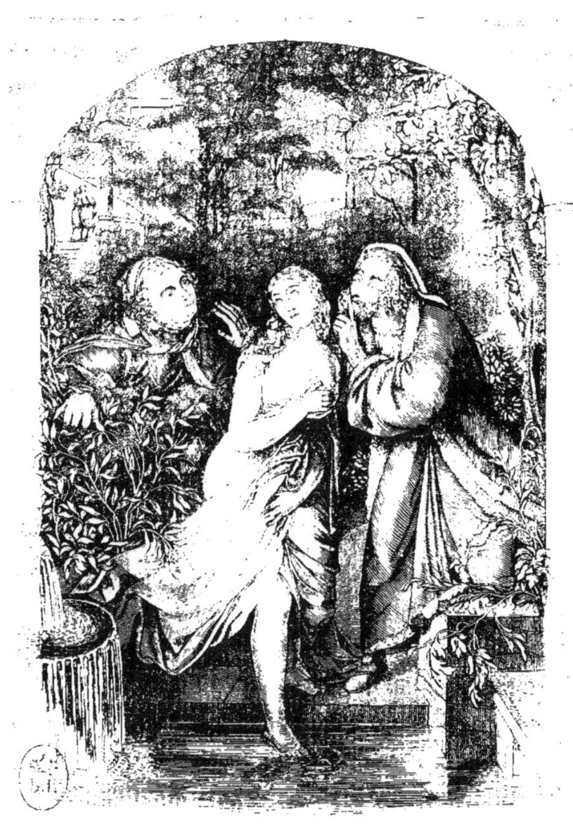

SUZANNE.

Gravé à Londres.

d'autant plus volontiers à l'opinion publique, qu'ils n'ont pas d'avis à eux; c'est un os que l'auteur leur donne à ronger. Ce tableau a été acheté par M. Zimmermann de Heidelberg pour 1,000 florins, et il est destiné à être offert à M. Rieser, d'Hambourg, dont les ouvrages ont eu pour but l'émancipation de ses co-religionaires juifs, et plus particulièrement de ceux du pays de Bade.

La Suzanne au bain a, sous le rapport de la composition, le caractère d'un tableau historique. Par le coloris et l'exécution des accessoires, cette œuvre se rapproche de celles des anciens artistes flamands, par exemple, d'un des Breughel. Elle appartient à M. Charles de Rothschild.

Veit a un élève qui passe pour fort distingué : c'est Setegast. Je regrette de n'avoir pas vu ses ouvrages.

L'Institut de Städel doit son existence aux dispositions testamentaires du banquier dont il porte le nom. Ce legs important comprend toute sa fortune, qui consistait dans un fonds de plus d'un million de florins, une maison et une riche collection de tableaux, de dessins, de gravures et de livres. Conformément à la volonté du testateur, l'Institut se compose d'une école des arts, dans laquelle les enfans des bourgeois pauvres de la ville doivent trouver accès préférablement à tous autres, et d'une collection d'objets d'arts, qui doit être successivement augmentée avec les revenus du fonds. Le fondateur a disposé aussi d'une certaine somme pour être employée à la construction d'un bâtiment approprié aux besoins et au but de l'établissement; il avait nommé à vie cinq directeurs pour entrer en fonctions immédiatement après sa mort.

Lorsqu'une des places de directeur devient vacante par décès, les directeurs restans sont tenus d'y nommer aussitôt et de choisir toujours le nouveau membre parmi les bourgeois de la ville. Défense a été faite par le testament de toucher en aucun cas au capital; du reste, le comité a le droit de disposer librement des revenus, à la charge de faire examiner ses comptes à la fin de chaque année par le sénat et le collège de la bourgeoisie.

M. Städel est mort au mois de décembre 1816, et un an après l'administration de l'Institut fut entièrement constituée. Cependant l'action des directeurs

fut interrompue et paralysée par un procès que des parens du testateur inten-
tèrent, afin d'annulation du legs. Ce ne fut qu'en 1828 que l'affaire fut terminée par un accommodement à l'amiable, moyennant lequel l'Institut abandonna
à la famille les intérêts qui avaient été accumulés pendant le temps du procès,
et qui se montaient à 311,000 florins.

Pendant le temps qu'a duré cette contestation, l'administration a été presque
entièrement renouvelée. Elle a acheté une maison pour 85,000 florins, avec
l'espoir de pouvoir la disposer à peu de frais d'une manière conforme au but de
l'établissement; mais elle a été trompée dans ses calculs, car les changemens
successifs opérés dans l'ancienne maison, et la bâtisse d'une nouvelle aile, ont
porté cette dépense, y compris le prix d'achat, à 230,000 florins; encore ne
trouve-t-on pas que le local soit assez spacieux ni l'édifice d'un aspect assez im-
posant. Je ne sais jusqu'à quel point ces critiques peuvent être fondées.

Les artistes placés à la tête de l'Institut sont :

Philippe Veit, comme directeur;

Hessemer, comme professeur d'architecture;

Zwerger, comme professeur de sculpture;

Wendelstädt, comme inspecteur du Musée.

Le professeur Hessemer, de Darmstadt, élève de l'architecte Moller, a rap-
porté de ses voyages en Égypte et en Italie beaucoup de souvenirs d'un haut intérêt : des vues, des dessins d'ornemens et autres sujets architectoniques, qui,
à ce qu'on m'a dit, sont saisis avec esprit et dessinés artistement. Dans les déco-
rations des plafonds, et surtout pour celui de la salle des Antiques, il a déployé
de l'habileté, de l'imagination, et il a su en même temps tirer parti des riches
matériaux qu'il a rassemblés dans ses voyages. Ces plafonds réjouissent la vue;
ils m'ont fait l'impression la plus agréable. Hessemer passe pour avoir des connaissances très variées et une grande vivacité d'esprit. La nouvelle aile du bâtiment de l'Institut a été exécutée d'après son plan et sous sa direction.

Il serait à desirer que l'administration de cet Institut tâchât de réunir le plus
grand nombre possible de jeunes talens, et qu'elle sût introduire parmi eux

cette vie d'artistes qui, à Dusseldorf, entretient une si noble émulation et tant de confiance : rien ne paraît plus favorable au développement des facultés intellectuelles. Là où beaucoup de capacités se réunissent, la tâche du chef d'école devient facile. Un talent enflamme l'autre; ils s'épurent, s'entr'aident réciproquement. La gêne est inévitable dans les rapports du maître avec un élève isolé; l'association, la vie en commun, font disparaître cet inconvénient; les jeunes talens, réunissant leurs efforts, s'élancent dans la carrière, s'atteignent, se dépassent, sont atteints et dépassés à leur tour; le maître est lui-même forcé de suivre; mais il modère la fougue et la présomption; il relève le courage abattu, il dirige, il sert de lien entre les dispositions et les tendances diverses. Il serait à desirer aussi que, dans une ville où tant de richesses se trouvent accumulées, l'esprit mercantile et l'amour des spéculations commerciales se montrât plus généralement accessible au sentiment des arts. Cependant le premier pas est fait, et c'est au commerce qu'il faut en attribuer le mérite.

L'Institut de Städel, sagement dirigé, peut produire des artistes; le public amateur se formera indubitablement, si l'école met au jour de bons ouvrages; le goût des arts, une fois développé, créera de nouvelles ressources et de nouveaux talens. Francfort est en droit d'attendre ce résultat des administrateurs de l'Institut, et surtout du directeur Veit.

La galerie de Städel, devenue maintenant galerie publique, contient plusieurs tableaux italiens intéressans et un grand nombre de beaux ouvrages flamands : des Ruysdael, des Hobbema, des Wynants. Elle a le malheur, si commun il est vrai à la plupart des galeries, d'avoir un faux Raphaël, tableau qui d'ailleurs serait peu remarqué, si l'on n'avait eu le tort de le placer trop près d'un Perugin incontestable et parfaitement conservé. L'aspect de ces deux ouvrages offre un contraste choquant.

Un des plus beaux morceaux de cette galerie est un petit tableau attribué par les uns à Hemmeling, et par les autres à Roger van Bruges; il représente la Sainte-Vierge et quatre saints; on remarque un fort beau portrait de Quintin Messis.

Pour se réconcilier avec l'*Altdeutsch,* qui du reste, cette fois, pourrait bien être appelé *Altfranzösisch,* il faudrait que tous les détracteurs du gothique allassent voir les quarante miniatures de M. Georges Brentano, qui étaient autrefois renfermées dans un ancien livre de prières, et qu'il a placées dans autant de cadres. Ces cadres sont contenus dans trois compartimens, dont les deux latéraux se ferment sur celui du milieu, et forment une espèce d'armoire. Différentes inscriptions qu'on découvre dans ces miniatures fournissent la preuve que cet immense ouvrage a été commandé par maître Étienne Chevalier, trésorier de Louis XI, mort en 1474. Le portrait de ce personnage se rencontre, en attitude de *donateur,* dans plusieurs de ces compositions. On y voit aussi celui de Charles VII. Montfaucon (au dire de M. Brentano) parle de ce livre comme ayant appartenu à Agnès Sorel. Toutes ces indications et la tour de Vincennes, qu'on voit représentée dans une des miniatures, ne permettent pas de douter que ce travail intéressant n'ait été exécuté en France. Le nom de l'auteur n'est pas connu; cependant on serait tenté de le lire dans les deux mots écrits fort distinctement en lettres d'or sur la jambe d'un homme vêtu de rouge, et qui sont : VIWOAR HSKATVS. Ce qui rend toute supposition fort incertaine à cet égard, c'est que nulle part on ne rencontre de traces d'un artiste qui ait porté ce nom; cependant on ne conçoit pas qu'un talent si éminent ait pu rester ignoré.

M. Brentano a eu tout nouvellement la bonne fortune de trouver à Bâle un tableau à l'huile représentant la même figure du Donateur, accompagné de son patron, en costume sacerdotal.

Je n'entreprendrai pas de faire ici une description plus détaillée de cette collection; je me bornerai seulement à dire que je ne pense pas qu'il existe au monde rien de plus curieux et de plus surprenant dans ce genre.

Un frère de M. Georges Brentano est propriétaire d'un grand tableau historique de Van Dyck, que je n'ai pas vu, mais qu'on dit fort beau. Il possède aussi une collection de gravures de Marc-Antoine, qu'on assure être complète.

M. Ph. Passavant a rassemblé plusieurs objets d'art qui sont également très précieux, tels qu'un paysage admirable de Koch, de l'année 1817; la Résurrection du Lazarre d'Overbeck, peint en 1822; un carton du même maître représentant Joseph vendu par ses frères; il existe une belle lithographie de ce dernier ouvrage, l'un des plus remarquables de ce grand artiste.

On admire à Francfort une statue d'Ariane, ouvrage du sculpteur Danecker, fait en 1814, placée dans un pavillon du jardin de M. de Bethmann. Danecker, âgé maintenant de soixante-seize ans, vit à Stuttgardt.

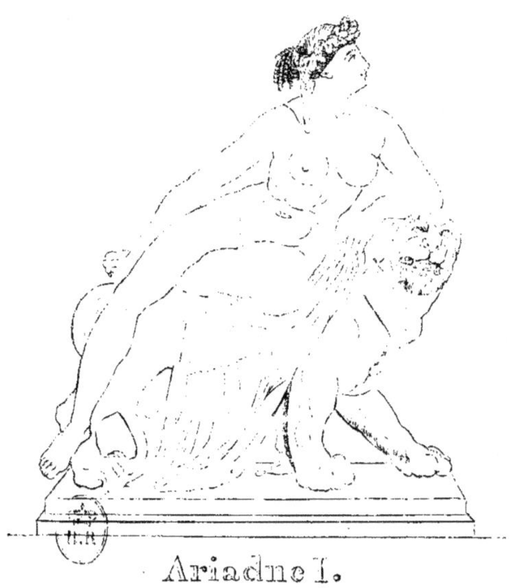

Gravé à Munich.

Je me réserve de revenir sur les collections de Francfort quand je parlerai de celles de toute l'Allemagne; je ne veux en ce moment que citer encore M. Finger, madame Willmens, M. Goldschmidt, M. de Rothschild, M. de Bethmann,

M. Schneider, M. Wenner, comme recueillant des objets d'art et comme en
ayant le goût. Ces noms se joignent naturellement à ceux que déjà je viens d'indiquer, et composent un groupe de personnes éclairées qui donnent à leurs
compatriotes un exemple destiné sans doute à être bientôt généralement suivi

L'association des arts de Francfort sera mentionnée en son lieu.

CHAPITRE X.

DARMSTADT.

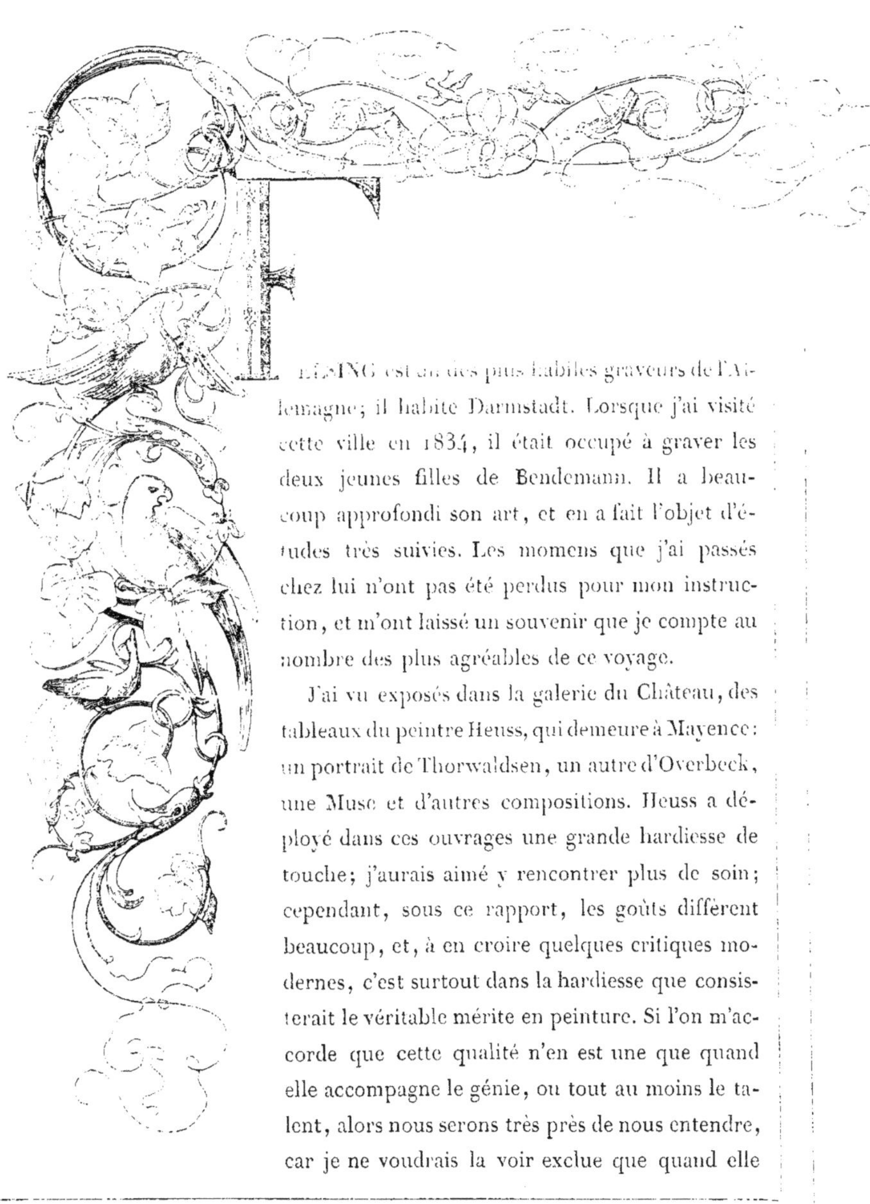

FELSING est un des plus habiles graveurs de l'Allemagne; il habite Darmstadt. Lorsque j'ai visité
cette ville en 1834, il était occupé à graver les
deux jeunes filles de Bendemann. Il a beaucoup approfondi son art, et en a fait l'objet d'é-
tudes très suivies. Les momens que j'ai passés
chez lui n'ont pas été perdus pour mon instruction, et m'ont laissé un souvenir que je compte au
nombre des plus agréables de ce voyage.

J'ai vu exposés dans la galerie du Château, des
tableaux du peintre Heuss, qui demeure à Mayence:
un portrait de Thorwaldsen, un autre d'Overbeck,
une Muse et d'autres compositions. Heuss a déployé dans ces ouvrages une grande hardiesse de
touche; j'aurais aimé y rencontrer plus de soin;
cependant, sous ce rapport, les goûts diffèrent
beaucoup, et, à en croire quelques critiques modernes, c'est surtout dans la hardiesse que consis-
terait le véritable mérite en peinture. Si l'on m'accorde que cette qualité n'en est une que quand
elle accompagne le génie, ou tout au moins le talent, alors nous serons très près de nous entendre,
car je ne voudrais la voir exclue que quand elle

altère ces dons si précieux ou quand elle en veut tenir lieu; dans tous les cas j'aime mieux rencontrer la hardiesse dans la pensée que dans la brosse. Ces observations, toutes générales, ne sont nullement destinées à causer du déplaisir à Heuss, dont j'ai vu plus tard à Munich trois portraits, qui m'ont réconcilié avec sa méthode; il en sera parlé plus tard.

Le peintre de paysage Schilbach a fait en Italie d'admirables études d'après nature. Jamais je n'ai vu reproduire avec plus de vérité dans une esquisse l'ensemble d'un paysage, mieux saisir l'effet d'un instant donné, mieux combiner les jeux simultanés de la lumière, mieux exprimer d'un seul jet ce que la méditation et l'étude seraient souvent impuissantes à trouver. Je ne rencontre pas le même charme dans ses compositions et ses tableaux plus finis.

La galerie du château renferme beaucoup de tableaux : je n'en ai conservé qu'un souvenir confus; peut-être serai-je amené à y revenir.

CHAPITRE XI.

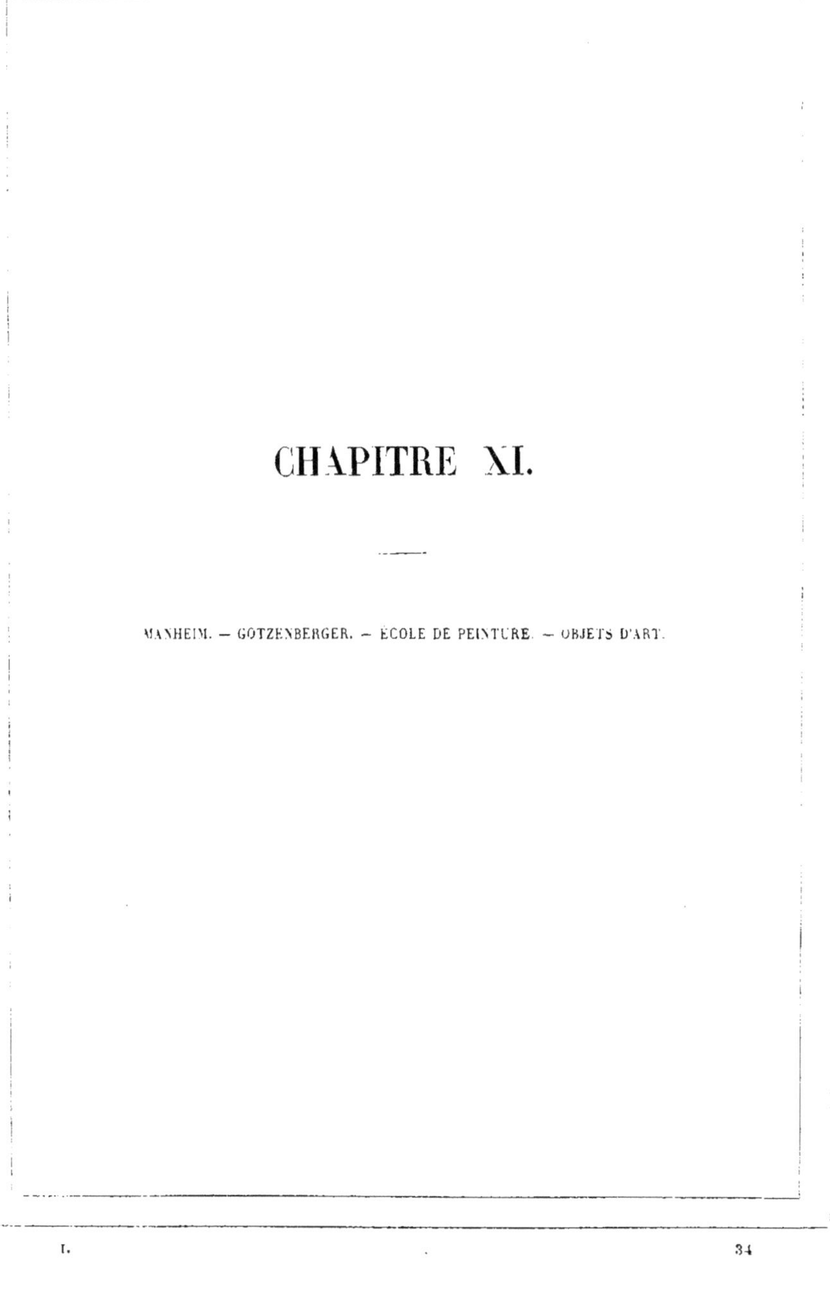

MANHEIM. — GOTZENBERGER. — ÉCOLE DE PEINTURE. — OBJETS D'ART.

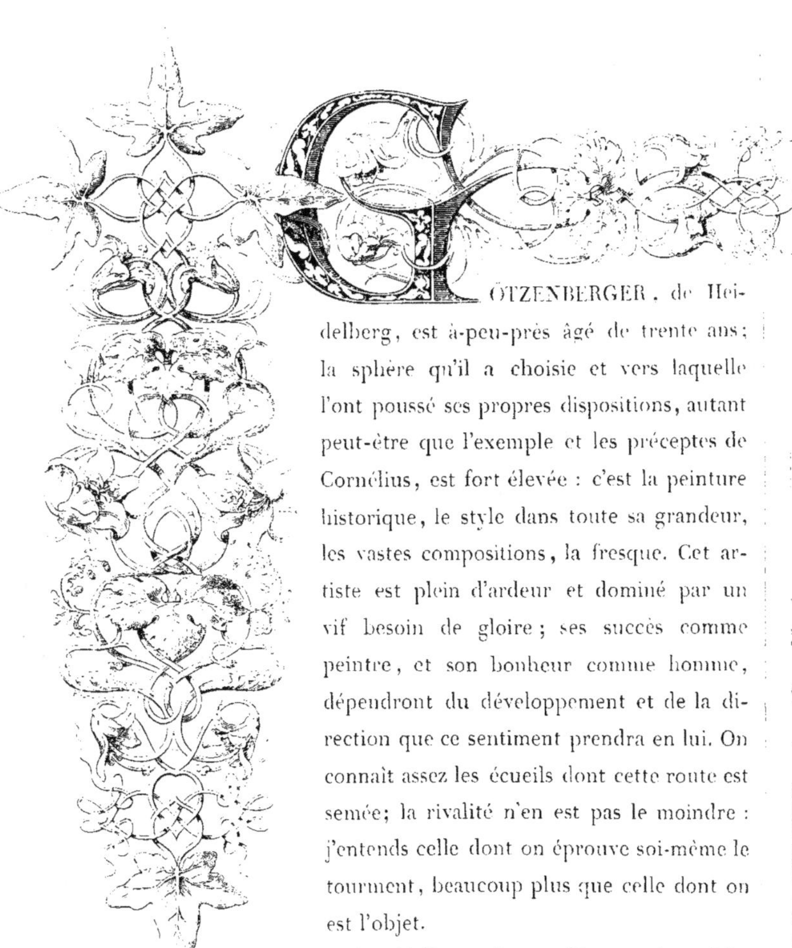

ŒTZENBERGER, de Heidelberg, est à-peu-près âgé de trente ans; la sphère qu'il a choisie et vers laquelle l'ont poussé ses propres dispositions, autant peut-être que l'exemple et les préceptes de Cornélius, est fort élevée : c'est la peinture historique, le style dans toute sa grandeur, les vastes compositions, la fresque. Cet artiste est plein d'ardeur et dominé par un vif besoin de gloire ; ses succès comme peintre, et son bonheur comme homme, dépendront du développement et de la direction que ce sentiment prendra en lui. On connaît assez les écueils dont cette route est semée; la rivalité n'en est pas le moindre : j'entends celle dont on éprouve soi-même le tourment, beaucoup plus que celle dont on est l'objet.

Entré à l'école de Cornélius en 1820, Göt-

zenberger a passé à Munich quatre ans consécutifs, pendant lesquels son maître
le fit travailler dans la salle des Dieux, de la Glyptothèque. Plus tard il a de-
meuré alternativement à Dusseldorf, où il a travaillé aux cartons des fresques
de Bonn, et dans cette dernière ville, où il a exécuté ces fresques. En 1828, il
fit un voyage en Italie. Pendant son séjour à Rome, il composa un autre carton ;
il y fit aussi plusieurs portraits et quelques petits tableaux. De retour en Allemagne, il a exécuté à Bonn, pendant les années 1832 et 1833, la fresque dont
il avait fait le carton à Rome.

Il se trouve maintenant à la tête de la galerie des tableaux de Manheim et d'une
école des arts qui vient de se former par ses soins et sous ses auspices. Jusqu'à
ce jour, cette école n'a pas encore été dotée par le gouvernement ; la seule faveur
dont elle jouisse consiste dans le vaste local qui lui a été accordé au château par
le grand-duc, dans la faculté d'étudier les modèles en plâtre, et dans la permission de copier les tableaux de la galerie.

Parmi les jeunes gens qui profitent des leçons de Götzenberger, Leitner est
dans son opinion celui qui annonce le plus d'aptitude pour la composition. Jusqu'ici, le nombre de ces élèves n'est que de dix.

Pendant que j'étais à Manheim, Götzenberger était occupé à terminer le carton du tableau qu'il doit exécuter cette année à Bonn pour compléter les fresques représentant les quatre Facultés dans la grande salle de l'Université : il sera
encore parlé plus bas de cet ouvrage.

J'ai vu de lui plusieurs dessins, dont quelques-uns sont pleins de verve. Je placerai parmi ses plus heureuses compositions celle qui représente Gœthe, à qui les
événemens de sa jeunesse apparaissent en rêve. Cette composition était destinée
à former la vignette de l'opéra de Faust, ouvrage du prince Antoine Radziwill.

Le portrait de sa sœur, fait au crayon, trois quarts de grandeur naturelle, est
heureusement saisi et fermement dessiné. Parmi ses esquisses peintes, c'est dans
sa Magicienne que j'ai aperçu le plus de mérite comme couleur et comme inspiration. Il m'a paru donner la préférence à sa Cassandre, qu'il a faite également
dans de petites proportions.

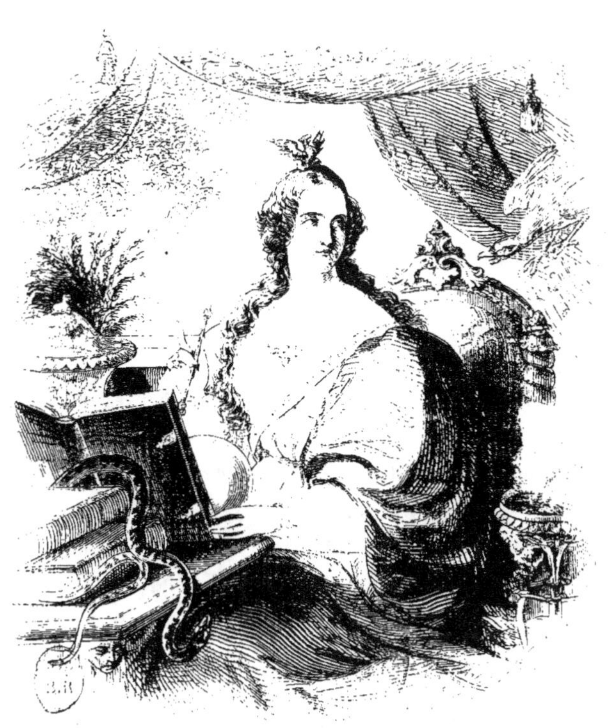

LA MAGICIENNE.
Gravé par Cherrier, à Paris.

Dans une copie d'après le Titien, Götzenberger a prouvé qu'il ne dédaignait pas le coloris, et que, dans cette partie si essentielle de l'art, il saurait obtenir de brillans résultats. On est d'autant plus fondé à exprimer cet espoir, qu'il se trouve déjà réalisé en partie dans ses fresques.

Quoique, depuis plus de quinze ans que Götzenberger s'est voué aux arts, il ait déjà produit beaucoup d'ouvrages, ce sont cependant principalement ses fresques de Bonn qui font connaître la nature et la portée de son talent : elles occupent quatre grands compartimens d'une des salles de l'Université, et elles représentent les quatre Facultés : la Théologie, la Philosophie, la Jurisprudence et la Médecine. Celle de la Théologie, à laquelle il a travaillé conjointement avec Hermann, est, aux yeux de beaucoup d'artistes, la plus belle ; cependant mon impression particulière me fait accorder la préférence à la Philosophie. Le cahier de gravures qui accompagne ce volume en contient une qui offre le simple trait de ce dernier tableau : j'aurais voulu qu'elle pût en donner une idée plus complète. La Théologie ne me paraît pas offrir dans toutes ses parties assez d'harmonie et une égale vigueur de teintes ; dans la Philosophie, qui, sous le rapport de la composition, n'est pas inférieure à l'autre, le coloris est également beau partout et la touche également ferme. Les figures de ces tableaux sont de grandeur naturelle.

Voici la description de l'une de ces fresques, telle qu'elle a été rédigée pour accompagner la gravure que Götzenberger en a fait faire.

« *La Théologie.* — Des quatre fresques qui doivent orner les murs de la *Aula,* ou salle publique du bâtiment de l'Université de Bonn, trois ont déjà été exécutées, savoir : celles de la Théologie, de la Jurisprudence et de la Philosophie. La figure allégorique de la Théologie occupe le milieu du tableau ; sa main repose sur le livre de l'Écriture sainte ; un des enfans en attend l'explication avec une foi vive ; l'autre fixe sur le livre un regard investigateur. Le trône qu'occupe cette figure allégorique est entouré des premiers témoins du triomphe du Christianisme et de ceux qui en ont été les propagateurs. A droite sont placés Pierre et les évangélistes Jean, Luc, Matthieu, Marc, et l'apôtre saint Paul. A ceux-ci se joignent des deux côtés les Saints-Pères : les plus célèbres docteurs des premiers siècles du Christianisme qui représentent les dogmes divers, Léon-le-Grand et Grégoire-le-Grand, également fameux comme princes de l'Église et comme docteurs. Derrière Léon est placé saint Athanase, l'intrépide athlète qui n'a pas cessé de combattre l'hérésie ; plus loin saint Chrysostôme, le modèle de l'éloquence chrétienne ; saint Jérôme, le père des exégètes, et saint Augustin, dont les doctrines ont exercé la plus grande influence sur le moyen âge : c'est en commémoration de cette influence que le pieux Thomas A Kempis est représenté assis aux pieds de saint Augustin, et étudiant les pensées élevées et ascétiques de ce père de l'Église, pour les transmettre aux siècles futurs dans son livre de l'Imitation de Jésus-Christ. A gauche, l'histoire de la Théologie est personnifiée par Eusèbe, la Dogmatique par l'ardent et inflexible Tertullien, le Mysticisme chrétien par Origène et Ambroise. Les diverses tendances du moyen âge sont indiquées dans le fond du tableau, vers le centre du côté droit; Grégoire VII est assis sur son siège pontifical; à côté de lui un évêque, dans une attitude penchée, doit exprimer la résistance du clergé. On aperçoit immédiatement derrière lui le Dante, dont les poésies forment pour ainsi dire le reflet des intérêts ecclésiastiques et politiques de son époque. Près du Dante se trouvent d'un côté les fondateurs des études scolastiques : Albert-le-Grand, saint Thomas d'Aquin et saint Bonaventure; de l'autre côté les fondateurs des principaux ordres monastiques : saint François, saint Benoît, saint Norbert et le plus célèbre de tous, Ignace de Loyola. Pour désigner les sectes qui se sont formées en dehors de l'Église, l'auteur a placé dans le fond un groupe composé des Manichéens, des Ariens et autres; ces figures sont presque entièrement cachées et dominées par la figure d'Innocent III. Sur le premier plan à droite on voit saint Bernard et son adversaire Abeilard avec l'abbé de Clugny. Les deux groupes de figures couchées et plus rapprochées du centre doivent personnifier les deux croyances les plus répandues de nos jours : la nouvelle Théologie de l'Église catholique est représentée par le vieillard; et le jeune homme du groupe correspondant de l'autre côté désigne la direction plus critique et plus profonde de l'Église luthérienne *; c'est à cette dernière que se rapporte plus particulièrement cette partie du tableau; aussi c'est du même côté que sont figurées les villes de Wittenberg et Eisenach, tandis que de l'autre c'est Rome. A Paul, l'apôtre de tant de nations,

* Je cite mais je n'approuve pas, car je trouve que la comparaison est tout au moins inutile et qu'elle est irritante pour les catholiques.

se joignent les fondateurs du Christianisme en Allemagne : Ulphilas, le traducteur de la Bible, Columbien, qui a renouvelé l'Église franke, Boniface et Willibrod. Vers le centre, du côté opposé à celui où se trouve Grégoire VII, on voit Luther, et à ses côtés Mélanchton, qui semble chercher à l'apaiser, ainsi que Calvin et Zwingli ; ce dernier, tenant la Bible, est occupé à y faire des recherches. Dans le fond de cette partie du tableau se trouvent les premiers réformateurs : Pierre Waldus, Wicleff et Hus. Entre les figures couchées et ces réformateurs, l'auteur a placé les hommes les plus remarquables de l'Église protestante : Spener, Calixtus et Thomasius, auxquels se rattache la nouvelle ère, personnifiée par la figure du jeune homme, qui doit exprimer la foi. »

La galerie du grand-duc occupe beaucoup de salles et de chambres, et renferme des tableaux de toutes les époques. Le mélange qu'elle présente est si grand, que le souvenir qu'on en emporte ne peut que s'en ressentir ; je me rappelle cependant avoir vu de beaux flamands, des Ostade, des Téniers, des Everdingen.

Le magasin d'Artaria est bien fourni de tableaux modernes : j'ai remarqué entre autres de beaux morceaux de Weller, de Koekkoek et de Rottmann.

PREMIÈRE NOTE.

PENSÉES SUR L'ÉDUCATION D'UN PEINTRE, PAR GUILLAUME SCHADOW.

« La disposition à la peinture consiste dans la faculté d'imiter tous les objets extérieurs par des formes et des couleurs sur une surface plane.

« Lorsque cette faculté est accompagnée d'une imagination qui saisit les objets avec énergie et facilité, et du pouvoir de les représenter à l'aide de la forme et de la couleur, ces qualités constituent alors un artiste doué du génie poétique. Il est clair que la force productrice ne peut se manifester que lorsque l'écolier s'est suffisamment approprié les formes des objets du monde extérieur, pour exprimer ses idées au moyen de ces mêmes formes, l'éducation d'un peintre se divise donc naturellement en trois parties.

« Cette éducation, après avoir commencé par l'*instruction élémentaire*, se continue dans la classe où l'écolier se prépare pour *les compositions*, et se termine par les conseils et les indications que le maître tire de son expérience, et qu'il communique aux élèves aptes à exécuter des compositions sans le secours d'autrui.

« I. *Instruction élémentaire.* — Il faut s'assurer avant tout si l'enfant qu'on destine à la peinture possède le don de l'imitation.

« Chez les vrais talens, cette aptitude se manifeste de bonne heure : que l'on songe au dessin que fit le berger Giotto d'après un de ses moutons, dessin qui éveilla l'attention de Cimabue. Il faut ensuite, pour atteindre aux qualités supérieures d'un artiste, le sentiment des proportions mathématiques, et un certain goût de cette symétrie, sans laquelle les objets du monde extérieur ne nous apparaissent pas dans leur beauté; il faut enfin que le commençant de ce degré puisse déjà esquisser par le dessin un objet simple de la nature. On doit le faire débuter par ce qu'il y a de plus facile, le faire passer des lignes simples aux lignes courbes, et tenir à ce que sa

"

main s'habitue à une méthode ferme et pure; plus tard on l'accoutumera au dessin des figures géométriques, pour familiariser ses sens avec les proportions; puis vient le dessin de la figure humaine. Celui qui possédera la faculté de saisir avec exactitude le phénomène le plus subtil et le plus compliqué du monde extérieur, sera en état d'imiter tous les objets de ce monde.

« Je ne suis cependant point d'avis de borner l'enfant aux dessins de la figure humaine : l'ignorance des autres objets de la nature pourrait le gêner beaucoup dans la suite. Plus les objets qu'il dessinera seront variés, et plus il s'habituera à observer avec attention tout ce qui l'entoure, et plus ses sens auront de facilité pour saisir le caractère de chaque objet extérieur.

« Il faut joindre au dessin d'après des dessins, en allant du simple au composé, le dessin de la ronde bosse, car l'écolier doit résoudre dès le commencement le problème qui consiste à représenter sur des surfaces planes tout ce qui remplit un espace et forme un corps. Ce don de saisir et d'imiter doit se manifester dès le premier degré de l'éducation, sans quoi l'élève manque de capacité. Il est clair qu'il ne faut donner au commençant qu'une tâche facile à résoudre, pour ne pas empiéter sur l'instruction du second degré.

« II. *Classe préparatoire.* — L'enseignement et les occupations de cette classe se composent des parties suivantes :

« 1° Le dessin des corps saillans, tant d'après les statues moulées sur l'antique que d'après le modèle vivant;

« 2° L'étude des draperies;

« 3° La copie de tableaux et de têtes vivantes;

« 4° Les sciences accessoires nécessaires au peintre d'histoire; c'est-à-dire l'anatomie, l'architecture et la perspective;

« 5° La théorie des proportions du corps humain.

« Lorsqu'un élève copie bien le dessin d'une figure nue, il faut lui faire dessiner des têtes, des mains, des pieds de grandeur naturelle, d'après l'antique; peu-à-peu l'on conduit son pouvoir d'imitation jusqu'à la copie de figures entières et de groupes de grandeur naturelle, toujours en ronde bosse. Il faut lui faire faire simultanément avec ces exercices le dessin de figures animées, qui affectent les mêmes situations que la bosse. Ce dernier travail sera difficile sous deux rapports : d'abord le modèle vivant n'a point l'immobilité de la pierre; puis l'antique n'est point chargé, comme le modèle vivant, d'accidens qui changent la forme normale et qui égarent l'œil.

« Le véritable antique a une beauté extraordinaire, parce qu'il est l'expression la plus simple et la plus noble de la nature, telle qu'elle pouvait se manifester dans un caractère donné et dans une situation choisie. Ici l'on se demande pourquoi l'antique ayant des avantages sur le modèle vivant, l'élève n'en fait point son étude exclusive. Indépendamment de ce qu'aucune collection d'antiques ne serait assez riche pour fournir chaque type et chaque caractère, on peut encore répondre à cette question que le véritable artiste doit réunir la régularité à la liberté.

« La *première* se tire du modèle idéal, et la *seconde* ne peut recevoir son impulsion que de l'étude de la nature, et du contact immédiat avec elle. C'est cette liberté, cette indépendance d'inspirations qui donnent aux œuvres de l'artiste un point d'appui fixe; ce qu'il y a d'individuel et de caractéristique dans le génie d'un homme est précisément ce qui imprime le plus grand charme à ses ouvrages, et ce charme ne peut jamais résulter d'une imitation trop exacte de modèles existans. Beaucoup de peintures françaises pourraient peut-être nous faire voir à quoi conduit l'étude exclusive de l'antique. Je crois donc qu'il est essentiel de guider de bonne heure l'artiste naissant vers la source principale de son éducation, c'est-à-dire vers la nature.

« Pour l'étude des draperies, je recommande ce qui suit : le maître doit commencer par draper un automate, et autant que possible alternativement, avec des étoffes différentes; l'élève en fait un dessin complet et détaillé, en portant son attention sur les lois d'après lesquelles se forment les plis et sur les particularités spéciales à chaque étoffe. Lorsqu'il se sera fait une idée nette des draperies, il devra, pour apprendre à saisir le caractère de chaque position, dessiner dans une petite proportion les vêtemens du modèle vivant.

« L'élève doit acquérir dans cette classe une idée du coloris; il faudra lui faire copier à cet effet quelques têtes faites d'après le modèle vivant, et y joindre trois ou quatre figures, afin qu'il reconnaisse comment un véritable coloriste doit saisir la carnation. S'il réussit bien pour les tons de la carnation, sa capacité pour appliquer les couleurs à l'imitation de tous les autres objets de la nature restera prouvée. Il est encore d'usage d'occuper l'élève de cette classe de la copie de quelques grands tableaux. Ceci est un tort, à mon avis, et le temps dépensé de cette façon n'offre pas un bénéfice réel. La couleur apparaît à chaque artiste d'une manière particulière; c'est donc un point pour lequel il faut fixer l'attention de l'élève plutôt sur la nature que sur les ouvrages des autres. Peu-à-peu l'on arrivera dans l'emploi de la couleur, jusqu'à la peinture de figures entières, toujours d'après le modèle vivant. Il est clair qu'il n'est pas nécessaire que l'imitation soit de grandeur naturelle; cela serait trop coûteux; il n'est d'ailleurs ici question que de donner à l'élève une idée de la couleur. Il est néanmoins utile de peindre quelques têtes en grandeur naturelle, parce que le dessin et le coloris de la carnation sont incomparablement plus difficiles en grand qu'en petit. Cette partie de l'étude est malheureusement trop négligée de notre temps, et c'est pour cela que souvent l'esquisse ou le carton d'un tableau valent mieux que le tableau même.

« L'étude de l'anatomie est d'une indispensable nécessité : la connaissance parfaite de la structure du corps humain peut seule assurer aux productions de l'art une exactitude complète. Il est donc nécessaire que l'élève s'occupe d'anatomie et dessine d'après des parties bien disséquées.

« L'architecture et la perspective (qui comprend les principes des raccourcis) sont aussi des sciences accessoires très essentielles. Il est certain que le sentiment de la perspective doit être donné à l'artiste ; mais l'œil le plus exercé se fortifie et s'assure de sa justesse par la science, et les règles servent de preuve aux combinaisons du tact naturel. Il existe sur la *théorie des proportions du corps humain* des ouvrages qu'il faut consulter, et dont les résultats ont été réunis d'après de minutieux travaux sur les plus belles statues que nous a léguées l'antiquité.

« III. *Classe supérieure.* — Lorsqu'un jeune homme est apte à dessiner une figure de grandeur naturelle d'après l'antique et d'après un modèle vivant, lorsqu'il sait copier une bonne peinture et qu'en outre il est familiarisé avec les sciences accessoires désignées dans le paragraphe précédent, il se trouve alors en état de songer à des productions originales. Si son génie, pendant son séjour dans la classe préparatoire, ne l'a point poussé à essayer des compositions, son talent d'invention ne sera point saillant, et son maître fera bien de le destiner aux parties purement imitatives de la peinture ; mais si la Muse créatrice a visité le jeune artiste dans ses momens d'isolement, si les rêves de son imagination ont ému son âme au point de le provoquer à les reproduire en esquisses faciles à comprendre, la tâche du maître est arrivée à son terme ; il abandonne alors le disciple à ses propres forces.

« Alors le talent du maître ne peut plus, à mon avis, se manifester que par des conseils. Si le maître est vraiment familier avec la création des productions poétiques, il respectera l'originalité du disciple ; il bornera sa critique à signaler les situations fausses ou peu arrêtées, les traits indécis et les parties où l'expression doit être fortifiée. Il ne devra jamais se charger des corrections : c'est à l'élève même à les faire. Si le maître y mettait la main, il n'en pourrait résulter qu'une discordance. Les facultés de deux artistes ne sont jamais identiques, et l'on suppose toujours au maître un talent supérieur à celui de l'élève ; le procédé porterait donc toujours l'empreinte d'un raccommodage avec de belles couleurs couchées sur des couleurs moins vives. Il ne faut jamais toucher à ce qui donne à l'œuvre le plus grand charme, c'est-à-dire à l'originalité du premier jet. Des maîtres qui procéderaient autrement ne feraient qu'établir dans leur école une manière froide, insignifiante, et au lieu d'élèves ils n'auraient jamais que de pauvres copistes.

« Pour l'exécution du premier tableau, le maître doit choisir, entre toutes les ébauches de l'élève, la composition la plus simple. S'il est entendu que, pour le premier jet, l'élève n'a pas à se servir de modèle, il n'est pas moins essentiel de tirer parti, pour l'exécution définitive, de tous les moyens disponibles. C'est la mise en œuvre de l'idée qui achève seule la création de l'œuvre d'art. La nature doit se manifester dans chaque partie de l'image ; il n'est pas nécessaire que ce soit la nature propre au modèle, c'est-à-dire la copie de tel ou tel portefaix, de tel ou tel soldat, sous le casque antique ou sous la tunique et le manteau de l'apôtre. Ce modèle ne se présente aux yeux de l'artiste que paré en quelque sorte des emblèmes des différens caractères qu'il peut vouloir exprimer ; le modèle lui indique l'existence des élémens épars dans le monde extérieur ; c'est à son intelligence à en composer un ensemble qu'elle dirige vers un but poétique.

L'emploi du modèle doit avoir pour objet de vérifier comment il peut servir à la représentation de la situation donnée par l'esquisse.

« Il arrive quelquefois qu'un modèle, faute de sentiment et d'éducation, ne peut se placer dans la situation voulue, et que jamais il ne peut se mettre dans la position projetée par l'artiste. Dans cette désagréable occurrence, le jeune peintre fera bien de prier un ami, dont l'intelligence comprendra son intention, de poser devant lui jusqu'à ce qu'il ait saisi l'expression générale d'une situation. Pour l'exécution des parties nues, il est nécessaire d'en étudier les contours dans des dessins d'une dimension égale à celle que ces parties auront dans le tableau. Quant aux figures drapées et aux groupes, il est bon d'en tracer à grands traits le nu dans des études préparatoires, car certaines portions de draperies, même celles du plus lourd manteau, touchent toujours au contours même, celles par exemple qui portent sur les épaules et les genoux. Faute de ce soin, des erreurs contre les proportions générales se commettent facilement : et on ne les aperçoit qu'au moment où il n'est plus possible de les rectifier; enfin, on fera bien d'étudier les mains et les pieds dans la dimension de l'exécution.

« Il faut donner dans les premiers tableaux que l'on compose un soin particulier à l'étude des têtes (lors même que les modèles suffiraient pour en représenter le caractère idéal), et au mode particulier dont est éclairée chaque tête dans telle ou telle position. Muni de ces notions indispensables, l'artiste pourra s'abandonner plus librement au sentiment qu'il s'est formé du caractère à reproduire, sentiment qui, seul, ne le garantirait point des plus fâcheux écarts. Nous avons malheureusement vu des tableaux peints avec les larmes de l'émotion, et qui n'en offraient pas moins des figures de travers et des yeux horriblement tournés. L'imagination, le sentiment et une profonde entente des formes et des couleurs doivent être réunis pour produire une œuvre d'art; cette œuvre sera d'autant plus imparfaite que l'une de ces qualités prendra trop de prépondérance sur les autres.

« Quand je demande l'esquisse des nus, même pour les figures drapées, on me fera peut-être l'objection que ce dessin peut distraire et troubler l'artiste dans sa composition; on me dira peut-être que, si quelqu'un avait à présenter, par exemple, les douze apôtres dans une action dramatique, les douze figures nues de l'esquisse feraient naître dans l'esprit du spectateur une idée fort étrangère au Christ et à ses saints disciples. J'accorde que l'homme ignorant ne reconnaîtra pas les apôtres dans l'esquisse; mais pour le public, l'ouvrage inachevé n'existe pas encore. Le créateur d'un pareil tableau (et ici j'en appelle à tous les véritables artistes) n'aura qu'à jeter un coup-d'œil sur son étude pour se rappeler aussitôt sa pensée primitive avec tous les développemens et tous les détails d'exécution qu'il avait conçus. Le vulgaire ne voit en général dans une esquisse que les traits souvent grossiers dont elle se compose; mais l'artiste, avec son imagination, y voit le tableau achevé; un peintre consommé n'aura même pas de peine à se représenter le tableau complètement fini, à l'aspect de l'esquisse d'un autre peintre.

« Quant aux draperies, trois modes de procéder peuvent être employés, selon les différens cas. S'agit-il, par exemple, dans un grand tableau à fresque contenant un certain nombre de figures drapées, d'exprimer l'intention principale d'une figure qui ne réclame pas un fini minu-- tieux, on peut choisir un modèle qui soutienne la fatigue, et dessiner la draperie immédiatement d'après nature, sinon entièrement, du moins en partie, sauf à terminer d'après le carton. On trouve dans les dessins de Raphaël ces sortes d'études, qui se reproduisent ensuite dans ses fresques. Ce genre suppose une grande promptitude à saisir ce qu'il y a de plus caractéristique dans la nature, et une mémoire très exercée pour compléter ce qui n'a pu être dessiné immédiatement d'après le modèle.

« Si, au contraire, on a le projet de mettre dans une composition simple un fini exquis pour toutes les parties, d'obtenir la plus grande vérité dans la couleur et dans l'harmonie de la lumière, plutôt que de caractériser *exclusivement* et de *préférence* l'idée poétique de l'ensemble, alors le mannequin est tout-à-fait suffisant. Comme les parties seulement qui doivent être vêtues sont dessinées d'après le mannequin, il suffit que ce travail se fasse sur un mannequin de moitié ou de deux tiers au plus de grandeur naturelle, pourvu que l'on emploie alors des étoffes un peu plus fines que celles qui doivent être représentées. Ce procédé, qui économise le temps (sans parler de l'argent), m'a paru surtout satisfaisant pour la peinture à l'huile. L'étude fugitive faite immédiatement sur le modèle vivant échappe souvent au souvenir pendant l'achèvement de la peinture d'une draperie, et ce qui manque (dans la supposition que l'artiste ait assez de modestie et d'intelligence pour le sentir) est beaucoup plus difficile à ajouter qu'on ne le pense communément; il arrive ainsi que fréquemment il reste dans les tableaux à l'huile des parties incomplètes, ce qui choque particulièrement dans ce genre de peinture, dont une qualité essentielle est la grande harmonie de l'ensemble; le mannequin peut enfin être très utile au peintre de portraits.

« Pour toutes ces études, la capacité naturelle et l'expérience font beaucoup, et un esprit supérieur peut, avec un modèle imparfait de la nature, créer une draperie parfaite, tandis qu'au contraire un talent médiocre ne fera, même avec un modèle très riche, que quelque chose de fort médiocre. Lorsque le carton d'un tableau est achevé, je crois qu'il faut, si la composition est un peu riche, faire une esquisse coloriée. Est-on indécis pour la distribution de la lumière et des couleurs, les changemens en petit deviennent très faciles et très expéditifs; la pensée première apparaît plus nettement à l'esprit de l'artiste, et il aplanit bien des difficultés résultant de ce qu'il ne sait pas exactement ce qu'il veut. Les essais en grand sont au contraire très pénibles, et demandent un temps fort long.

« Pour ce qui est de l'exécution matérielle, il y a tant de moyens qui conduisent au but qu'on est tenté de croire que chaque grand talent s'est créé un procédé spécial à son génie. On a proposé tant de règles générales qu'il serait futile de les répéter. C'est l'instruction pratique qui conduira le plus sûrement à un résultat; voici toutefois le fruit de mes réflexions sur ce point : la matière sur laquelle on peint, ainsi que celle avec laquelle on peint, n'ont qu'une valeur relative; il est impossible de décider d'une manière absolue et abstraite la valeur d'une peinture, en examinant seulement si elle est faite sur plâtre, sur bois, sur toile, sur cuivre, ou si elle est à l'aquarelle, à l'huile, à l'encaustique, etc., etc.; le degré et plus encore la qualité de l'esprit qui y règne, voilà ce qui décide de la valeur de la représentation. Veut-on par exemple comparer la peinture à fresque avec la peinture à l'huile? on dira que la première est particulièrement propre à représenter de vastes compositions dans de grands espaces d'architecture, qu'au contraire la seconde est plus propre à exécuter des compositions partielles sur une grande échelle. Toutes les considérations qui tendent à élever une branche de l'art au détriment d'une autre, ne dénotent à mon avis qu'une connaissance insuffisante de l'essence de l'art, ou bien, des motifs fort éloignés de la dignité de celui-ci.

« Je dois parler ici d'un inconvénient que j'ai souvent eu l'occasion de remarquer dans ma carrière pratique, et contre lequel il faut se mettre en garde : c'est la manie ordinaire aux jeunes artistes de trop entreprendre et de trop composer. Au lieu de terminer avec assiduité et persévérance un tableau commencé, ils accumulent inventions sur inventions, et disséminent ainsi leur temps et leurs forces. Cette maladie (car c'est ainsi que je considère cette tendance) peut s'excuser; mais il est impossible de la justifier. La première conception d'une œuvre d'art jette l'âme dans un heureux délire; le monde extérieur disparaît devant elle, et la rêverie intuitive à laquelle l'artiste s'abandonne lui donne ce sublime sentiment d'une joie indépendante des objets qui sont hors de lui. Les difficultés et les obstacles ne surgissent qu'au moment de l'exécution. Obligée alors de faire place à la raison, ou du moins d'entrer en partage avec elle, l'imagination sent naître le découragement, ou, pour le prévenir, elle repousse toute critique et tout conseil. Il y a aussi dans l'exécution de chaque tableau des momens de paresse que l'énergie du caractère peut seule surmonter. Il arrive très souvent qu'en telle circonstance l'artiste trouve sa première conception mauvaise; l'esprit rempli peut-être d'un autre sujet auquel, avec la mobilité de la jeunesse, il transporte toute son ardeur, il se dit que le développement de cette pensée nouvelle aurait des résultats plus brillans, et il renonce à la réalité pour suivre une ombre vaine; et cependant le courage et la force employés à l'achèvement d'un travail peuvent seuls éclairer l'artiste sur sa véritable valeur. Le courage et de persévérantes études rendent modeste; tandis que l'orgueil d'adolescens, dont les projets ne s'exécutent jamais parfaitement, les dispose à accuser le monde d'ignorance, quand celui-ci ne peut reconnaître leurs idées sublimes dans des tableaux inachevés.

« Et à quoi peut conduire ce laisser-aller? N'avons-nous pas vu des hommes appelés par leur talent à une position éminente, commençant et recommençant sans cesse, ne terminant rien, et, dominés par une véritable rage de produire toujours du nouveau, n'atteignant à la fin de leur carrière que le triste rang de faiseurs d'esquisses maniérées? C'est ainsi que se venge la nature sur les artistes qui abusent du plus beau de ses dons, l'idée.

« On a cependant prétendu faire de ce défaut un mérite, et l'on a soutenu que l'invention poétique se perdait dans l'achèvement du projet. Dans cette impuissance d'exécuter, on a soutenu que l'exécution était chose fort secondaire et purement de pratique; pour moi, je dirai hautement que, dans mon opinion, l'invention cesse seulement au moment où le peintre dépose le pinceau; car, comme il résulte de ce que j'ai dit plus haut que dans une œuvre poétique la simple copie des modèles était inefficace, l'achèvement est une création perpétuelle. On emprunte, à la vérité, des matériaux au monde extérieur; mais il faut que l'imagination remplisse cette lacune qui existe entre le modèle et l'intention poétique. Nous trouvons, par exemple, dans un modèle les formes de la tête en elles-mêmes belles et convenables; mais il faut y ajouter l'expression du caractère à représenter dans un moment donné; ou bien la couleur fournie par la nature ne convient pas au caractère, et il faut alors y suppléer par l'invention. Pour qu'il y ait de l'harmonie dans l'ensemble, l'imagination, je le répète, doit être toujours vigilante, s'étendre sur tous les détails, harmoniser les beautés qui se trouvent éparses dans la nature. Faudrait-il donc admettre que c'est la quantité et la masse des figures produites qui constituent le grand artiste? Mais pourquoi sommes-nous dans une muette admiration depuis des siècles devant les tableaux de Léonard de Vinci et de son école, qui offrent généralement des compositions si simples? Léonard était-il donc un artiste de peu d'imagination? Pourquoi sommes-nous saisis de la même admiration à l'aspect des ouvrages de l'antiquité, qui ne consistent ordinairement qu'en des figures isolées? L'artiste qui créa l'Apollon ne serait-il pas, quand même il n'aurait produit que ce seul ouvrage, un maître sublime et d'une imagination prodigieuse? Le vrai connaisseur apercevra, par l'inspection d'une seule tête, si son auteur avait ou non un vrai génie poétique. L'objet d'art n'existe que lorsqu'il est terminé; plus l'exécution est belle, plus le génie de l'artiste a de profondeur, et plus son pouvoir créateur est incontestable.

« Dans les observations que je viens d'émettre, je suis loin de croire avoir épuisé la matière : il y aurait encore à traiter du choix des objets à représenter par la peinture, et des conditions nécessaires d'une bonne critique. Si je pouvais croire que les réflexions qui précèdent pussent être de quelque utilité aux jeunes artistes, je puiserais dans cette pensée un encouragement à compléter mon travail par la discussion de ces deux derniers points. »

DEUXIÈME NOTE.

DU VÉRITABLE ESPRIT DE CRITIQUE EN MATIÈRE DE BEAUX-ARTS.

(DISCOURS PRONONCÉ PAR SCHADOW DANS UNE SÉANCE DE LA SOCIÉTÉ DES ARTS A DUSSELDORF.)

Toute critique devrait. selon moi, naître d'un sentiment bienveillant, de l'amour de la vérité, du desir de conduire à la perfection le talent sur lequel elle s'exerce. Pour arriver à porter sur un tableau un jugement éclairé, un jugement qui confirme, par une analyse approfondie et rationnelle, la première impression, voici la marche qui, d'après mon expérience, me parait la plus sûre :

« Dans toute œuvre d'art véritablement digne de ce nom, on découvre une pensée qui, dans l'âme de l'artiste, s'était déjà revêtue, avant l'exécution, d'une forme pittoresque; ce principe est également applicable aux sujets d'un ordre élevé et à ceux d'une classe inférieure. Je dirai même que, dans une simple copie de la nature, il sera facile de voir si la pensée de l'artiste a su s'approprier la physionomie caractéristique de l'objet imité. Celui qui est doué d'une âme poétique saura donner à un simple portrait une vie bien plus animée que celui qui n'a étudié que la partie matérielle de l'art. On voit des portraits dans lesquels, comme dans une biographie, on croit lire tous les évènemens qui ont fait impression sur l'âme de ceux qu'ils représentent.

« La pensée sera donc la première chose sur laquelle un véritable critique portera toute son attention. Il examinera d'abord si la pensée que l'artiste a conçue était celle que devait faire naître le sujet qu'il avait à représenter, si la manière dont il l'a exposée l'a rendue claire pour l'observateur, si enfin il a bien su saisir le caractère des personnes qui agissent ou sont représentées dans son ouvrage.

« L'œil exercé d'un connaisseur saura, malgré les défauts de l'exécution, reconnaitre le mérite de la pensée, et c'est ainsi qu'il découvrira un talent d'artiste, même avant que celui-ci ait pu acquérir les connaissances et l'habileté nécessaires pour donner de belles formes aux objets qu'il aura pu concevoir. Je le répète donc, c'est la juste appréciation de l'idée première qui doit avant tout fixer l'attention d'un critique. Développer cette idée, c'est-à-dire lui donner un corps à l'aide duquel elle puisse se manifester à la vue, tel est le but vers lequel tendent les efforts de la peinture, en employant le dessin et la couleur.

« Or, comme la couleur ne saurait exister sans la forme dans la peinture, il est tout naturel d'examiner d'abord le style des formes au moyen desquelles l'idée devient sensible. Que le critique recherche donc si tout est naturel dans le mouvement des figures représentées, et si toutes leurs parties se combinent dans de justes proportions. Mais pour pouvoir, sous ce rapport, porter un jugement fondé, il faudrait être familiarisé avec les lois des proportions, qui se montrent surtout à un haut degré de perfection dans les antiques; il faudrait posséder une connaissance approfondie de l'anatomie et de la perspective, et joindre l'habitude de voir et de juger les chefs-d'œuvre de l'art à la fréquentation des artistes formés par une longue expérience; toutes choses auxquelles songent malheureusement fort peu ceux qui proclament leurs jugemens, ou qui, pour mieux dire, les imposent au public.

« Le coloris exige une étude préparatoire plus longue encore et plus laborieuse. L'étude des phénomènes de la lumière, tant dans la nature que dans les chefs-d'œuvre de l'art, ne pourra se faire avec un plein succès que si celui qui s'y livre est doué d'un organe visuel favorablement disposé, et ce don n'est pas aussi commun que pourrait le penser plus d'un critique incompétent.

« Quant à ce qui regarde le faire, nous voyons beaucoup de gens attacher une grande importance à ce qu'on appelle *la hardiesse du pinceau.* Sans doute on ne peut nier qu'il n'y ait un grand charme attaché à une œuvre où la pensée spontanée de l'artiste se fait sentir dans sa franchise et dans sa liberté, mais il ne faut pas perdre de vue qu'une véritable liberté dans le faire ne peut résulter que d'une connaissance approfondie du sujet que l'on traite et dont on a dû se rendre maître. Il y a des artistes immortels dont les ouvrages n'ont aucune prétention à cet égard, et c'est peut-être à la profondeur même avec laquelle ils étudiaient la nature qu'il faut attribuer cette réserve modeste de leur part; car, peu satisfaits d'eux-mêmes, ils préféraient pénétrer toujours plus avant dans la nature; ils montraient autant d'application qu'auraient pu le faire des élèves. De pareils efforts chez de grands maîtres attestent toujours une noble et consciencieuse délicatesse. J'oserai affirmer que de tels esprits, tant que la force physique leur est fidèle, loin de produire dans la suite des ouvrages inférieurs, ne peuvent manquer de faire des progrès.

« L'avantage qui résulte de la facilité du faire est bien conditionnel, et, pour mon compte, je n'y attache qu'un faible prix lorsqu'il n'est pas le résultat de la profondeur des connaissances.

« Après avoir montré comment un esprit scrutateur forme peu-à-peu son jugement et évite avec un égal soin le faux enthousiasme qui trop facilement égare les esprits bienveillans et prompts à s'exalter, et le froid raisonnement sur lequel rien ne saurait faire impression, je ne veux pas conseiller ici à celui qui examine un tableau de procéder de prime abord d'une manière aussi méthodique, car toute œuvre d'art doit être examinée avec le même esprit dans lequel elle a été conçue. L'artiste apporte dans la composition toutes les forces de son âme ; aussi faut-il vous garder, dans votre jugement, de séparer l'imagination du sentiment et de l'intelligence : tous ces élémens exercent ici un égal empire. C'est ce qu'on peut surtout remarquer dans les compositions classiques. Que le critique demeure donc passif et laisse l'œuvre agir sur lui ; qu'il la considère attentivement, afin que l'esprit de cette œuvre lui fasse entendre son langage ; ensuite, de même que l'artiste, lorsqu'il a voulu rendre son idée, a laissé à sa raison le soin de scruter, de peser, de rejeter, de choisir les matériaux qu'il devait employer, de même le vrai connaisseur, se servant aussi de sa raison, doit examiner et peser les premières impressions qu'il a reçues, afin de séparer le faux du vrai.

« Les hommes nés avec un véritable génie pour la critique (et il ne devrait y avoir que ceux-là qui se permissent de porter un jugement en public) ont ordinairement dès le premier abord le sentiment juste de ce qui frappe leurs yeux ; mais, lorsqu'il s'agit de se rendre raison de ce sentiment et de le communiquer aux autres, ils ont besoin d'avoir recours au travail d'esprit et à la méthode ; celle que j'ai indiquée me semble conduire au but par la meilleure voie.

« Autant une critique superficielle, haineuse et personelle me paraît méprisable, autant j'estime une critique judicieuse, même sévère, pourvu qu'elle vienne d'un esprit qui aime la vérité. Il est démontré par l'expérience qu'on ne juge pas toujours sainement les productions de son propre esprit ; il faudrait donc s'abstenir de répandre la moquerie et la malveillance sur les artistes qui montrent dans leurs œuvres un sincère amour de l'art et le desir sérieux de faire des progrès. Les armes du sarcasme et de l'ironie ne paraissent permises que contre la suffisance, fût-elle jointe à une grande habileté ; dans ce seul cas l'ironie peut être utile, car la suffisance, suivant une fausse direction, peut d'autant plus facilement tromper et séduire, qu'elle est accompagnée de plus de talent. Comme la production d'une œuvre d'art de quelque portée suppose le concours et l'activité des plus hautes facultés dont le Créateur ait doué l'âme humaine, du sentiment, de l'imagination et de l'intelligence, et comme le domaine de l'artiste est tout idéal et sans bornes, c'est de bienveillance et d'amour, non d'ironie et de sarcasme qu'il faut entourer les efforts de ceux qui sont entrés dans cette noble carrière. »

EXCURSION DANS PARIS

EN 1836.

***

CE livre était sous presse quand je me décidai à aller à Paris pour juger de l'état présent des arts en France. Voir l'exposition, visiter les ateliers de MM. Paul Delaroche, Ary et Henri Scheffer, Gallait, Roqueplan, Delacroix, Watelet, Deveria, Francia; connaître les productions modernes qui se trouvent dans les différens édifices royaux et publics : au Louvre, au Palais-Royal, au Luxembourg, à Neuilly, à Saint-Sulpice et ailleurs : tel a été l'emploi de mon temps pendant les dix-huit jours que j'ai passés à Paris : depuis le 26 mars jusqu'au 13 avril.

Ce que j'ai dit dans le chapitre Ier sur l'art de la peinture en France en 1824, et à une époque plus reculée, n'était pas destiné à servir de parallèle, mais à montrer l'influence qu'à cet égard ce pays a exercée sur l'Allemagne. L'examen auquel je me livre en ce moment a un autre but; il doit servir à donner plus de clarté aux impressions que l'état des arts en Allemagne a fait naître en moi, aux conséquences que j'ai tirées de mes observations, aux principes qui semblent devoir en découler. Ce n'est pas un compte-rendu de l'état des arts en France, c'est une simple excursion dans un domaine plus vaste, et certainement tout aussi important que celui qui fait le sujet de mon livre. Je donnerai un peu plus de développement à ce travail dans mon édition allemande, comme s'adressant à un public moins bien informé de l'immense activité que les arts ont toujours déployée en France, et qu'ils y déploient encore.

Ma première impression, en entrant dans le salon, n'a pas répondu à l'idée que je m'étais faite de l'exposition; d'immenses peintures attiraient mon attention sans pouvoir captiver mon esprit et mes sentimens. Il y a énergie dans les unes, belle composition dans les autres, plus ou moins d'éclat de coloris, plus ou moins de vérité, une grande facilité et beaucoup d'esprit dans toutes; mais il me semble que des proportions matérielles moins étendues conviendraient mieux au caractère de tableaux de genre que l'on découvre plus ou moins dans beaucoup de ces ouvrages, et que, renfermés dans de moindres cadres, ils satisferaient davantage le goût. Je croyais voir des réminiscences de ces gravures ou lithographies que les vingt dernières années ont vues naître en si grand nombre, et qui représentent des scènes militaires, de grands évènemens politiques et révolutionnaires, etc.; les magasins de gravures de tous les pays, le Palais-Royal et les boulevards de Paris nous ont fait connaître cette direction des arts. Les productions de ce genre ont bien leur mérite; elles naissent des préoccupations du jour et s'adressent à elles. Cependant il existe des conditions d'art qui, selon moi, devraient être l'objet constant des efforts des artistes qui se vouent à la peinture historique, telles que l'idéal, le sublime, la poésie : c'est surtout le style * dans toute sa grandeur et dans toute sa pureté; ces qualités ne me semblent pas dominer dans beaucoup d'ouvrages du salon, qui par leur dimension

* Qu'on me pardonne l'emploi du mot *style* dans l'acception que je lui donne ici et dans beaucoup d'autres endroits. Je crois que c'est une acception reçue parmi beaucoup de peintres, et que c'est involontairement et pour ainsi dire sans s'en rendre raison qu'ils s'en servent dans ce sens.

La majesté et la grandeur, accompagnées de simplicité, dirigées par un sentiment pur, contenues dans les bornes de la modération et du bon goût : telles sont, je crois, les qualités que dans le langage des arts on a coutume d'exprimer par le mot style; c'est par exemple dans ce sens qu'on dit : tel tableau a du *style* ou manque de style. Si ce mot, pris dans ce sens, est un germanisme, on finira par me comprendre, car ce mot revient sans cesse dans ce livre comme il me revient sans cesse dans la pensée.

ou par les sujets qu'ils retracent montrent la prétention d'appartenir à la peinture historique.

Je me bornerai ici à mentionner des ouvrages qui m'ont frappé à la première vue par leurs proportions et par l'importance des évènemens qu'ils retracent : ce sont *le duc d'Orléans, lieutenant-général du royaume, arrivant à l'Hôtel-de-Ville, le* 31 *juillet* 1830, immense composition de M. Larivière; trois batailles de M. Horace Vernet : *Iéna, Friedland, Wagram ; Bonaparte, général en chef de l'armée d'Égypte , haranguant ses troupes avant la bataille des Pyramides, le* 21 *juillet* 1798, par Gros ; la *bataille de Lawfeldt,* par M. Couder, très éclatant de couleur et d'un très bel effet, et plusieurs tableaux religieux.

Fatigué de voir sans éprouver aucun sentiment d'intérêt ou d'attrait particulier, je cherchai quelque chose qui pût fixer vivement mon attention ; je ne tardai pas à apercevoir les *Pêcheurs,* de Léopold Robert. J'ai beaucoup examiné ce tableau; j'y suis revenu souvent : chaque fois il m'a fait éprouver la même et favorable impression que j'avais ressentie dès le premier moment où je l'avais vu. Je crois que cet ouvrage est le plus beau de l'exposition, le plus consciencieux, le plus indépendant de la mode, le plus élevé de style, le plus sage, le plus profondément étudié et senti. Qui ne connaît les *Moissonneurs,* de Léopold Robert?..... Eh bien! c'est le pendant des *Moissonneurs.* J'ai entendu faire des comparaisons, peser le mérite de chacun de ces tableaux, préférer l'un ou l'autre; quant à moi, je n'éprouve pas ce besoin : j'aime les *Moissonneurs,* j'aime les *Pêcheurs,* et je ne sais lequel de ces deux tableaux me fait le plus regretter la mort prématurée et funeste de ce grand artiste. Il y a dans ce tableau une femme avec son enfant, empreinte d'une mélancolie si profonde, qu'on ne peut sans douleur penser à elle et à celui qui a conçu et su rendre une pensée si belle, qui a éprouvé des émotions si tristes. La scène se passe à Venise et représente le départ pour la pêche; ce sujet appartient essentiellement au *genre,* mais Léopold Robert ennoblissait tous ses sujets : son génie tendait à l'idéal, au sublime; et les scènes de la vie privée, choisies même dans les classes inférieures de la société, prenaient sous sa main un caractère de grandeur que bien des peintres d'apothéoses ne pourront jamais atteindre ; ses tableaux de genre ont toujours un caractère historique : peut-être est-ce pour nous consoler de ce que tant de tableaux d'histoire ne sont que des tableaux de genre, et souvent même de simples parades.

Un ouvrage bien différent de celui dont nous venons de parler, bien plus en harmonie avec le goût du moment, mais qui n'en est pas moins pour cela d'un mérite intrinsèque fort grand, c'est l'*Alchimiste* d'Isabey (Eugène). Un vieil homme à mine hétéroclite est assis dans son cabinet sombre et poudreux ; il est entouré d'alambics, de fioles, de livres, d'ustensiles nécessaires à ses occupations. Il est vieux, il est laid, il n'a pas même l'apparence de la propreté. Ce personnage et ce sujet sont saisis et traités à la manière de Rembrandt. Je ne pense pas qu'Isabey ait eu la pensée ou la prétention de l'imitation ; mais il y a effectivement homogénéité entre ces deux peintres. Il y a beaucoup de prestige dans ce tableau, en prenant ce mot dans la meilleure acception possible. Il y a là une hardiesse de touche bien grande ; mais je me tromperais fort, si l'auteur n'avait beaucoup réfléchi sur chacun des *heureux hasards* et *des inspirations hardies* dont cette œuvre paraît se composer. Il semblerait que c'est la présomption qui a dirigé sa main ; mais il n'en est rien : cet ouvrage est né de la réflexion ; enfin c'est un enfant du romantisme, c'est peut-être une réminiscence de Rembrandt, c'est de la mode ; mais ce tableau aura le sort que beaucoup de productions semblables n'auront pas : il restera toujours beau.

J'aperçois au coin un guerrier dont le regard sombre et significatif annonce un personnage historique antérieur au siècle du philosophisme et de la doctrine. C'est le *san Pietro* de Goyet ; deux tiers du corps, grandeur naturelle. Le coloris de ce tableau pourrait être appelé sale ; la teinte générale peut paraître noire et monotone ; et pour peu qu'il poussât au noir, on finirait probablement par n'y rien voir ; cependant, même sous le rapport de la couleur, cet ouvrage est d'un effet agréable ; et quant à la figure, elle est sinistre, vigoureusement pensée ; elle captive le regard et l'âme : elle me paraît fort belle. On serait tenté de regretter que les mains ne soient pas d'un dessin plus ferme et d'un modelé plus exact.

Job et ses amis, par Gallait (figures de grandeur naturelle). C'est une production qui participe du goût du jour, mais sans exagération d'aucun genre, s'éloignant peut-être un peu trop de l'idéal, je veux dire du beau idéal; mais sans être ignoble et caricature. Job et ses amis ont un peu trop l'air d'Arabes du désert. L'ordonnance de ce tableau est sage et heureuse, la pensée belle. La teinte est peut-être trop uniforme, trop conventionnelle : blanc et bistre avec quelques faibles nuances de rouge et de jaune. Ce tableau m'avait vivement frappé à la première vue; après l'avoir examiné plus attentivement, je trouve encore que c'est un des bons ouvrages du salon de cette année. La touche, le coloris et la manière dont les figures sont saisies, rappellent les ouvrages du Spagnoletto; cependant la dégradation des ombres est moins rapide que chez ce dernier : les clairs sont moins clairs, les ombres moins fortes. L'artiste est bien jeune..... A cet âge et déjà si près de la plus grande hardiesse, de la plus grande facilité!......

Parmi les paysages on distingue une vue de Lyon (le *Pont-au-Change*) par Watelet, et surtout un site d'Italie, par Coignet. Ce que j'ai dit précédemment de Watelet, je le répète encore : c'est que je ne connais pas de peintre qui sache mieux que lui saisir avec vérité la nature dans son effet général, ou au moins un certain effet lumineux que reproduisent plusieurs de ses derniers ouvrages, dans lesquels il a semblé avoir compris ce qu'ont de plus secret et de plus mystérieux les effets de la lumière du jour. L'eau, dans le tableau du *Pont-au-Change*, est frappante de vérité; l'artiste a été moins heureux pour le ciel, où l'on souhaiterait plus d'air; et la touche des fabriques ne me semble pas exempte de manière.

Le tableau de Coignet porte beaucoup plus que l'autre le cachet de cette manière de traiter le paysage, qui est propre à l'artiste, qui émane de lui, qui participe de ses propres émotions : les Allemands diraient d'une manière *subjective*. En général, dans les paysages, j'aime moins cette tendance que la tendance contraire. Malgré cela, le tableau dont il est question ici m'a paru supérieur à tout ce que j'ai vu au salon en fait de paysage : je ne sais même si j'en ai jamais vu d'aussi beau; c'est que ces sortes de principes et de préceptes ne peuvent être poussés à l'extrême; et quand ils le sont, ils deviennent plus dangereux qu'utiles :

les individualités viennent sans cesse déranger les systèmes. Il y a de la grandeur dans ce tableau, et il est éclatant de couleur sans être faux.

En fait de *fabriques*, la vue prise à Honfleur, quartier Léonard, par Danvin,
m'a semblé une des plus belles de cette exposition.

Je supprime ici une énumération assez longue des tableaux d'histoire du salon et en dehors du salon, pour ne m'arrêter qu'aux artistes dont les travaux ont
le plus fortement captivé mon attention.

J'ai visité l'atelier de M. Paul Delaroche, qui n'a point exposé de tableaux au
salon de 1836. L'opinion publique assigne à cet artiste une des places les plus
élevées parmi les notabilités de la Peinture : l'opinion ne saurait se montrer plus
juste et plus éclairée.

Le premier objet qui frappa ma vue en entrant dans cet atelier, ce fut un
grand tableau représentant : *Lord Strafford s'agenouillant devant la prison où
l'évêque Laud est renfermé, et lui demandant sa dernière bénédiction :* tableau
commandé par M. de Demidoff. Tout se trouve réuni dans cet ouvrage, ordonnance, dessin, expression, harmonie de ton, étude, vérité, effet de lumière sage
et heureux; ce tableau est admirable dans son ensemble, comme dans ses détails.

Le repos des Pélerins, de M. Delaroche, m'a paru plus qu'aucun autre de ses
ouvrages, d'un style grave et élevé. Ce n'était alors encore qu'une petite esquisse;
elle a été faite à Rome. C'est presque sous mes yeux qu'elle a été répétée de
grandeur naturelle et au crayon. Le sujet semble appartenir au genre : c'est une
femme romaine assise sur le premier plan et sur les genoux de laquelle repose la
tête d'un enfant couché à terre. Trois hommes, un peu plus loin, sont assis, ap-
puyés contre un fragment d'architecture. Le sujet, comme on le voit, n'appartient pas à l'histoire; mais l'inspiration a animé la pensée de l'artiste d'une manière grande et puissante. Je ne sais si j'ai raison, mais je découvre dans cette
petite esquisse plus de style que dans beaucoup d'immenses tableaux des derniers trente ans, représentant des sujets héroïques ou célestes, des massacres ou
des solennités. M. Paul Delaroche est occupé aussi dans ce moment d'une *sainte*

Cécile pour le comte de Pourtalès. Je doute que l'atmosphère parisienne soit favorable à un sujet pareil et saisi de la sorte. Dans ce que j'ai vu de ce tableau qui était bien loin d'être achevé, on reconnaît une noble tendance, une pensée pure, beaucoup de soin et d'étude.

Le désir de mieux apprendre encore à connaître le talent de M. Delaroche m'a fait aller visiter la riche demeure de M. de Demidoff, où, au milieu d'un ameublement somptueux, les regards sont invinciblement captivés par le fameux tableau de *Jeanne Grey*. Ce tableau est plus élevé de style que le *Lord Strafford;* et sous le rapport de la sensibilité, du dessin, de la couleur, il renferme des trésors. Je connais peu d'ouvrages, de quelque époque et de quelque pays que ce soit, qui aient mieux su frapper mes émotions les plus intimes; je l'estime comme une des plus belles productions de l'art moderne.

Cet artiste s'est rendu célèbre par beaucoup de productions remarquables : on cite de lui *Joas sauvé par Josabeth*, comme la première œuvre qui rendit le public attentif à son talent. *Jeanne d'Arc, la mort d'Annibal Carrache* et *saint Vincent de Paule* ajoutèrent beaucoup à sa réputation. Son *Richelieu et Cinq Mars* obtint au salon de 1833 le plus grand succès. J'ai vu chez le comte de Pourtalès deux tableaux de lui, dont j'ai été charmé. Ils sont d'une riche composition : les figures ont de petites proportions. On cite encore de lui la *Saint-Barthélemi* et les *Enfans d'Édouard*.

C'est à regret que je quitte M. Paul Delaroche. Je voudrais avoir vu tout ce qu'il a fait et pouvoir rendre compte de tout. Je me borne à ajouter que je ne connais pas un peintre à Paris qui soit plus loin de toute affectation, de toute manière, que lui dans sa Jeanne Grey et dans son Lord Strafford. Il suffirait d'avoir vu le premier de ces tableaux pour être sûr que cet artiste saura toujours se préserver de la négligence, et qu'il ne connaîtra jamais l'influence de la présomption.

Les ateliers des deux frères Scheffer présentent un caractère bien différent. Ces artistes sont nés en Hollande; ils sont d'origine allemande; leur renommée s'étend bien au-delà du pays qu'ils habitent. Ils se tiennent fort loin des exemples d'Italie, plus loin encore de ceux de David. L'aîné, M. Ary Scheffer, a montré peut-être dans son *Eberhard,* comte de Wirtimberg, dit le Larmoyeur, pleurant devant le corps de son fils, dans sa *Léonore* et dans son *Faust*[*], de l'analogie avec Rembrandt. Son frère, Henri, se rapproche, dans la manière dont il a composé la *bataille de Mont-Cassel,* de Lebrun ou des peintres modernes qui ont traité des sujets pareils : le moment est celui où Louis de Flandre, chassé de ses états, reçoit le secours de Philippe de Valois. C'est une des nombreuses commandes faites par le roi, et destinées à la galerie historique du palais de Versailles. Dans deux moindres tableaux que je n'ai vus qu'ébauchés, et qui me paraissent bien plus en harmonie avec ses dispositions d'artiste et avec la tournure de son esprit, je lui trouve de l'analogie avec Wilkea ; ce sont : la *Prédication après la révocation de l'édit de Nantes,* et le *Départ de Herman et Dorothée,* d'après Göethe. Il y a encore à citer de lui *Charlotte Corday* au moment où après avoir assassiné Marat, elle est protégée par des membres de section contre la brutalité de ceux qui viennent l'arrêter, et une *Scène d'inondation :* des paysans des environs de Rome se sauvant au travers des eaux. Ces tableaux, placés tous deux au Luxembourg, m'ont vivement intéressé : ils ont de grandes dimensions.

De tous les tableaux achevés de M. Ary Scheffer que j'ai eu l'occasion de voir, le plus important est celui des *Femmes Souliotes* qui, voyant leurs maris défaits par Ali Pacha, prennent la résolution de se précipiter du haut des rochers. Ce tableau fait un des principaux ornemens du Luxembourg ; il n'est cependant pas d'un style grave et sévère ; il se rapproche même, sous certains rapports, du Genre ; mais on ne regrette pas malgré cela qu'il soit fait dans de si grandes proportions, tant il est vrai que les qualités éminentes s'affranchissent des règles ou plutôt en créent toujours de nouvelles.

J'ai vu à Neuilly un autre petit tableau de M. Ary Scheffer : les *Femmes grec-*

---

[*] Ces deux figures sont demi-corps, grandeur naturelle. Dans le tableau d'Eberhard la figure du comte est également demi-corps.

ques implorant la Madone, production charmante, remarquable par la sensibilité et le goût qui y règnent.

Je dois encore citer du même artiste un magnifique portrait en pied du duc d'Orléans, qu'on voit également à Neuilly.

Les deux frères Scheffer sont bien loin d'être des peintres de genre. La sphère dans laquelle ils se sont placés est si élevée, les émotions qu'ils éprouvent comme artistes, celles qu'ils retracent avec tant de vérité et de profondeur, celles enfin qu'ils savent inspirer sont si fortes, les impressions que leurs ouvrages laissent au fond de l'âme sont si vives, que je ne connais pas, dans les arts, de catégories ou de degrés, quelque élevés qu'ils soient, dans lesquels je ne voulusse les placer. Cependant leurs ouvrages s'écartent beaucoup du style classique de la peinture historique, et l'on y remarque beaucoup de cette habileté, de ce prestige qui ont déjà perdu bien des talens en France; mais ces deux artistes me semblent doués d'une profondeur de sentiment, d'une originalité et d'une force d'intelligence qui les garantiront toujours de la présomption, de la trivialité, de la négligence et du dévergondage.

J'ai vu aussi chez M. Ary Scheffer un tableau représentant le Christ venu sur la terre pour consoler les cœurs affligés et pour briser les chaînes des captifs : sujet tiré de saint Luc; l'artiste était à peine à la moitié de l'ouvrage; j'ai cru reconnaître dans ce travail un sentiment religieux très profond. Deux autres immenses compositions à peine ébauchées : la *Prédication des Croisades* par le pape Urbain, en présence de Pierre l'Hermite, et la *Soumission de Vittiking à Charlemagne,* semblent devoir devenir des ouvrages d'une haute importance, surtout le premier. Je regrette qu'ils soient faits dans de si larges dimensions. La peinture, quand elle ne se lie point à l'architecture, ne devrait pas, ce me semble, dépasser certaines limites.

M. Ingres. La tendance de ce docteur ès-arts est noble et grande: c'est l'athlète qui, à la tête de son école, lutte, si je puis m'exprimer ainsi, contre l'invasion des Barbares : le sentiment ignoble, la peinture lâchée, l'outrecuidance, et tous les enfans de l'orgueil.

Son *Odalisque*, chez le comte de Pourtalès, est incontestablement l'œuvre d'un gardien du style. Je ne sais pourquoi, à sa vue, mon imagination m'a reporté devant le *Limbe* du Bronzin ou devant quelqu'une des fresques de Vasari. Cette réminiscence involontaire est plus caractéristique que ne sauraient l'être des observations, fruit de la réflexion. Je m'abstiens d'en tirer aucune induction, quoique, dans cette réminiscence même, on pût en trouver de très favorables au peintre. M. Ingres est au-dessus des jugemens légèrement improvisés : d'ailleurs je connais trop peu d'ouvrages de ce célèbre artiste.

M. Schnetz. J'ai beaucoup admiré, il y a douze ans, le talent de M. Schnetz. J'ai été heureux de retrouver ici une production de beaucoup postérieure à cette époque, dans laquelle il a fait, d'après mon sentiment, preuve d'un grand talent : c'est une *Romaine qui implore la Vierge pour son enfant*. Le sujet de ce tableau n'est pas neuf ; il n'est pas remarquable par l'élévation du style, mais c'est adroit de peinture, frappant de vérité, plein de vie, pittoresque. Ce qui est à mes yeux le plus intéressant dans ce tableau, le plus frappant de vérité et le plus naïf, ce sont le père et l'enfant. Il y a peu d'espoir que des ouvrages pareils sortent de sitôt des ateliers de Munich, de Dusseldorf ou de Berlin ; mais je ne m'en afflige pas, car le danger des écarts et de la décadence est plus près de la peinture adroite et facile, que de la direction suivie dans ces trois villes.

M. Roqueplan (Camille) peint tout, et j'aurais bien de la peine à dire dans quel genre, si toutefois j'en excepte l'histoire, il réussit le mieux. Ses aquarelles pétillent d'esprit et d'originalité ; ses paysages ont, sous le rapport du prestige des couleurs, un charme digne de l'ancienne école vénitienne ; sa *Marine*, qui est maintenant au Luxembourg, me semble la plus belle de toutes celles que j'ai vues à Paris. Dans ses tableaux de genre, enfin, il ne le cède à aucun de ses rivaux. J'ai visité l'atelier de M. Roqueplan, et c'est avec un très grand plaisir que j'ai passé quelques momens dans le séjour qui voit naître tant de remarquables travaux. Tout, dans cet atelier, porte le cachet de la tournure d'esprit vive et originale qui distingue ce talent si piquant. Rien ne prouve mieux à quel point la direction de ses études est en harmonie avec le goût du moment que la vogue dont jouissent ses productions : à peine un ouvrage est-il terminé, qu'on le lui enlève aussitôt; et je n'ai trouvé chez lui qu'un tableau qu'il venait d'achever pour le prince d'Orange, et un autre auquel il travaillait et qui était commandé. Je regrette de ne pouvoir pas rendre compte de ceux que j'ai vus de lui à l'exposition. L'impression que j'en ai conservée est vague. *Jean-Jacques Rousseau, cueillant des cerises et les jetant aux demoiselles Graffenried et Galley* (n° 1611 du livret) est de ses tableaux celui dont j'ai le mieux gardé le souvenir. Il me rappelle un peu trop le genre de Watteau. En général, les hommages rendus à la peinture et au goût de l'époque où florissait ce dernier artiste, sont une manie que l'on pousse ici bien loin; et rien ne prouve mieux que le progrès est souvent une marche à reculons, que ce retour vers des formes qui s'éloignent si fort de la nature et des meilleurs ouvrages de l'époque de Léon X et de celle de Thémistocle, seules époques classiques pour la peinture et la sculpture. Il est superflu, je crois, de faire remarquer que cette opinion se rapporte à la peinture historique et à la sculpture noble, car le genre ne reconnaît d'autre loi que les caprices du jour.

Sans m'arrêter aux tableaux de genre, paysages et autres catégories que j'examine rapidement dans mon édition allemande, je passerai ici aux observations générales par lesquelles je termine ce travail.

Paris est pour la France le centre de la littérature et des arts : ils y suivent, en se donnant la main, les caprices de la mode et du mouvement des opinions populaires.

L'Allemagne n'a pas de point central comme la France. Chaque grande ville a son mouvement scientifique et moral qui lui est propre, et quoique sous le rapport littéraire un même caractère national se montre dans la Germanie, on ne pourrait dire d'aucune de ses grandes villes qu'elle exerce la suprématie sur les autres; dans aucune la mode n'influe sur les arts, et ceux-ci sont indépendans de la littérature; Munich, Dusseldorf, Berlin nous présentent, je crois, ce caractère; on le remarque aussi à Vienne et à Francfort.

Les arts ont toujours déployé une grande activité en France; l'ouvrage de Diderot en est la preuve.

En Allemagne les arts sont nouveaux.

En France, depuis quarante ans, la peinture a été mise à contribution pour encenser l'opinion ou le pouvoir, pour faire valoir les vertus républicaines, la gloire sous Napoléon, la restauration ou la révolution de juillet : les arts y suivent les fluctuations des idées politiques.

En Allemagne les arts sont indépendans des opinions; ils les devancent et ne s'en embarrassent guère, et tandis qu'on voit beaucoup de jeunes littérateurs, dans leur course audacieuse et rapide, s'élancer sur les traces de la jeune France, les artistes, selon qu'ils appartiennent à l'école de Munich, à celle de Dusseldorf ou à Berlin, exploitent la Bible, la poésie ancienne, l'histoire du moyen âge; étudient avec soin la nature et les maîtres des époques classiques des arts. On peut surtout dire des artistes de Dusseldorf « qu'ils se servent du réel pour aller à l'idéal. »

Le Français saisit vite, reproduit avec facilité, effleure les objets; l'atmosphère qui l'entoure décide de ses sensations.

L'Allemand tend à creuser, à s'appesantir; on dirait même que ses rêves et son exaltation offrent des garanties de fixité et de durée.

Mais abandonnons ce parallèle et bornons notre examen à Paris.

On ne saurait nier que la littérature et les arts ne soient l'expression de l'état moral de la société et qu'ils n'aient en France beaucoup de rapports entre eux. La poésie qui de nos jours semble être le plus en harmonie avec la tendance des esprits est la poésie romantique; la rime n'est pas rigoureusement exigée dans les productions qui sont du domaine de la poésie romantique, car la rime est une gêne, une règle, une symétrie, une harmonie. L'orgueil ne se soumet pas à tant de contrainte, et quand il est affranchi de tout frein il s'appelle *dignité*.

La France s'enrichit de mémoires. Les mémoires sont de l'histoire, mais c'est l'histoire délayée; quelquefois il arrive que les mémoires sont du bavardage.

La tragédie a été détrônée par le mélodrame; le sublime a fait place au terrible.

Les imaginations qui s'excitent à écrire sur la religion ont besoin de s'échauffer au fanatisme politique, et ces écrivains n'obtiennent grâce et faveur devant le public qu'en faisant alliance avec la liberté.

Voilà les symptômes que je crois apercevoir dans la littérature française : mais tous ces symptômes, mais la confusion même dans les principes n'empêchent pas les progrès des sciences, de la finesse, des calculs positifs, du luxe, de l'industrie; aussi le siècle marche, mais ce n'est pas vers le sublime et l'idéal.

Les arts en France, je l'ai déjà dit, sont généralement en harmonie avec la littérature et avec l'état de la société.

Voyons si nous découvrirons cette analogie en examinant de plus près la peinture.

Les artistes français sont doués d'une grande finesse d'observation; il y en a beaucoup dont le dessin est ferme, correct, facile. Il y en a qui songent peut-être trop à l'effet, mais il faut avouer qu'ils savent le produire. On voit qu'ils appartiennent à un peuple qui est doué d'une intelligence prompte et forte, d'une grande aptitude au travail, capable des plus grands efforts; mais l'idéal, le sublime sont indépendans de ces dons de la nature : c'est l'idéal et le sublime que je rencontre peu dans les productions de la peinture moderne en France; est-ce un défaut? je n'en sais rien, car je trouve que dans plus d'une direction les Français obtiennent des résultats auxquels ailleurs on ne saurait atteindre. Des tableaux comme *Jeanne Grey* et *lord Strafford*, de M. Delaroche; un tableau comme celui de M. Vernet qui se voit.à l'un des plafonds du Louvre; des tableaux comme *les femmes Souliotes*, comme *le naufrage de la Méduse* et tant d'autres ouvrages si adroits de peinture, si frappans de vérité, si pleins de vie, si pittoresques, si faciles et souvent si terribles d'effet, ne sortiront certainement pas des ateliers de Dusseldorf, de Munich ou de Berlin. Parmi les grands tableaux, il y en a qui ont le caractère du mélodrame, il y en a qui sont du romantisme tout pur, mais cela n'est pas un défaut : il y a en eux élan, verve, énergie, prestige, effet pittoresque; il y a bien des qualités que les anciens ne connaissaient pas au même degré et auxquelles les Allemands ne veulent ou ne savent peut-être pas atteindre.

C'est cette catégorie de tableaux qui me paraît le plus en harmonie avec le goût et les idées du jour, et c'est dans celle-là que je découvre le plus de verve, le plus d'originalité. Je ne sais si l'on comprend déjà de quels tableaux je veux parler. J'en vais nommer encore quelques-uns avec lesquels nos lecteurs ont déjà fait connaissance; ce sont : le *Job* de M. Gallait; le *S. Pietro* de M. Goyet; *Lara* de M. Jollivet, au Luxembourg; le *Comte de Comminges* de M. Jacquand; les ouvrages de MM. Scheffer, beaucoup de ceux de MM. Delacroix et Decamps, les sujets de Genre de MM. Roqueplan et Isabey.

Dans les tableaux historiques de la peinture moderne en France, j'aperçois une grande analogie avec le genre; j'y reconnais souvent de la recherche, de la taquinerie de goût, mais au moins, et j'en rends grâce au ciel, les peintres ne recherchent plus les héros de l'antiquité, la tragédie française et le ballet. L'imagination souvent manque, la poésie manque; mais ces qualités sont remplacées par le trait, par la hardiesse, l'éclat, la plus grande finesse d'observation; et, dans beaucoup d'ouvrages, je vois de la vérité et une heureuse simplicité.

Il y a absence de style dans la plupart des productions historiques modernes, et si nous retrouvons du style chez ceux qui suivent encore les erremens des écoles de David, de Gros et de Girodet, ce style ne satisfait pas plus notre goût que les modèles fournis par ces hommes célèbres, dont les noms vivront dans l'histoire parce qu'ils se rattachent à une grande révolution artistique.

C'est dans le romantisme que les artistes français se rapprochent le plus de l'idéal. C'est dans ces sortes de productions que je n'aperçois souvent nulle afféterie, nulle exagération, nul mauvais goût, mais au contraire une sensibilité profonde, une vérité frappante, et je reste satisfait, quoique les sentimens que j'éprouve soient différens de ceux que la grandeur et la pureté du style et la poésie épique ou lyrique font naître.

J'aime moins, et c'est peut-être l'influence de la mode, les ouvrages qui semblent appartenir à l'école de David; le nombre en a été très médiocre cette année. Je n'ai pas non plus su apprécier la plupart des tableaux religieux de cette exposition.

En récapitulant avec rapidité nos observations, nous trouverons :

Que la poésie romantique est celle qui est le plus en harmonie avec le goût du moment, que c'est celle-là par conséquent qui porte le plus le cachet de l'inspiration et qui rencontre les sympathies les plus vives. Parmi les bonnes choses ou parmi les choses qui plaisent, c'est dans ces tableaux qu'on retrouve le plus de verve et d'élévation, et dans aucun pays je ne connais de peintres qui, dans ce genre, puissent faire aussi bien. Les sujets appartenant au mélodrame peuvent être rangés dans la même catégorie; mais à mesure que ce dernier caractère prévaut en eux ils perdent de leur valeur, comme du temps de David la tragédie française était l'écueil de ceux qui exploitaient l'épopée des anciens.

Les tableaux d'histoire contemporaine, quelque grandes que soient leurs dimensions, ont souvent le caractère de tableaux de genre, et si je cherchais à les assimiler aux productions littéraires de notre époque, c'est avec les mémoires que je leur trouverais de l'analogie.

Les tableaux religieux présentent la plus grande variété dans leur tendance, et de tous les genres c'est peut-être celui-là qui obtient le moins de succès; ils font naître de douloureuses réflexions et de profonds regrets.

Les peintres du *rococo*, ceux qui se reportent et rejettent le public au siècle dernier : à la poudre, aux mouches et aux paniers; qui étudient la nature sur le vieux Sèvres et le vieux Saxe, sur les meubles de Louis XIV et dans le jardin de Versailles; ces peintres sont nombreux et ce sont eux qui sont le plus à la mode; leurs ouvrages plaisent non-seulement parce que la mode les a proclamés bons, mais parce que, vu la phase dans laquelle se trouve le goût, il y a homogénéité entre ses exigences et la nature de ces œuvres; la célébrité des peintures exécutées dans ce système pourrait bien n'être que passagère. Dans ce genre spirituel, coquet, plein de vivacité, d'élégance, les artistes d'aucun pays ne sauraient l'emporter sur les Français.

Je ne voudrais pas que mon opinion se présentât isolée au public. Je trouve dans la *Revue des Deux-Mondes*, à l'article *Salon*, un passage de M. Alfred de Musset qui, sous plus d'un rapport, me paraît caractéristique et très digne d'attention :

« Le salon, au premier coup-d'œil, dit M. de Musset, offre un aspect si varié, « et se compose d'élémens si divers, qu'il est difficile, en commençant, de rien « dire sur son ensemble. De quoi est-on d'abord frappé? rien d'homogène, point « de pensée commune, point d'écoles, point de familles; aucun lien entre les « artistes, ni dans le choix de leurs sujets, ni dans la forme. Chaque peintre se « présente isolé, et non-seulement chaque peintre, mais parfois même chaque « tableau du même peintre. Les toiles exposées en public n'ont le plus souvent « ni mères ni sœurs. . . . . « La première impression, en entrant au salon, est donc fâcheuse et peu favo- « rable. Nous verrons cependant plus tard si cette impression se modifie, et si « du défaut même d'ensemble il ne serait pas possible de tirer quelques consé- « quences générales. Bornons-nous à dire dès à présent que, tel qu'il puisse être « chez nous, l'art n'est nulle part en meilleure route. Qui a peu vu est difficile; « l'antiquité ou l'éloignement font respecter ce qu'on ignore. Par ennui de l'ha- « bitude on médit des siens; mais quand on passe la frontière, on apprend ce « que vaut la France. Il est certain qu'aucune nation, maintenant, n'a le pas sur « elle. En matière d'art, comme en d'autres matières, l'avenir lui appartiendra. »

En effet, je crois que les artistes français peuvent passer la frontière. Cette épreuve est à faire et je la souhaite dans l'intérêt à-la-fois de la France et de l'Allemagne : beaucoup d'Allemands vont visiter la France, et il y en a parmi eux qui savent tirer avantage des exemples fournis par ce pays, qui devance toujours tous les autres dans les avantages et les dangers de la civilisation.

———

Je croirais avoir à me reprocher une omission coupable si, en rendant compte de mes souvenirs de Paris, je ne faisais pas mention des procédés pleins d'obli- geance et d'urbanité qu'a eus à mon égard M. Fontaine. Ce savant et célèbre architecte a dirigé depuis trente ans les plus grands travaux architectoniques qui ont été entrepris en France. Il m'a mené au Louvre pour me faire voir, au milieu de beaucoup d'autres modèles , celui du Palais du roi de Rome, tel qu'il devait être exécuté en face du Champ-de-Mars; j'ai admiré dans ce modèle le plus vaste plan de bâtisses qui, je crois, ait été conçu depuis les Romains. J'y ai vu aussi avec intérêt un autre modèle représentant le Louvre et les Tuileries, réunis dans un seul corps de bâtimens: projet dont l'exécution a été , aussi bien que le premier, suspendu par la chute de Napoléon. Les ouvrages accompagnés de gravures que M. Fontaine a publiés sur les palais des souverains et sur le Palais-Royal, sont aussi intéressans sous le rapport de l'art , que sous le rapport historique.

Le livret du salon de Paris de 1835 contient 921 noms de peintres; celui de Berlin, de l'année 1824, indique 333 peintres, dont la majeure partie n'habite pas cette ville , et dont un grand nombre surtout appartient à l'école de Dusseldorf.

A Paris, le nombre des tableaux ou aquarelles de cette même exposition était de 1,856; à Berlin, de 867.

Je crois qu'on peut admettre que le nombre des artistes vivant à Paris est égal à celui des artistes répandus dans les cinq villes de l'Allemagne où les arts sont cultivés avec le plus de succès : Munich, Dusseldorf, Berlin, Francfort, Vienne. La population de ces villes fait comprendre que telle doit être la proportion.

La collection du comte J. de Pourtalès est une de celles ou j'ai vu le plus de tableaux italiens, d'une authenticité tellement évidente, qu'à leur aspect on est pour ainsi dire forcé de dire les noms des peintres qui les ont faits. Excepté en Italie, où il existe tant de belles et riches collections de particuliers, je n'en ai vu ailleurs aucune qui ait été faite avec plus de goût, de tact, de discernement et de bonne foi.

Le comte Auguste de Bastard est occupé d'un ouvrage qui peut être considéré comme une illustration pour la France et pour les arts de tous les pays. Il m'a permis d'en voir chez lui plusieurs livraisons qui sont déjà achevées, ainsi que beaucoup d'anciennes miniatures et de manuscrits qui ont servi à faire les planches. Cet ouvrage embrasse l'histoire de la peinture, depuis les époques les plus reculées de l'ère chrétienne. Chaque exemplaire complet de ce magnifique ouvrage reviendra, si je ne me trompe, à 12,000 fr. et contiendra au-delà de 100 planches, d'une perfection dont on n'a peut-être jusqu'ici jamais vu d'exemple sous le rapport de l'exactitude, du soin et de la finesse d'exécution. Des livres ornés de miniatures, remontant au temps de Grégoire de Tours et de saint Martin, ont fourni les premiers modèles dont les copies se rencontrent dans l'ouvrage : il serait peut-être plus juste de dire que ce sont les miniatures elles-mêmes qui ont été multipliées ou reproduites.

L'appui que le gouvernement français accorde à M. de Bastard permet d'espérer que cette vaste entreprise pourra être achevée; le zèle de l'auteur fournit d'ailleurs toutes les garanties désirables : il ne faut pas moins que deux mobiles aussi puissans pour faire réussir une entreprise si dispendieuse et si difficile.

En supposant que la publication des livraisons successives se poursuive pendant dix ans, la dépense que les souscripteurs auront à supporter chaque année ne dépassera guère la somme de 1,000 francs.

J'ai beaucoup regretté de ne pas pouvoir admirer les travaux qui s'exécutent maintenant à Versailles, presque sous les yeux du roi Louis-Philippe, à ses frais et sous sa direction spéciale. Cependant l'entreprise se lie trop intimement aux arts, pour que je n'aie pas cherché à connaître le plan et la nature de ces travaux. Voici les notions que j'ai pu recueillir :

Le roi Louis-Philippe, donnant suite à une idée généreuse, a résolu d'empêcher la ruine du palais de Versailles, ce grand monument historique; il a voulu lui conserver son caractère de grandeur, propre aux époques qu'il représente; il a voulu tout restaurer, tout conserver, tout compléter. Bien d'autres, à sa place, auraient tout renversé dans l'idée de mieux faire, et nous verrions aujourd'hui des tas de pierres attendre la décision des Chambres.

Au premier étage, l'ameublement et toute l'ordonnance d'architecture sont rétablis tels qu'ils existaient du temps de Louis XIV. Cette restauration a commencé sous Napoléon et a été suivie sous les Bourbons de la branche aînée : c'est l'ouvrage de vingt-cinq ans, au moins. Rien n'a été ajouté à ce qui était dans le plan du grand roi; les dorures, les peintures, ont été restaurées religieusement; si ce roi revenait à la vie, il retrouverait ses appartemens tels qu'il les a laissés. Les tableaux de Lebrun et de Van der Meulen, qui étaient aux Gobelins à la mort de Louis XVI, ont été remis à leur place; il n'y a là qu'un seul tableau moderne, c'est celui de Gérard : *Louis XIV présentant Philippe V aux ambassadeurs d'Espagne.* Louis XVIII l'a fait répéter en tapisserie des Gobelins, et cette répétition se voit aux Tuileries.

Le rez-de-chaussée de Versailles est transformé en un musée historique. Les tableaux ajoutés par Louis-Philippe, ou commandés par lui, ne forment qu'une très petite partie de la collection qu'il a distribuée dans plusieurs salles. Il a réuni un grand nombre de tableaux que depuis 1789 les divers gouvernemens ont fait exécuter dans le même but. Ces tableaux sont classés par époques. Les ouvrages de David, de Gérard, de Gros, de Girodet et de Guérin y sont mêlés à la triste bigarrure des tableaux de batailles exécutés à la hâte sur l'ordre de Napoléon, et qui contrastent par un ton cru et sec avec ceux, d'une couleur suave, de Van der Meulen. Le roi Louis-Philippe a complété cet ensemble, mais tous les tableaux ne répondent pas à la grandeur de la pensée qui a conçu le plan.

Cependant cette vaste collection peut avoir plus d'un genre d'utilité et d'intérêt : elle protégera un jour peut-être Versailles contre des démolisseurs; et en présentant un exemple frappant des vicissitudes humaines et des bouleversemens politiques, elle en montrera le danger; dans tous les cas, ce sera une belle et bonne leçon d'histoire.

A côté de ces peintures historiques et militaires, rangées par années et encadrées par des arabesques qui ont rapport aux mêmes faits d'armes, il y a une immense série de portraits de maréchaux et d'amiraux de France, rangés chronologiquement; une suite de portraits de souverains et de princes illustres; une très vaste galerie de sites ou paysages de Bagetti, retraçant les lieux où l'on a fait la guerre depuis 1789.

Les corridors du château sont remplis d'une infinité de sculptures tirées des Petits-Augustins : de rois et de reines agenouillés, de militaires, d'hommes d'état et de savans. Une statue en bronze (statue équestre de Louis XIV), nouvellement fondue, orne la cour de Versailles. Les dépenses de Louis-Philippe pour l'achèvement de Versailles s'élèvent à neuf ou dix millions de francs. Encore en 1830 on a discuté s'il fallait démolir le château et vendre les matériaux, ou y placer les Invalides, l'Hôtel-Dieu, des manufactures, etc.

Des changemens mesquins faits depuis Louis XV dans la distribution des appartemens, on n'a conservé que ce qui a rapport à l'appartement de la malheureuse reine Marie-Antoinette. La solidité des nouvelles substructions en pierre de taille contraste avec la légéreté imprudente de l'ancienne architecture. Il faut plus de sept heures pour voir, même à la hâte, la nouvelle distribution du château : la restauration de la chapelle, surtout, est d'une grande magnificence.

Une galerie de 380 pieds de longueur, munie d'un toit en fonte, a été construite dans une des ailes de l'ancien édifice.

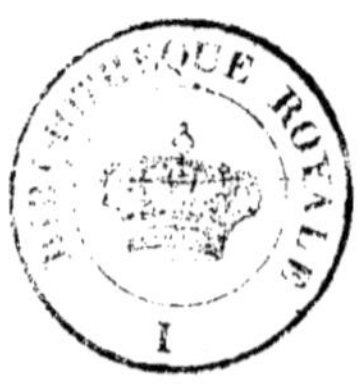

TABLE

DES ARTISTES CITÉS DANS LE PREMIER VOLUME.

TABLE DES MATIÈRES

SOMMAIRE DES CHAPITRES

DU PREMIER VOLUME.

— Liste des artistes et élèves composant l'académie de Dusseldorf en 1834. — Analyse par M. Gruppe des tableaux exposés en 1830 par l'école de Schadow ; quelques ouvrages principaux d'histoire et de genre : le Couple royal, la Cour du couvent, Hylas, Judith, le Brigand, les Pêcheurs dans l'île de Rügen, le Jeu de quilles, les Bohémiens, les Contrebandiers. Paysages de Schirmer. — Schadow considéré comme maître et comme artiste. — Son caractère ; rapports sympathiques entre lui et ses élèves ; nature de son talent. — Quelques ouvrages de Schadow : la Parabole des dix Vierges ; la Déposition de croix ; la Charité ; le Christ à Emmaüs ; Portraits. — Principes de Schadow sur l'art et sur la critique. — Intimité des élèves de Schadow entre eux. — Charmes de la vie d'artiste. — L'école de Dusseldorf considérée dans son ensemble.

CHAPITRE IV. — Dusseldorf. — Peintres d'histoire. — Lessing, son caractère, ses habitudes. Quelques-uns de ses ouvrages : le Brigand, le Couple royal, Léonore, la Cour du Couvent, Hus se défendant devant ses juges. Lessing à la chasse. — Édouard Bendemann ; son style, ses ouvrages : les Juifs en exil, Jérémie, etc. — Hübner : Roland délivrant la princesse Isabelle de Galice ; l'Age d'Or ; le Christ et les quatre Évangélistes ; un sujet biblique. — Charles Sohn : Renaud et Armide ; Hylas ; la Joueuse de luth ; Diane surprise par Actéon ; les deux Léonore. — Hermann Stilke : les Pélerins dans le désert ; les Croisés en vedette. — Madame Hermann Stilke, de Dusseldorf, auteur des lettres initiales ornées d'arabesques qui sont placées en tête de chacun des chapitres de ce volume. — Henri Mücke : Fresques du château du comte Spée ; Soumission des Milanais ; Henri-le-Lion vaincu par Barberousse. — Charles Kœler : Moïse sauvé des eaux. — Ernest Deger : la Vierge et l'Enfant Jésus. — Rethel : le Crime et la Justice ; Saint Boniface. — Pluddmann. — Götting : saint Pierre soutenu sur les eaux par Jésus-Christ. — Reinick : Rachel. — Charles Dunker. — Maurice Berendt.

CHAPITRE V. — Dusseldorf. — Passage de la peinture historique au genre. — Théodore Hildebrandt : le Magistrat malade ; le Guerrier et son Fils ; les Enfans d'Édouard. — Ce que c'est que le style en peinture. — Exemple du style : le saint Luc de Cornélius. — L'histoire, le genre et le genre mixte. — Exemple du genre : Tableau de Charlet. — Exemple du genre mixte : le Sixte-Quint, de Schnetz. — Charles Fielgraf : la Femme malade ; Elisabeth, comtesse de Thuringe. — Henri Wittich : le Page. — Louis Blanc ; la Jeune Fille se rendant à l'église. — Adolphe Schmidt. — Théobald Von Oer ; son tableau de Jean Sax. — Jean Fluck. — Édouard Steinbruck : l'Ange ouvrant les portes du ciel ; Enfans qui se baignent. — Hermann Kretschmer : le Chaperon rouge.

CHAPITRE VI. — Dusseldorf. — Genre. — Facilité et verve des artistes français. — Rapports des artistes allemands avec les hollandais et surtout avec les anglais. — Léopold Robert, modèle

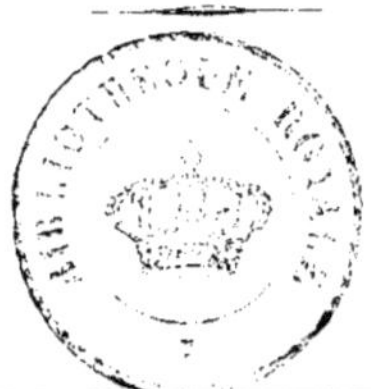

ERRATA.

Page 13, *au lieu de* Rega. . . . . *lisez* Rega.
—   30,   —   prince. . . . .   —   peintre.
—   Id.   —   Piazza Navone. . . . .   —   Piazza Navona.
—   32,   —   Roticelli. . . . .   —   Boticelli.
—   43,   —   On leur vit aussi. . . . .   —   On les vit ainsi.
—   45,   —   Wintergarst. . . . .   —   Wintergaerst.
—   48,   —   Weit. . . . .   —   Veit.
—   55,   —   Zuaglio. . . . .   —   Quaglio.
—   55,   —   Le carton de ce tableau prouve. . . .   —   Les cartons de ces tableaux prouvent.
—   85,   —   M. de Hagler, intendant-général et ci-de-   —   M. de Nagler, ministre d'état, grand-maî-
                 vant ministre de Prusse à Francfort. .   tre des postes.
—   91,   —   du Musée. Karstens. . . . .   —   du Musée, Karstens.
—   Id.   —   Wachter. . . . .   —   Waechter.
—   99,   —   Kohler. . . . .   —   Koehler.
—   Id.   —   Adolphe Schrodter. . . . .   —   Adolphe Schroedter.
—   100,   —   J. Pierre Gotting. . . . .   —   J. Pierre Goetting.
—   101,   —   Konigswinter. . . . .   —   Koenigswinter.
—   103,   —   Doring. . . . .   —   Döring.
—   Id.   —   Frautschold. . . . .   —   Trautschold.
—   108,   —   en 1808, le même peintre. . . . . .   —   en 1808, Hubner.
—   118,   —   copagnon. . . . .   —   compagnon.
—   126,   —   M. Schöning. . . . .   —   M. de Schöning.
—   129,   —   Stockamchem. . . . .   —   Stockkämchen.
—   131,   —   *Note.* Kriegskenuerschaft. . . . . . .   —   Kunstkenuerschaft.
—   145,   —   à la dernière exposition. . . . . . .   —   à l'exposition de l'année 1852.
—   147,   —   Babylone. . . . .   —   Jérusalem.
—   150,   —   l'égilse. . . , ...   —   l'église.
—   159,   —   il s'abandonne. J'osais. . . . . . .   —   il s'abandonue. Si j'osais.
—   165,   —   par beaucoup d'originalité et par une ex-
                 trême facilité de pinceau. . . . .   —   et par beaucoup d'originalité.
—   176,   —   une finesse et une richesse de ton. . . .   —   une finesse de ton.
—   177,   —   M. de Freskow. . . . .   —   M. de Treskow.
—   204,   —   Guillaume Herenz. . . . .   —   Guillaume Nerenz.
—   208,   —   et d'une politesse. . . . .   —   et d'une petitesse.
—   216,   —   M. de Zuandt. . . . .   —   M. de Quandt.